대한민국임시정부의 현장을 가다

대한민국임시정부의 현장을 가다

초판 1쇄 인쇄 2023년 5월 20일
초판 1쇄 발행 2023년 6월 7일

지은이 | 박 환

펴낸이 | 윤관백
펴낸곳 | 선인

영 업 | 김현주

등 록 | 제5-77호(1998.11.4)
주 소 | 서울시 양천구 남부순환로48길 1, 1층
전 화 | 02) 718-6252/6257
팩 스 | 02) 718-6253
E-mail | sunin72@chol.com

정 가 20,000원
ISBN 979-11-6068-820-7 03910

대한민국임시정부의 현장을 가다

박환

선인

책머리에

역사학자의 길은 연구와 답사로 요약될 수 있다. 연구가 문헌사료들을 중심으로 이루어진다면, 답사는 사료들의 현장을 직접 목도함으로서 사료에 새로운 생명을 불어 넣어주는 작업이라고 할 수 있다. 그러므로 현장답사를 통하여 비로소 역사가의 논문과 저술이 완성된다고 볼수 있다. 역사학자들은 누구나 현장을 보기를 갈구한다. 새로운 연구성과를 기대하며, 보다 풍성한 내용을 담아내고 싶기 때문이다.

중국의 경우 1992년 국교가 수립되어 1992년부터 최근까지 상해, 소주, 항주, 가흥, 남경, 장사, 유주, 계림, 광주, 기강, 중경 등 여러 곳을 다수 다녀왔다. 그때의 감동을 지금도 잊을 수 없다. 더구나 1992년 8월 24일 임시정부가 있던 중경에서 맞은 국교수교는 더욱 감동 그 자체였다. 또한 동년 윤경빈 등 생존 광복군 지사들과 함께 한 답사는 흥분의 도가니였다. 환국 이후 처음 자신의 옛 활동지인 역사의 현장 중경을 찾아 눈물을 흘리며 당시를 회고하는 그 모습은 지금도 생생하다.

중국의 방문은 한국독립운동사를 이해하고 저술하는데 큰 도움들을 주었다. 특히 현장의 감동과 독립운동가들의 숨결과 열정을 함께 느낄 수 있었던 것은 연구자에게 큰 행운이었다. 당시의 감동들을 메모하고 사진들도 촬영하고, 자료사진들과 비교 검토해 보기도 하였다. 그럼에도 불구하고, 독립운동사 전공자이긴 하지만 임시정부 전문가가 아니라서 답사 책자 간행은 엄두도 내지 못하였다.

최근 임시정부의 중요성에도 불구하고 그동안 학계의 전문안내서가 많지 않음을 인지하게 되어 감히 용기를 내게 되었다. 또한 그동안 수많은 초중등교사들, 일반시민, 학생들과 함께 한 경험과 감동들을 대중화하는 작업이 무엇보다 중요하다고 생각하였다. 아울러 답사의 편린들을 모아 정리해두면 후학들과 앞으로 탐방하시는 분들께 도움이 되지 않을까 판단하였다. 책을 간행한 동기가 바로 여기에 있다.

그럼에도 불구하고 사실 두려움이 앞선다. 일차적으로 사라져 버린 역사의 현장을 위치비정하는 작업의 어려움 때문이다. 당시의 지도와 현재의 지도 및 지적도를 비교 분석하는 작업은 다양한 분야의 전문가들의 공동노력이 필요한 일이다. 위치비정이 잘못된 경우들도 있다. 특히 도시와 도로의 변화는 이를 더욱 힘들게 한다. 자료 사진의 고증 및 설명도 역시 힘든 작업의 하나이다. 특히 임시정부 이동시기의 경우 더욱 그러하다. 1935년 11월 사진들은 항주, 가흥, 진강 등 동일한 사진에 대해 책자마다 설명이 다르다.

그러므로 최대한 전문가들의 조언과 연구를 바탕으로 답사기를 작성해 보고자 하였다. 사진자료와 위치 비정 등은 독립기념관, 대한민국역사박물관, 대한민국임시정부기념관 등의 자료실을 통해 확인하고 수정 보완해 나갔다. 특히 자료사진의 경우 홍소연님의 도움을 많이 받았다.

1장에서는 대한민국임시정부 유적지를 중심으로 살펴보았다. 상해, 가흥, 항주, 남경, 장사, 유주, 기강, 중경 등 유적들에 대하여 당시의 감동을 생생하게 전달하고자 하였다. 독립기념관 홈페이지 국외독립운동사적지의 내용도 충분히 반영하고자 하였다. 최근까지의 학계의 연구조사결과를 수록하고 있기 때문이다.

2장에서는 학병으로 징병되어 일본군을 탈출, 중경 임시정부로 향하는 장준하의 발길을 정리해 보았다. 서주, 임천, 노하구, 중경 등지로 향하는 그의 애국 열정을 사실적으로 기록하고자 하였다. 장준하의 한걸음 한걸음은 조국의 광복을 향한 열정 그 자체임을 확인할 수 있었다.

3장에서는 조선의용대와 조선의용군에 대하여 알아보고자 하였다. 1939년 조선의용대의 흔적을 살필 수 있는 계림과 잊혀진 혁명의 도시 연안이 바로 그것이다. 계림에서는 조선의용대와 조선혁명선언을 기초한 유자명의 흔적을, 연안에서는 임시정부와 다른 길을 걸었던 한위건, 김산, 정율성 등 젊은 혁명가들의 흔적을 찾아 답사하였다. 연안 입구의 보탑은 공산혁명을 상징하고 아직도 그 자리에 서 있었다. 혁명가들이 머물렀던 요동에는 아직도 체취가 남아 있는 듯하여 더욱 감동스러웠다.

답사는 항상 현장에 있는 많은 분들의 도움을 받게 된다. 특히 외국인 경우는 더욱 그러하다. 중국에서의 답사에 도움을 주신 수많은 분들께 진심으로 깊은 감사를 드린다. 국가보훈부, 보훈연수원, 장준하기념사업회, 광복회, 그리고 오일환, 이준영, 양대령, 홍종화 등 여러분께 고마운 마음을 전한다. 또한 자료 제공 등에 도움을 주신 홍소연, 김광만 학형을 비롯하여 독립기념관, 대한민국역사박물관, 대한민국임시정부기념관 등에 깊은 감사를 드린다. 아울러 일일이 자문을 해주신 국사편찬위원회 김광재 박사, 독립기념관 오대록, 남북역사학자협의회 유대성, 원고 교정을 도와준 제자 송민지, 김용진, 김경준 군에게도 고마운 마음을 전한다. 아울러 항상 도움이 되어준 동학 박경, 박찬 그리고 막내 박윤에게 따뜻한 인사를 전한다. 끝으로 어려운 환경에도 불구하고 책자를 간행해주신 도서출판 선인 윤관백 대표와 편집부, 특히 박애리 실장께 감사한 마음을 표하고 싶다.

2023. 5.

문화당에서 박환

Contents

책을 읽기 전 팁

- 중국의 인명, 지명의 경우 한글 발음으로 하고 한자를 병기한다.

- 사적지에 대한 기본 해설은 혼돈을 피하기 위하여 독립기념관의 국외독립운동사적지 설명에 따랐다. <독립기념관 해설>로 표기하였다. 다만 의견을 달리하는 부분에 대하여는 필자의 의견을 첨부하는 형태를 취하였다.

- 이 책은 필요에 따라 사진으로 보다, 아는만큼 보인다, 구술로 듣다, 현장을 가다 등을 두었다. 사진으로 보다의 경우 주요 사진에 대한 깊이 있는 해설을 위해 마련하였다. 아는만큼 보인다의 경우 최근의 연구성과를 소개하거나 때로는 원문을 그대로 인용하여 보다 생동감을 주고자 하였다. 구술로 듣다의 경우 생존 독립운동가들의 면담내용을 소개함으로써 독자들의 이해의 폭을 넓히고자 만들어 보았다. 현장을 가다의 경우는 1992년 이래의 필자의 발자취들을 적어 보았다. 답사기들은 그때 그때 작성하여 당시의 생동감을 독자들에게 전달해 줄 것이다.

- 대한민국임시정부 수립 기념일의 변경

  3·1운동 이후 일본 제국주의로부터 빼앗긴 나라를 되찾고 자주독립을 성취하고자 1919년 4월 11일에 중국 상해에서 대한민국임시정부가 수립되었다. 임시정부 설립 주체인 임시의정원이 1919년 4월 11일 오전에 「대한민국임시헌장(大韓民國臨時憲章)」을 헌법으로 공표하면서 이때부터 대한민국이라는 국호가 정식으로 채택되어 지금에 이르고 있다.

  대한민국임시정부의 법통을 계승한 대한민국에서는 항일 독립운동 정신을 고양시키고 순국선열의 넋을 기리기 위해 애초 4월 13일을 공식적인 기념일로 제정하였다가 임시정부 수립 100주년을 맞이하는 2019년에 4월 11일로 기념일을 변경하였다.

- 독립운동가들의 복식: 양복과 중국 옷 장포(長抱)

  1919년부터 1932년 윤봉길의거가 있기 이전에 사진 속의 상해의 독립운동가들은 주로 양복을 입은 모습들이다. 당시 양복이 유행하고 있었으므로 임시정부 요인들도 셔츠에 넥타이, 양복 재킷과 조끼에 바지, 모자와 구두를 갖추었다.

  1930년대 임시정부가 유랑시기, 독립운동가들은 주로 장포라는 중국옷을 입었다. 이 옷은 중국 문인들의 전형적인 복장이기도 하였다. 이국땅에서의 신변 보호를 위한 불가피한 선택이라고 볼 수 있다.

대한민국임시정부의 역사적 의의는 무엇일까?

대한민국임시정부(이하 임정)는 3·1운동의 역사적 산물이다. 일제의 식민지지배를 인정하지 않고 있던 한민족은 1919년 3월 조선이 독립국임을 대내외에 선포하고, 온 민족이 일치단결하여 절대독립을 요구하는 독립운동을 일으켰다. 이러한 3·1운동을 통해 민족의 절대독립 의지와 열망이 표출되었고, 이것이 한 곳으로 결집되어 임정을 수립한 것이다. 임정은 민족의 대표기구로서, 또 독립운동을 지휘 통할해 나갈 최고기구로 수립되었고, 1945년 해방을 맞아 환국할 때까지 27년 동안 이러한 임무와 역할을 수행하며 활동하였다. 임정은 민족의 대표기구이자 구심체로 역할하면서, 민족사의 맥을 잇게 하였다. 한민족은 반만년 역사를 내려오면서 수많은 왕조의 교체와 이민족의 침략을 받았지만, 민족사의 맥이 단절된 일은 없었다. 일제에게 나라를 빼앗기고 식민지지배를 받게 되면서, 그 위기를 맞았다. 그렇지만 9년 만에 임정이 수립되고, 민족의 대표기구로 역할하면서 민족사의 맥이 계승될수 있었던 것이다.

임정의 수립은 전제군주제에서 민주공화제로 바뀌는 역사적 대전환의계기가 되었다. 임정은 수립 당시 그 헌법인 임시헌장에서 "임시정부는 민주공화제로 함"이라 천명하였다. 한민족 역사상 최초로 민주공화제 정부를 수립한 것이다. 이후 임정은 5차례에 걸쳐 헌법을 개정하면서 민주공화제 정부로서의 조직과 체제를 유지 발전시켰다. 해방 후 대한민국 정부가 별다른무리 없이 민주공화제로 수립될 수 있었던 것도 이러한 경험이 작용한 것이었다.

임정은 27년 동안이나 정부로서의 조직과 체제를 유지하면서, 독립운동최고기구로 활동하였다. 수립 이후 지역적 파벌, 정치적 이념과 독립운동 방략의 차이 등으로 인해 심각한 내분을 겪기도 하였고, 조직 자체를 유지 운영할 수 없을 정도로 무정부상태에 빠진 적도 있었다. 그리고 1930년대에는상해를 떠나 중경(重慶)에 정착할 때까지, 항주(杭州)·진강(鎭江)·장사(長沙)·광주(廣州)·유주(柳州)·기강(綦江) 등지로 이동해 다녀야 하는 어려운상황에 처하기도 했다. 이러한 가운데 정부의 체제와 조직을 유지한 것이다.당시 세계 전 민족의 3분의 2가 식민지지배를 당하고 독립운동을 전개하였지만, 27년간이나 임정을 유지하면서 활동한 것은 한국독립운동사에서만 찾아볼 수 있는 특수한 경우이다.

임정은 독립운동 최고기구로서, 전후 연합국의 지위를 획득한다는 전략으로 독립운동을 전개하였다. 객관적 상황으로 볼 때 한민족의 독자적인 힘

만으로 일본과 전면적 전쟁을 수행하거나 일본을 패망시킨다는 것은 사실상
어려운 일이었다. 최선의 전략은 연합군의 일원으로 참전하여 대일전쟁을
전개함으로써, 전후 연합국의 일원이 되는 것이었다. 한국광복군을 편성하
여 중국을 비롯한 영국군·미국군과 함께 대일작전을 수행한 것, 그리고 한
민족이 대일전쟁에 참전하는 것과 임정의 국제적 승인을 획득하기 위한 외
교활동을 전개한 것이 그러한 의도였다.

　임정의 수립과 활동은 한민족의 주체의식과 민족의식을 성장시키면서,
근대사회 형성의 원동력을 마련하였다. 한민족은 국토와 주권을 빼앗기고
식민지지배를 당하였지만, 임정을 수립하고 이를 중심으로 독립운동을 전개
해 왔다. 일제의 식민지통치를 극복하려는 다양한 노력이 전개되는 과정에
서 강인한 주체의식과 민족의식이 성장되었다. 이것이 해방 후 대한민국의
근대화와 경제발전을 가능케 한 원동력이 되었다고 할 수 있다.

PART
01

대한민국임시정부의

대한민국임시정부의 유적 현장

현장을 가다

대한민국임시정부의 통합(대한민국임시정부기념관)

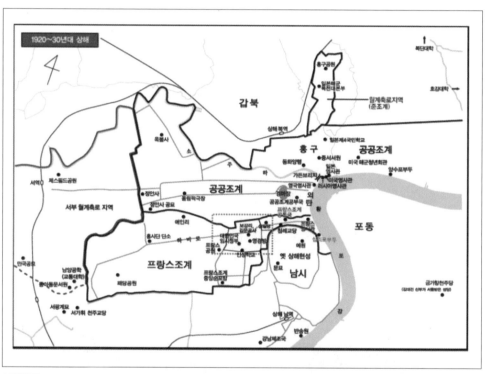

상해지도(김광재, 어느 상인 독립군이야기-한상 김시문, 선인, 2013.)

대한민국의 산실, 상해

상해는 대한민국임시정부가 처음으로 만들어진 곳으로서 그 중요성에 대해 이루 말할 수 없음은 사실이다. 시기적으로는 1919년부터 1932년까지, 공간적으로는 프랑스조계와 공공조계에서 임시정부의 활동이 주로 이루어졌다. 상해에서의 활동은 만주, 러시아 등과는 달리 다양한 사진들이 남아 있다. 특히 독립운동뿐만 아니라 장례, 결혼 등 독립운동가들의 생활을 짐작해 볼 수 있는 것들도 있어 좀더 다양하고 입체적으로 파악하는데 도움을 준다.

상해 답사는 독립운동사적지와 외탄 등 볼거리와 대별해 볼 수 있다. 전자로는 임시정부청사와 윤봉길의사의 의거지가 그 대표적인 것이며, 후자로는 외탄과 외탄에서 바라보는 동방명주가 그러하다.

백범 김구를 비롯한 수많은 항일혁명가들을 그리며, 그들의 숨결을 함께 느껴보도록 하자.

1930년대 하비로(현재 회해중로)

임시정부 청사(하비로 321호)

독립기념관 해설

　대한민국임시정부가 1919년 8월부터 10월까지 사용한 청사 터로, 상해 황포구 회해중로 651호에 위치하고 있으나 현재 터만 확인할 수 있다. 그러나 다행스럽게도 당시 모습을 알 수 있는 우편사진엽서가 남아 있어 당시의 모습을 그려볼 수 있다. 특히 우측에 걸려 있는 태극기는 우리에게 색다른 감동으로 다가온다. 하비로 청사는 항상 가보고 싶은 곳이었다. 그러나 사진 속에서만 당시의 웅장한 모습을 바라볼 수 밖에 없어서 안타까운 마음뿐이었다.

　임시정부가 하비로 321호에 입주한 것은 대략 1919년 8월 초 전후로 보인다. 왜냐하면 8월 18일부터 같은 해 9월 17일까지 열린 제6회 임시의정원 회의가 8월 18일의 개원식만 장안리 민단 사무소에서 열리고 그 다음부터는 새로 마련한 하비로 321호 청사에서 열렸다고 했기 때문이다. 하비로 321호에서 제6회 의정원회의가 1919년 8월 19일부터 열리는 것으로 보아 그 이전에 하비로 321호 청사가 마련되었던 것으로 보인다.

　하비로 321호 임시정부 청사에서 열린 제6회 임시의정원 회의는 역사적으로 중요한 회의였다. 안창호는 상해 임시정부를 중심으로 국내의 한성정부, 연해주의 대한국민의회와 합쳐 명실상부한 통합 임시정부를 조직하고자 했다. 그 결과 9월 11일 상해 임시정부를 한성정부에 맞추어 개조하는 안이 의정원에서 통과함으로써 통합 임시정부가 성립되었다. 제6회 임시의정원 회의가 폐회하는 9월 17일 임시의정원 의원들은 하비로 321호 청사 앞에서 기념사진을 촬영하였다.

하비로 321호 청사 시절은 오래 가지 못했다. 일제는 상해 프랑스조계 당국에 임시정부에 대해 폐쇄 조치를 내릴 것을 압박해왔다. 결국 프랑스조계 당국도 일제의 요구를 수용하지 않을 수 없었다. 10월 17일 프랑스조계 당국은 임시정부에 48시간 이내 청사를 폐쇄할 것을 명령하였다.

임시정부는 1919년 4월 11일 상해 프랑스 조계에서 수립되었다. 임시정부가 최초로 청사를 마련한 장소는 김신부로(金神父路)였다. 청사로 확인되는 곳은 1919년 4월 17일 사용된 것으로 보이는 '하비로 460호'이다. '하비로 460호'는 임시정부가 수립되고 일주일 후에 마련한 청사였다. 그러나 실제로 이곳에 청사를 두고 활동했는지는 파악할 수 없으며 머물렀던 기간도 알 수 없다.

임시정부청사(하비로 321호)

2018년 국사편찬위원회 김광재박사에 의해 1919년 임시정부가 사용했던 청사의 위치가 규명되었다. 잘 알려진 2층 양옥건물에 태극기가 게양된 청사 건물의 위치를 찾아낸 것이 바로 그것이다. 김광재는 독립운동가 신순호(申順浩)가 소장하고 있던 청사 사진 캡션과 1920년에 간행된 상해 프랑스조계 지도(French Concession : Extention)를 발굴하여 321호의 위치를 비정하였다. 이러한 노력에 힘입어 비교적 완벽한 청사의 형태를 지닌 2층 양옥 건물에 태극기가 게양된 임시정부 청사가 하비로 321호임이 확인되었다. 하비로 321호 임시정부 청사 건물은 모두 철거되었고, 그 자리에 상점 건물이 들어서 있다. 하비로 321호는 현재 회해중로 651호 부근이다.

아는만큼 보인다 하비로 대한민국임시정부 청사의 모습은 어떠했을까?

상해일일신문 기자는 1919년 9월 17일과 18일 두 차례에 걸쳐 하비로 321호 임시정부 청사를 방문하였다. 첫날은 취재가 허용되지 않았다. 아마도 제6회 임시의정원 회의가 폐회되는 날이었기 때문일 것이다. 다음날은 청사 경 내 입장이 허락되어 일본 기자는 청사 정문을 통과하여 건물 주변을 둘러보고 사진을 찍었다. 일본 기자의 취재 결과는 9월 18일 당일 석간으로 발행된 『상해일일신문(上海日日新聞)』에 게재되었다. 며칠 후 이 기사는 독립신문에 번역되어 실렸는데, 기사 내용은 다음과 같다.

堂堂한 집, 嚴重한 警戒, 靜肅한 內部狀態
…… 韓國獨立臨時政府가 法界에 在하다는 말은 聞하엿스나 —次도 往見 한 事 無하다. 如何한 建物로 如何한 形便인지 不知하고 危險한 곳이라는 所聞만 드러섯다. 그러나 생각에 朝鮮獨立黨으로 凶徒惡漢의 集合體는 안일지라 하고 往訪하엿다. 意外에 宏大한 建物이 鬱蒼한 樹木으로 蔽하야 形容하야 말하면 —小國의 領事館 갓흐며 庭園은 廣하고 溫室花園까지 잇다. 門을 직히는 印度人과 交涉하기에 數分 洋服中服 닙은 靑年들의 應答에 數十分 到底히 目的을 達成치 못할 것 갓더니 長時間 交涉에 겨우 白面無髭의 —少年을 接見하니 崔씨라. 時間이 迫切하다 하야 明日을 約束하고 出하니 第— 日은 門內 三四步에 至하다.

상해일일신문 기자는 임시정부 청사가 예상외로 규모가 있어 한 나라의 영사관과 같다고 하면서 놀라워했다. 울창한 수림으로 가리워져 있는 청사로 들어서면 넓은 정원과 온실화원이 나온다고 했다. 온실화원은 청사 건물 옆의 부속 건물이 아닌가 한다. 청사 건물 앞에는 사 진에서도 알 수 있듯이 비교적 넓은 잔디밭이 펼쳐져 있었던 것으로 보인다.

청사 정문에는 인도인 순포가 경비를 담당하였다. 당시 영국 식민 당국에 의해 상해에 온 인도인들은 주로 조계의 경비, 교통정리를 담당하였다. 이들은 인도 내 주류인 힌두교도들이 아닌 소수파인 시크교도들이었다. 상해에서는 이들을 가리켜 '홍두아삼(紅頭阿三)'이라고 하였다. 이들은 얼굴에 수염을 기르고 체격도 큰데다 두툼한 두건을 쓰고 있었기에 체격이 더 장대하게 보여 위압감을 주었다. 임시정부는 아마도 상해 현지의 관행대로 인도인을 경비로 고용하였던 것으로 보인다.

일본의 유력지 『大阪朝日新聞』 1919년 10월 22일자에도 임시정부 청사 건물에 대해 다음과 같은 기사를 보도하였다.

> 상해 프랑스 조계 霞飛路 321호의 불온 조선인의 본부는 프랑스 경찰로부터 폐
> 쇄 명령을 받았다. 해당 명령은 17일에 나와 48시간의 유예가 주어졌다. 또한 올
> 해 8월 하순부터 한 주에 3회 발행해 온 한글 신문 『독립』도 역시 18일 발행
> 금지 명령을 받았다. 향후 이들 한 패에 내홍이 일어 두 파로 분열되어 알력이 생
> 겨 수습하기 어려운 지경에 이르러 특히 조선 본국인으로부터 보내온 송금 등도
> 충돌을 야기할 듯하다. 주의 주장으로도 온건파와의 의견 차이를 초래하고 있었
> 던 것이다. 어쨌거나 결국 피하기 어려운 운명에 조우하여 오래도록 상해에 있
> 으면서 세인들의 주목을 끌던 빨간 벽돌(赤煉瓦)의 아름다운 건물과 항상 문에
> 서서 망을 보고 지키고 있는 2명의 인도인, 끊임없이 출입하는 수많은 젊은 조선
> 인의 양복 차림도 다시 볼 수 없을 것이다. 묘하게 우뚝 솟은 본부의 창이 굳게
> 닫혀져 있는 것을 볼 뿐이다.

이로 볼 때, 하비로 321호 임시정부 청사는 매우 수려하고 아름다웠던 건물이었던 것 같다. 지금은 흑백 사진 속의 잿빛 건물로 보이지만, 원래의 임시정부 청사는 "오래도록 상해에 있으면서 세인들의 주목을 끌던 빨간 벽돌의 아름다운 건물"이었다고 한다. 거기에 더하여 건물 외벽에 태극기를 게양하였으니 세상 사람들의 '주목'을 끌고도 남았을 것이다.(김광재, 「상해 하비로 321호 대한민국 임시정부 청사의 광경」, 『한국독립운동사연구』 65, 2019)

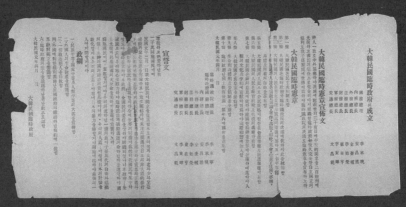

대한민국임시정부 헌장(1919년 4월)

대한민국임시정부 약헌(1927년 4월 11일 개정공포한 헌법)

제27주년 대한민국임시입헌기념식(1946년 4월 11일)

창덕궁 인정전에서 찍은 대한민국 임시 입헌 기념식 사진이다. 1946년에 찍힌 이 사진 하단에는 '第
二十七週年大韓民國臨時立憲記念式(제27주년대한민국임시입헌기념식) 大韓民國二十八年四月十一日(대
한민국28년4월11일)'라고 적혀있다. 대한민국28년이 바로 1946을 의미하는데 이는 임시정부수립 당
시 정한 국호와 연호로 임시헌장 선포한 해인 1919년을 대한민국 원년으로 하여 계산한 결과다. 사진 속
에는 광복 이후 국내로 귀환한 임시정부의 요인들의 모습이 담겨있다. 앞에서 두 번째 줄 왼쪽 첫 번째에
김붕준(金朋濬)이, 여섯 번째에 신익희(申翼熙), 우측으로 김창숙(金昌淑), 김상덕(金尙德), 유동열(柳東
說), 최동오(崔東旿), 홍진(洪震), 김구(金九), 이시영(李始榮), 조성환(曹成煥), 유림(柳林), 조소앙(趙素
昻), 황학수(黃學秀), 조완구(趙琬九), 조경환(趙擎韓), 엄항섭(嚴恒燮), 유진동(劉振東) 순으로 찍혀있는
것을 알 수 있다.

하비로청사 시절사진

2015년 처음으로 공개된 하비로 321호 청사 사진엽서 앞면(경기도박물관 소장)

※大韓民國臨時政府 臨時政廳, 大韓民國 元年 十月 十一日 在中華民國 上海 法界 霞飛路 三百二十一號.

임시정부 요인 박찬익의 며느리 신순호 여사가 소장하고 있던 것이다. 임시정부가 수립된 지 100년 가까이 지난 2015년에 가서야 공개되어 만시지탄을 금할 길이 없다. 늦었지만 이제 청사 건물의 정확한 주소를 확정할 수 있게 되었다. 이 사진은 홍보용 사진엽서의 형태로 만들어졌다. 엽서의 크기는 가로 8.6cm, 세로 13.3cm이다. 사진은 엽서에 인화되어 있어 주소와 내용을 써서 다른 사람에게 보낼 수 있는 형태이다. 엽서의 뒷면은 검은 얼룩으로 손상된 상태이다. 임시정부는 청사 건물 사진을 엽서에 인화하여 임시정부를 홍보하는 목적으로 사용한 것으로 보인다.

하비로 321호 임시정부 초기 청사 자리의 오늘날 모습

사진으로 보다

하비로 321호 임시정부 초기 청사에서 촬영한 사진들

大韓民國 元年 九月 十七日
大韓民國臨時議政院 第六回 紀念 撮影(하비로 321호 청사 앞에서)
1열 왼쪽부터 이유필, 신익희, 윤현진, 안창호, 손정도, 정인과, 최창식, 이춘숙
2열 왼쪽부터 차균상, ○, ○, 고일청, ○, 김구
3열 왼쪽부터 유자명, 이원익, 나용균, 김홍서
4열 왼쪽부터 김병조, ○
5열 왼쪽부터 여운형, 장붕, 왕삼덕, 황진남
6열 왼쪽부터 ○, 조완구, 전재순

대한민국임시정부 재상해 직원 일동 기념 촬영
大韓民國臨時政府 在上海 職員 一同 紀念 撮影, 大韓民國 元年 十月 十一日
※하비로 321호 임시정부 청사 폐쇄 직전의 마지막 기념사진임.

대한민국임시정부 국무원 기념 촬영
大韓民國臨時政府 國務院 大韓民國 元年 十月 十一日
1열 왼쪽부터 신익희, 안창호, 현순
2열 왼쪽부터 김철, 윤현진, 최창식, 이춘숙

의정원의 설립

임시의정원은 중국 상해에서 임시정부 수립을 위해 설립되었다. 1919년
3·1운동이 발발하자 상해에는 독립임시사무소가 설치되고, 신한청년당(新
韓靑年黨)의 주도로 국내외 독립운동자들과 연락을 취하며 임시정부를 수립
하기 위한 준비작업을 진행하고 있었다. 국내를 비롯하여 만주와 연해주 등
지에서 활동하던 많은 독립운동자들이 이에 호응하여 상해로 모여들었다.
상해에 모인 독립운동자들이 임시정부를 수립하기 위한 회합을 가졌다. 회
합은 1919년 4월 10일 하오 10시 프랑스 조계 김신부로(金神父路)의 어느 집
에서 이루어졌다. 회합에는 국내외에서 도착한 29명의 대표들이 참석하였
다. 회의가 시작되자 조소앙(趙素昻)이 회의 명칭을 '임시의정원'으로 하자
고 동의하였고, 이를 신석우(申錫雨)가 재청하여 가결되었다. '임시의정원'이
란 명칭이 결정된 후, 회의를 이끌어갈 의장과 부의장에 대한 선출이 이루
어졌다. 무기명 투표에 의하여 의장에 이동녕(李東寧), 부의장에 손정도(孫貞
道)가 선출되었다. 그리고 서기에는 이광수(李光洙)와 백남칠(白南七)이 뽑혔다.
이로써 임시의정원이 설립되었다.

임시의정원은 곧바로 임시정부 수립을 위한 회의를 개최하였다. 회의는
밤을 새워가며 4월 11일까지 진행되었다. 제1회 임시의정원 회의였다. 이 회
의에서 신석우의 동의와 이영근(李渶根)의 재청으로 '대한민국'이라는 국호
(國號)가 결정되었다. 정부기구는 국무총리를 수반으로 하는 국무원(國務院)
에 내무·외무·재무·법무·군무·교통 각부를 두는 것으로 하고, 국무총리 이
하 각부의 총장과 차장을 선임하였다. 그리고 임시정부의 헌법인 '대한민
국임시헌장'을 심사하여 제정하였다. 대한민국임시정부를 수립한 것이다.

임시정부 수립에 대한 제반 절차가 완료된 후, 임시의정원의 조직과 체제를 갖추기 위한 작업에 들어갔다. 조소앙·신익희(申翼熙)·손정도·이광수를 기초 위원으로 선정하여, 임시의정원법을 기초하도록 하였다. 그리고 4월 25일 개최된 제3차 회의에서 임시의정원법을 심의 의결하여, 13장 57개조로 된 임시의정원법을 제정 통과시켰다. 이로써 임시의정원의 법적 근거가 마련 되었고, 이 법에 따라 의원(議員)을 선출함으로써 의정원이 정식으로 구성되 었다.

1919년 임시정부 수립기의 의정원은 제헌의회의 성격을 띠었다. 그런 데 제1회 회의만이 제헌의회였던 것이 아니라 제1회 이후 제6회에 이르는 1919년의 모든 회의가 그러했다고도 볼 수 있을 것이다. 왜냐하면 그해 8월 과 9월 사이에 열린 제6회 회의에서 제1차 개헌이 단행됨으로써 비로소 의 회의 본 모습이 제대로 갖추어졌기 때문이다.

사진으로 보다

1919년 프랑스조계 프랑스공원에서 촬영한 상해 독립운동가들

2019년 4월 11일 KBS 9시 뉴스 보도: [탐사K/단독] 임정 '숨은 주역' 한곳에…200명 초기 사진 발굴

KBS가 독립기념관, 국사편찬위원회와 공동 취재한 결과 이 사진은 임정 수립 직후인 1919년 7월 일본 조선군참 모장이 육군차관에게 보고한 것으로 확인됐습니다.

보고서는 사진 속 인물에 대해 "상하이에 있는 조선인 간부와 결사자 2백여 명"이라고 설명하고 있습니다.

[최우석/독립기념관 연구원]

"1919년에서 1921년 하반기까지 3·1운동에서부터 비롯된 국내외의 독립운동에 관해서 정리해놓은 문서철입니다."

사진 속에는 남성 178명, 여성과 아이들 47명 등 모두 225명이 등장합니다.

중앙에 앉아있는 이 남성, 임시의정원 2대 의장을 지낸 손정도 선생입니다.

사진으로 보다

상해교민단장과 의정원 상임위원을 맡았던 김홍서 선생.

훗날 임시정부 주석이 된 김구 선생을 옆에서 늘 보좌했던 엄항섭 선생도 확인됩니다. 해방 이후 국회의장을 하고 대통령 후보로 나서기도 했던 신익희 선생의 젊은 모습도 보입니다.

다른 사람보다 선명도는 떨어지지만 김구 선생의 40대 초반 모습과, 독립운동의 또 다른 거두가 되는 여운형 선생의 얼굴도 희미하게나마 확인됩니다.

학계 전문가들 분석을 거쳐 지금까지 26명의 독립운동가를 확인할 수 있었습니다.

임정 수립 직후인 4월 30일, 지금의 국회의장 격인 의정원 의장으로 손정도 목사가 새로 선출되는데 이날 전후로 촬영한 걸로 분석됩니다.

[김광재/국사편찬위원회 사료조사실장]

"손정도가 주인공일 가능성이 많다고 생각하고요. 공원에 가서 축하 모임을 갖고 사진관 기사를 불러 촬영한 게 아닌가 추정합니다."

임시정부 수립 직후 촬영된 초기 사진으로는 이 사진이 유일합니다.

2백 명이 넘는 단체사진이라, 우리가 기억하는 유명인사들 말고도 임정 초기 '숨은 주역'들을 확인할 수 있는 자료라는 게 중요합니다. 특히 사진 오른쪽을 보면 상대적으로 더 선명해서 누군지 식별이 가능한 수준입니다.

역사에서 잊힌 '이름 없는 주역'들입니다.

임시정부가 출발하는 데 궂은일을 도맡았던 젊은 실무자들이자, 특히 초기 의정원 의원으로 활동했던 사람들도 상당수 포함됐을 가능성이 높습니다.

2019년 4월 11일 KBS 9시 뉴스 보도 : [탐사K/단독] 일본 손에 들어간 극비 사진…밀정은 누구인가?

[리포트]

200여 명이 빼곡히 담긴 단체 사진, 이 사진은 독립운동가들 사이에서도 극비였습니다. 일제가 보고한 내용을 보면, "분실할 때는 제재를 가한다는 서약 아래 엄밀하게 보관한 것"이라고 쓰여있었습니다. 이렇게 비밀을 유지하려던 사진이 어쩌다 일제 손에 들어간 걸까.

보고서를 보면 흥미로운 대목이 보입니다.

이 사진이 "상인 곽윤수의 집에 걸려있었다"는 겁니다.

곽윤수 선생은 자신의 집을 임시정부 사무실로 제공했던 공로를 인정받은 독립운동가입니다. 실제 곽 선생의 집이 임정 사무실로 사용된 시기는 사진이 찍힌 것으로 추정되는 1919년 4월 말부터 약 3개월 동안입니다. 사진을 바탕으로 상하이 현지에서 흔적을 찾아보기로 했습니다. 우선 전문가와 함께 곽 선생의 집터를 찾아가 봤습니다. 지금은 대형 쇼핑몰이 자리 잡고 있습니다.

[김광재/국사편찬위원회 사료조사실장]

"이 사진이 왜 곽 선생님 집에 걸려있을까를 생각해 보면 어떤 이유를 추정해볼 수 있을까요?) (곽윤수 선생의 집이) 교민단 사무소 겸 임시정부 임시사무소로 활용되고 있었기 때문에 그런 사진이 걸려있었고…"

국가보훈처의 기록을 토대로 곽 선생의 후손을 수소문한 끝에, 중국에 살고 계신 첫째 딸 곽종옥 할머니를 만날 수 있었습니다.

올해 104세로 기억은 흐릿하지만, 당시 독립운동가들이 회의하던 삼엄한 분위기는 떠올렸습니다.

[곽종옥/故 곽윤수 선생 딸]

"(아버지가) 독립운동가들이 이야기를 나누실 때는 문을 닫고, 나는 들어오지 못하게 했어요."

그런데 불편한 이야기가 나올 수밖에 없었습니다. 일제가 사진을 확보한 배경에는 곽 선생의 가족이 연관됐기 때문입니다. 보고서에는, "곽윤수 처남으로 하여금 은밀히 밀정에게 가져오게 했다"고 나와 있습니다. 독립운동가 후손들에겐 다소 충격적인 이야기, 처음엔 당황했지만 이것 역시 할아버지의 중요한 기록이라고 받아들였습니다.

[김문렴/故 곽윤수 선생 손자]

"역사적인 측면에서 보면 기분 상할 필요가 없다고 봅니다. 저는 우리 외할아버지와 관련된 모든 역사를 알고 싶습니다."

삼엄한 일제의 감시를 피해 사진을 찍을 수 있었던 곳은 어디일까.

당시 프랑스공원으로 불린 현재의 푸싱공원이 유력합니다. 임시정부와도 가깝고, 무엇보다 외국인 전용 주거지라 일제의 눈을 피할 수 있었습니다.

[김광만/역사저술가]

"(일제 입장에서는) 감시를 해야 되고, 분쇄를 시켜야 되고, 임시정부가 더 자라기 전에 없애야되는 것이기 때문에. 독립운동가들의 숫자보다 밀정의 숫자가 더 많았을 것으로 생각될 정도로 (당시 상하이는) 혼탁했었죠."

상하이 지역사 전문가도 당시 사진을 보면 공원을 둘러싼 울타리 모양이 같다는 점과 서양식 구조물을 근거로 꼽으며, 프랑스공원을 지목했습니다.

[천주언/상하이 역사 전공 교수]

"다른 공원에는 (사진에 나오는) 건축물이 없었기 때문에, 여기가 프랑스공원이라고 볼 수 있습니다."

1920년 제작된 프랑스공원 지도와 비교해봤습니다. 취재진이 주목한 건 테니스장으로 추정되는 흰색 선, 지도에 표시된 테니스장을 기준으로 보면, 뒤편 오른쪽에 있는 2층짜리 건물부터, 가운데 임시 가건물이 있는 공터까지 구도가 정확히 일치합니다.

[천주언/상하이 역사전공 교수]

"(사진을 보면) 앞은 테니스장이고, 뒤편은 전시장이 있는데 이 두 가지 요소로 봤을 때, 당시 지도를 근거로 보면 바로 여기가 그 장소입니다."

지금은 공원 구조가 바뀌어 흔적이 남아있지 않지만, 테니스장이 있던 공원 북쪽 지점이 촬영 장소였던 것으로 보입니다.

KBS 뉴스 이세중입니다.

사진으로 보다

大韓民國二年元月元旦
大韓民國臨時政府新年祝賀會紀念撮影

1920년 1월 1일 대한민국임시정부신년축하회 기념촬영사진
상해 공공조계 西藏路 一品香旅社 옥상, 왼쪽 뒤로 慕爾堂이 희미하게 보인다.

1열 왼쪽부터 차균상, 손두환, 황일청, 박지명, 손정황, 김형균, 고일청, 엄항섭
2열 왼쪽부터 김구, 양헌, 도인권, 김여제, 이유필, 김병조, 손정도, 신규식, 이동녕, 이동휘, 이시영, 안창호,
김철, 김립, 장건상, 윤현진, 신익희, 이규홍 이춘숙, 정인과
3열 왼쪽부터 김홍정, 차원여, 한응화, 김태준, 신덕만, 이규서, 최동오, 권태용, 임득산, 황학수, 김복형, 조봉길,
윤창만, 박인국, 이원익
4열 왼쪽부터 김희준, 최진석, 정제형, 김덕선, 명순조, 김영희, 김보연, 황진남, 김홍서, 정태희, 김홍우, 장원택,
유흥환, 김붕준, 장신국

임시정부 신년축하회 개최 일시는 1920년 1월 1일 오전 11시로 정하였다. 장소는 공공조계 서장로(西藏路, 지금의 西藏中路) 270호의 일품향여사(一品香旅社)가 선정되었다.

1월 1일 오후 4시경 신년축하회를 마친 임시정부 인사들은 일품향 옥상으로 올라가 기념사진을 촬영하였다. 사진에 나오는 인물은 모두 58인이다. 신년축하회의 참석자가 60여 인이었다고 하는 것으로 보아 몇 사람은 사진 촬영 전에 돌아갔을 것으로 보인다. 임시정부는 역사적으로 뜻깊은 순간을 다른 지역 동지들에게 알리고 나아가 후대에 남기고자 하였다. 그런 만큼 사진 촬영은 전문사진관에 의뢰했을 것이다. 당시 남경로에는 보기조상관(寶記照像館) 등 많은 사진관 들이 성업 중에 있었다. 중국의 지식인들과 문인들이 사진관에서 인물 사진을 찍고 그 사진에 제시(題詩)를 하는 것이 당대의 유행이었다고 한다.

임시정부는 신년축하회가 끝난 후 기념촬영사진을 임시정부를 선전하는 용도로 활용하고자 하였다. 기념촬영사진 밑에는 '大韓民國二年 元月元旦 大韓民 國臨時政府 新年祝賀會 紀念撮影'이라는 문구를 넣었다. 그리고 기념촬영사진 을 다수 인화하여 별지 명단과 함께 여러 지역의 한인들에게 배부하였던 것으로 보인다. 58인의 직위와 성명은 사진 속의 위치에 맞춰 별도로 인쇄됐다. 임시정부의 정통성을 과시하고 "이런 이런 사람들이 여기 모여 독립투쟁을 새삼 다짐 했으니 여러분도 힘을 다하라"는 메시지를 타지역의 독립운동단체에 전하기 위한 것으로 보인다.

(김광재, 「대한민국 임시정부 신년축하회 문화에 대한 일고찰—1920·1921년 기념촬영사진 분석을 중심으로」, 「한국근현대사연구」, 2015)

일품향여사 북부

사진으로 보다

大韓民國三年一月一日
臨時政府及臨時議政院新年祝賀式紀念撮影

1921년 1월 1일 대한민국임시정부 신년축하식 기념촬영사진

임시정부는 1921년 원단에도 신년축하회를 개최하였다. 1921년 1월 1일 오전 11시 교민단 사무소에서 임시정부 수립 후 두 번째 신년축하식을 거행하였다. 정식 행사 명칭은 '대한민국 임시정부 및 임시의정원 신년축하식'이었다. 그리고 낮 12시 공공조계 남경로 영안백화점 'ㅇㅇ旅社大菜樓'에서 신년축연이 열렸다. 'ㅇㅇ旅社大菜樓'는 영안백화점 부속 대동여사였다. 전년의 신년 축하회와 달리 이번은 임시정부와 임시의정원이 합동으로 주최하는 형식을 취하였다.

같은 날 낮 12시 신년축하식을 마친 임시정부 및 임시의정원 구성원들은 자리를 바꾸어 영안백화점 대동여사에서 신년축하연을 베풀었다. 상해에 온 지 채 한 달도 지나지 않은 임시대통령 이승만이 임시정부 및 임시의정원 구성원들을 축하연에 초청하는 형식으로 개최되었다. 축하연은 "滿場이 誷誷한 和氣속에서 歡樂을 盡히"였다고 독립신문은 보도하고 있다. 신년축하연을 마친 임시정부 참석자들은 영안백화점 옥상으로 올라갔다. 임시정부 인사 59안은 옥상의 綺雲閣 앞에서 역사적인 기념촬영을 하였다. 사진의 자리 배치는 마찬가지로 임시정부 내 서열을 보여주고 있다. 이번에는 정중앙에 대통령 이승만이 있고 그 옆에 예년의 모습과 같은 국무총리 이동휘가 앉아 있다. 또 눈에 띄는 것은 1920년 사진에서는 2열의 의자에 앉아 있던 김구가 1921년 사진에서는 바닥으로 내려와 앉아 있다는 점이다. 1921년 신년축하회에 이승만 등 새로운 인물들이 참석한 데 따라 밀려난 것으로 보인다. 바닥에 앉아 있는 김구 뒤로 20대 중반의 신익희가 팔짱을 끼고 앉아 있다. 김구는 경무국장이고 신익희는 차관(次長)이라는 지위의 차이 때문에 그런 것이 아닌가 한다. 전년 신년축하회에 비해 중국 의복 착용자가 더 많아졌다. 전년의 2명에서 5명으로 늘어났다. 이동녕을 비롯하여 이시영, 조완구, 왕삼덕, 김현구가 중국옷을 입고 있다. 1년 사이에 그만큼 중국 현지에 적응해갔다는 것을 말해준다. 현재 영안백화점 옥상은 일반에 개방되지 않고 있다. 옥상에는 대형 에어컨 냉각 시설, 임시건물 등이 들어서 있다. 왕년의 옥상 화원, 천운루(天韻樓) 등 유락 시설은 모두 없어지고 기운각(綺雲閣)만 남아 있다. 기운각은 1949년 5월 중국공산당 인민해방군이 상해 남경로에 진입한 다음 가장 먼저 오성홍기가 게양된 곳으로 현재 '애국주의교육기지'로 지정되어 있다.(김광재, 「대한민국 임시정부 신년축하회 문화에 대한 일고찰―1920·1921년 기념촬영사진 분석을 중심으로」, 『한국근현대사연구』, 2015)

영안공사(1920년대)

상해에서의 3·1절 행사

1920년 3·1절 기념(올림픽극장)

초기 임시정부 시절 삼일절 기념식도 주로 공공조계에서 개최되었다. 3·1운동으로 임시정부가 세워질 수 있었기 때문에 한인들에게 삼일절 기념일은 무엇보다도 중요한 날이었다. 임시정부도 삼일절 기념일을 한 인들의 가장 큰 국경절로 지정하고 성대한 기념식을 거행하여 나라 잃은 백성들의 서러움을 위로하고 결사 항전을 다짐하였다(『獨立新聞』1920년 3월 4일).

1920년 3월 1일 오전 교민단 주최로 임시정부 수립 후 첫 삼일절 기념식이 성대하게 개최되었다. 기념식 장소는 공공조계 정안사로의 올림픽극장(夏令配克大戲院)이었다. 1914년 개관한 올림픽극장은 당시 공 공조계에서 가장 훌륭한 시설을 갖추고 있던 대형극장이었다. 임시정부가 프랑스조계를 벗어나 공공조계의 대형극장에서 행사를 거행한 데는 대외적인 선전효과가 컸기 때문이었다. 당시 삼일절 기념식의 장엄한 광 경은 독립신문의 보도와 기념사진 등을 통해 생생하게 볼 수 있다(『독립신문』1920년 3월 16일).

1921년 3·1절 기념(올림픽극장)

1922년 이후 삼일절 기념식은 공공조계 서장로의 영파동향회관에서 개최되다가 나중에는 프랑스조계 침
례당, 삼일당에서 개최되었다. 임시정부는 삼일절 기념식을 더 이상 공공조계의 올림픽극장 같은 큰 장소
에서 열지 못하게 되었다. 이것은 일본영사관의 압력 외에도 임시정부의 세력이 약화되었다는 것을 의미하
였다(김광재, 「1910~20년대 상해 한인과 조계 공간」, 『歷史學報』 228, 2015).

아는만큼 보인다 3·1절 1주년 기념 독립신문

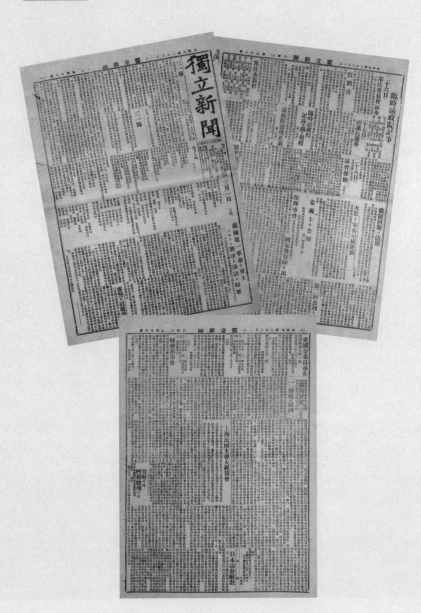

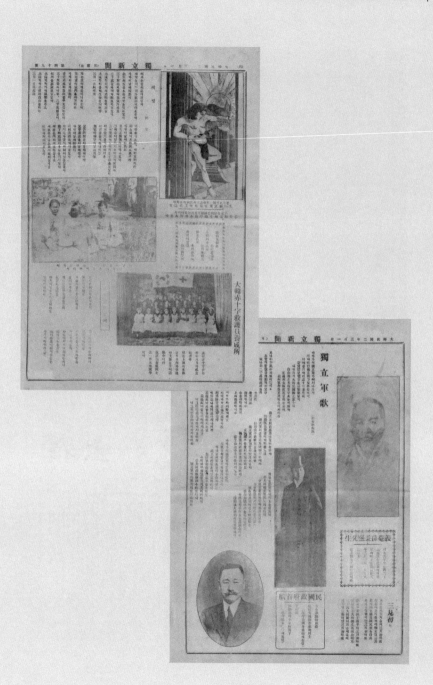

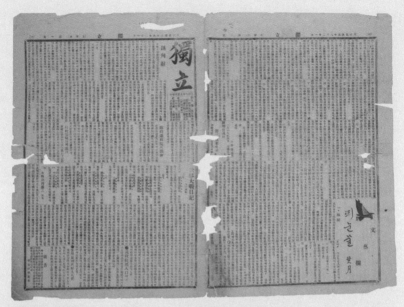

독립신문 창간호

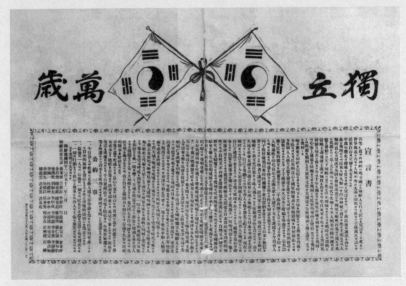

독립선언서(1920. 3. 1)

『독립신문』에서는 <왜병 -過處(4월 17일 수원 화수리)- 왜에 의해 불에 탄 집터에 앉아 왜의 칼에
죽은 어린 누이를 곡하는 두 아이>에 대한 주요한의 글을 싣고 있는데, 이 글은 우리의 마음에
강한 울림과 전율을 주고 있다. 이를 보면 다음과 같다.

大韓의 누이야 아우야

大韓의 누이야 아우야! 漢陽城 날말근날, 獨立萬歲의 소리가 물결가치 우레가
치 우러나갈 때, 暴虐殘忍한 倭警의 비린내나는 칼이 슬적 빗길적에 놉히든 太
極旗에 피를 뿌리며 떨어지는 너의 可憐한 두 팔을 지금 내가 본다.

水原 花樹里 우거진 풀밧히 無道의 불에 재만 남을 때, 罪업슨 너의 두 다리가
野蠻한 倭兵의 거츠론 손미테 찌여짐을 지금 내가 본다.

세마듸 銃소리에 스러진 어린 세 兄弟의 魂이여, 녀의 부르짓는 소리가, 또 너의
사랑하던 늙으신 祖父의 痛哭하는 소리가 지금 내 귀를 울린다.

오직 너를 生命가치 알던 너의 어머님 目前에서, 녹 쓰른 槍끗헤 찔려죽은 어린
同生아, 지금 最後의 「어머니」를 찾날 너의 絶叫가 너의 어머님의 마즈막 祈禱
와 함께 나의 가슴을 끄린다.

아아...

아아 大韓의 누이야 아우야!

復活의 새소리가 우렁차게 大韓나라 坊坊谷谷이 퍼져 나갈 때, 그 偉大한 鳴動
속에 가장 힘잇게 가쟝 맑게 울니던 너의 목소리가 只今 나의 가슴을 흔든다.

自由를 爲하야 뿌린 너의 피, 말근 中에도 말근 피, 어리고 어린 피, 生각하면 가
슴이 아프고 쓰리고 애츠러운 純潔의 피.

自由를 위하야 부르짓는 소리, 말근 中에 말근 소리, 어리고 어린 凜凜한 그 소
리, 들을수록 가슴이 터져오고 눈물이 소사나는 너의 錚錚한 목소리

自由를 위하야 우는 우름, 말근 中에도 말근 우름, 어리고 어린 우름, 自由를 爲
하야 버린 生命, 말근 中에도 말근 生命, 어리고 어린 生命, 生각할수록, 볼수록
앗감고도 애츠러운 純全한 그 生命.

아아 大韓의 어린 누이야 아우야! 너의 피는 應當 벗는 곳마다 꽃이 되어 나리
라, 自由의 祭壇에 드리는 불고 불근 꽃이. 너의 소리는 應當모혀 하늘의 별이
되어 빗나리라, 自由의 서따ㅇ을 빗최는 발금의 별이.

너의 눈물은 흐르고 흘너 아름다운 眞珠를 이루리라, 勝利의 花冠을 光彩잇게
하는 光明의 眞珠를.

그리하고 最後에 自由를 爲하야 주근 肉身을 떠난 너의 靈魂은 應當 祝福바든 自由의 天使로 化하얏스리라, 나라 위해 싸호는 모든 勇士의 몸을 직히는 어린 天使가.

請컨대 自由의 天使로 化한 大韓의 어린 누이야 아우야 正義를 위하야 싸호는 거룩하고 의로운 싸홈에, 거느리는 者나 좃는 者나 모든 國民의, 모든 戰士의 마음에 나려오라, 그 속에 邪惡과 奸巧함을 다버리게 하고, 어린 누이와 아우가 흘니든 피와 다름업슨, 맑고 뜨거운 情熱로써 귀한 피를 흘니게 할지어다

大韓의 純潔하고 어린 누이들아 아우들아!

너이들의 부르는 凜凜한 그 소리가 참으로 大韓의 榮光이 된다. 大韓의 生命이 된다. 그리하고 그 아릿다운 목소리가 長生하고 굴거짐에 따라 너의 나라는 다시 살리라 너의 나라는 다시 너머지지 아느리라(耀)

독립공채

애국금수합위원 신표(1919년)

대한민국원년 독립공채 50원

대한민국원년 독립공채 10원(앞면)

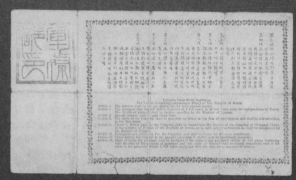

대한민국원년 독립공채 10원(뒷면)

인성학교

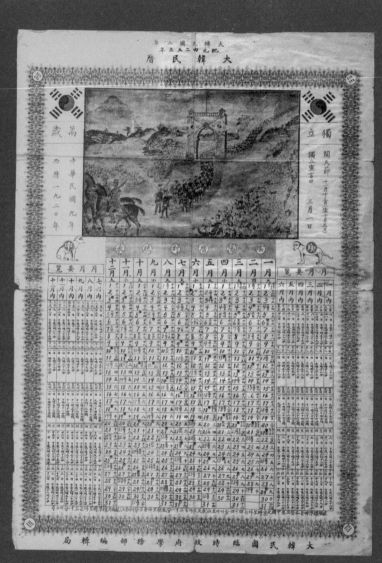

1920년 달력, 임시정부 발간(김시덕 제공)

사진으로 보다

임시정부 활동

이승만의 상해도착 환영식장(1920년 12월 28일)
왼쪽부터 손정도, 이동녕, 이시영, 이동휘, 이승만, 안창호, 박은식, 신규식, 장붕

파리강화회의 대표단

임시사료편찬위원회(1919년)

임시정부 공군 활동

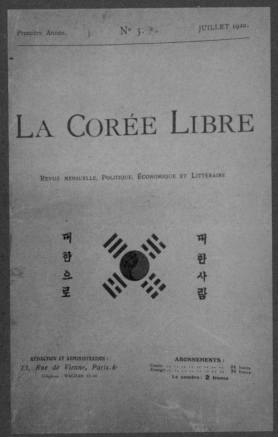

『자유한국』 3호(1920년 9월 파리위원부 간행)

『자유한국』 3호(1920년 7월)에 실려 있는 노백린과 미주한인비행학교 훈련교관들
왼쪽부터 장병훈, 오림하, 이용선, 노백린 이초, 이용근, 한상호

노백린과 미주한인비행학교 훈련교관들(『독립신문』, 1920년 4월 27일자)
왼쪽부터 장병훈, 오림하, 이용선, 노백린 이초, 이용근, 한상호

임시정부기념관이 있는 마당로청사

독립기념관 해설

대한민국임시정부가 1926년부터 1932년까지 사용한 청사로 상해시 황포구 마당로 306로 4호에 위치하고 있다.

대한민국임시정부는 1919년 4월 상해 프랑스 조계에서 수립된 이래 여러 차례 청사를 이전하였다. 일제의 압박과 재정적인 문제, 프랑스 조계 당국의 청사 폐쇄조치 등이 그 원인이었다. 임시정부는 1919년 8월 초를 전후로 '하비로 321호'로 청사를 이전하여 활발한 활동을 전개하였다. 하지만 일제의 끊임없는 요구로 인해 1919년 10월 17일 임시정부 청사 폐쇄를 명령하였다. 청사 폐쇄 조치에 따라 새로운 임시정부 청사는 마련되지 못했고, 정부 기구는 기관 책임자의 주소지로 분산되었던 것으로 보인다. 이후 재정적인 문제와 활동의 제약 등으로 정부 기구가 모두 모인 청사를 마련하기 어려웠던 것으로 생각된다. 그 후 안정적인 청사를 구성한 시점은 1926년 7월경이었다. '백래니몽(白來尼夢) 마랑로(馬浪路) 보경리(普慶里) 4호'에 마련된 청사가 바로 그것이다. 이곳에서 1932년 5월 항주로 이전할 때까지 6년 동안 활동했다.

청사 건물은 1990년 6월 5일 상해시 노만구(盧灣區)에서 문물보호단위로 지정했고, 1992년 본격적인 복원공사가 추진되었다. 그 결과 한중 양국은 1993년 4월 13일 복구공사 완공 기념식을 거행하고 일반인에게 정식으로 공개했다. 전시는 독립기념관의 주도로 이루어졌고, 이후 몇 차례 보완이 이루어졌다. 2015년 광복 70주년을 맞아 독립기념관의 지원으로 전시물을 전면 교체하였다. 2012년에는 노만구가 황포구(黃浦區)에 통합되면서 현재 황포구문물보호단위로 지정되어 있는 상태이다.

오늘날 마당로 상해임시정부 청사

현장을 가다

마당로 청사는 임시정부 유적 중 유일하게 원형을 보존하고 있는 곳이다.

1992년 처음 이곳을 찾은 이후 2008년 2월 26일 임시정부 청사를 다시 방문하였다. 마당로에 있는 임시정부 청사는 1926년부터 1932년까지 사용되던 곳이다. 즉, 임시정부가 일개 독립운동단체로 전락했다고 언급할 수 있을 정도로 쇠락한 시기의 청사라고 말할 수 있다. 그럼에도 불구하고 임시정부 초대 청사인 것처럼 일반인들에게 알려지고 있어 안타까운 마음이 들었다. 앞으로 안내인 교육을 통하여 임시정부 청사의 변천과 역사적 위상이 올바로 설명되었으면 한다. 특히 처음에 1층에서 관람객들에게 보여주는 다큐영상의 경우, 일본인들이 중국인을 살해하는 장면들을 일본인이 한국인을 살해하고 있는 것처럼 언급하고 있어 역사적 실상에 대한 사실적인 접근이 필요한 것이 아닌가 생각되었다.

청사 1층에는 이승만, 박은식, 이상룡, 홍진, 김구, 이동녕 등 임시정부의 대통령과 국무령의 사진들이 걸려 있었다. 2층에는 김구선생의 집무실이 있었으며, 3층에는 임정 요인들의 숙소가 있었다. 아울러 전시실도 마련되어 있었다.

한편 1919년 4월 11일 성립된 대한민국임시정부의 위치를 정확히 고증하여 이 지점에 기념비를 설치하는 작업이 시급한 과제가 아닌가 한다. 그럴 때만이 임시정부의 상해지역에서의 변화상을 후손들에게 보다 잘 전해줄 수 있을 것으로 판단된다. 아울러 대한민국임시정부와 대한민국과의 상호관계 역시 보다 분명히 정리될 수 있을 것이다.

2017년 7월 상해임시정부청사를 다시 답사하였다. 그곳은 한창 리모델링 중이라 공사현장 그 자체였다. 도로 맞은편에는 '신천지'라는 백화점이 들어서 있어 과거와 현재가 공존하는 느낌을 받을 수 있었다. 가이드는 이곳이 1919년부터 1932년까지 임시정부청사가 있었던 곳이라고 설명하고 있었다. 설명을 들으면서 1919년 4월에 만들어진 임시정부 청사가 있던 자리에 표지석을 만들 필요성을 다시 한번 더 절감하였다.

상해임시정부 생활사 사진

결혼식

엄항섭 연미당 결혼식(1927)

사진으로 보다

장례식

대동단 총재 김가진 장례행열(1922. 7. 8)

정안사공묘의 안태국장례식에 모인 조문객들(1920. 4. 14)

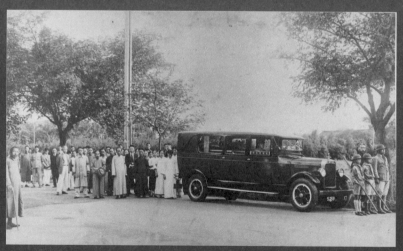

연미당의 모친, 엄항섭의 장모 김정숙 장례식(1931. 8. 6)

묘비

신규식묘비 앞(1923)

김구부인 최준례 묘비(1924)
비문은 김두봉

가족

경무국장시절의 김구와 가족

이웃과 함께

아이들과 함께 한 안창호

임시정부 요인 거주지 영경방

독립기념관 해설

1922년부터 1926년까지 김구 가족이 생활했던 곳으로 상해시 황피남로 350롱 일대이다.

김구는 1922년부터 1926년까지 상해 프랑스조계 '패륵로(貝勒路) 영경방(永慶坊) 10'에 거주했다. 영경방 10호는 김가진의 아들 김의한과 정정화 부부가 거주했던 곳이었다. 1922년 7월 김가진이 상해에서 순국하고 정정화가 서울에 머물게 되면서, 김의한은 최중호와 김구 가족에게 이 집을 넘겼다.

1층은 최중호가 사용했고 김구 일가는 2층에 거주했다. 최중호는 김구가 교장으로 재직하였던 황해도 안악의 양산학교에서 수학한 독립운동가였다. 김구는 모친 곽낙원, 아내 최준례, 그리고 두 아들 인(仁), 신(信)과 이곳에 거주했다. 최준례는 이 집에서 둘째 아들 김신(金信)을 출산한 후 낙상사고로 늑막염이 발병했고, 결국 폐병으로 악화되어 1924년 타계했다. 1925년 나석주가 아내를 잃은 김구를 위해 본인의 의복을 저당 잡혀 생일상을 차린 곳도 이곳이었다. 김구는 이것이 죄스러워 죽는 날까지 생일을 지내지 않기로 하고 『백범일지』를 쓸 때 일부러 자신의 생일 날짜를 적지 않았다고 한다. 이후 모친 곽낙원은 김신을 데리고 국내로 들어갔고, 김구는 첫째 김인을 데리고 여반로(呂班路) 단층집을 세내어 임시정부 요인들과 함께 살았다.

현장을 가다

2016년 7월 18일 월요일, 1926년부터 1932년까지 대한민국임시정부 청사가 있던 마당로와 가까운 곳에 있는 영경방을 처음 답사하였다. 현재는 황피남로로 변하였다. 이곳은 1926년 김구 등 대한민국임시정부 요인들의 숙소가 있던 곳이라고 한다.

영경방은 대한민국임시정부 마당로 청사와는 도보로 5분 정도 거리에 위치하고 있었다. 영경방 입구의 현판만이 이곳이 영경방이었음을 알려주고 있다. 골목 안쪽은 깨끗이 단장되어 옛 모습의 자취를 거의 찾아볼 수 없었다.

영경방에서 백화점을 지나 마당로에 있는 임시정부 청사로 향하였다. 1926년부터 1932년까지 6년동안 임시정부 청사였던 건물이다. 2015년 8월 15일에 새롭게 리모델링을 하였다고 한다. 내부 공간은 좀 넓어진 것 같으나 전시 내용은 크게 변화한 것 같지 않다.

영경방 표식

영경방 입구(2016)

영경방(2016)

아는만큼 보인다

영경방이 1926년 김구 등 대한민국임시정부 요인들의 숙소가 있던 곳임은 다음과 같은 "나석주가 김구에게 보낸 편지"를 통해 짐작해 볼 수 있다.

金白凡 先生 台啓
上海 法界 貝勒路 永慶坊 十號
(1926년) 七月 二十八日
由北京寄
謹伏未審甚炎
令貴主老力萬安無損而

선생님 氣候安寧하시옵고 令胤仁倍도 亦爲善長否願聞이오며 生은 寄裡眼食이 여전하오니 以是離鄕者之伏幸이로소이다. 然伏白生 상해서 떠난 후 동서로 다니면서 무사히 지내는 중 경영한 것은 일일이라도 속히 本京으로 출발하려고 단 수개인과 협력하여 오던 바 근간에는 모든 것이 경영대로 되는 듯 하옵니다. 소지품은 다 되고 비용 200원만 아직 완전히 수중에 되지 못하였소이다. 그러하오나 시간이 지나갈 뿐이옵지요. 아니될리는 만무하옵니다. 속히 되면 일 개월 내외간일 듯 하오이다. 선생님이시여. 生은 결정적으로 실행伏計이오니 以此 下鑑後 生이 목적 達하는 때까지 사랑하여 주시기를 간절히 바라나이다. 然中 生이 출발하여가는 노정은 예산대로 될는지 단언할 수 없사오나 금전만 있으면 연전 내왕하던 處로도 如意하게 될 듯 하오이다. 伏托事는 李承春君이 한테 生의 극비밀한 말을 써서 동봉하여 보내오니 선생님 右 李君한테 주의시키시와 물론 친근지우라도 누설하지 말게 하여주시오. 현재 生이 경영지사에 대하여 아끼는 동지 2인과 선생님 李君 외에는 절대 無하옵니다. 나머지는 선생님 氣體候來來 安康伏祝伏祝

7月 28일 夜半
生 羅錫疇 上
10일 후는 미정이올시다. 임시통신처는 左記
北京 西城 西單 中京 貳道 大安 公寓 十八號 張秀德
중국 지방을 떠날 동시에 또다시 上告하려 하나이다. (最後로)

아는만큼 보인다 프랑스조계와 공공조계를 어떻게 볼 것인가?

프랑스조계

1910년대 초부터 아시아 최대의 국제도시인 상해에도 한인들이 망명해오면서 소규모의 교민사회가 형성되기 시작하였다. 1919년 이전까지만 하더라도 상해 한인사회의 중심은 공공조계에 있었다. 1919년 임시정부가 프랑스조계에서 수립되면서 상해 한인사회의 중심이 공공조계에서 프랑스조계로 이동했지만 공공조계는 여전히 한인들과 밀접한 관계가 있었다. 프랑스조계의 임시정부나 한인들은 일상생활이나 기념행사, 독립운동이나 직업 등의 관계로 공공조계에 일상적으로 드나들었다. 공공조계는 영안공사, 선시공사 등 마천루와 백화점, 호텔 등이 있는 매우 번화한 곳으로 한인들의 독립운동, 일상 소비생활, 문화 및 종교행사, 직업생활 등이 이루어지던 공간이었다.

이렇듯이 상해 한인들의 다양한 활동은 공공조계의 장소에서 이루어졌다. 일반적으로 공공조계가 일본의 세력권이어서 매우 위험하다고 알려졌는데, 처음부터 그러했던 것은 아니었다. 프랑스조계의 한인들이 공공조계를 자유로이 넘나들 수 있었던 것은 조계 내 열강들의 역학관계에서 발생하는 틈새에서 기인하는 것이었다. 상해는 일본의 영향력이 강했지만 그렇다고 해서 그 통치력이 관철되었던 것은 아니었다. 일제도 상해에 거주하고 있는 구미 열강을 포함한 수많은 외국인들의 이목을 의식하지 않을 수 없었다. 공공조계 공부국 경찰서 및 일본영사관 경찰이 드넓은 공공조계 지역을 자유로이 드나드는 한인을 통제한다는 것은 물리적으로 어려운 일이었다. 또 한인을 체포하는 과정에서 자칫 불상사가 일어나 국제도시 상해에서 '일본제국의 체면'이나 '위신'이 손상되거나 '관대한' 제국의 이미지가 추락될까 우려하였다. 때문에 상해 일본영사관은 공공조계에 드나드는 한인들에 대한 체포에 신중할 수밖에 없었다.

요컨대, 프랑스조계와 공공조계 사이에 장벽이나 경계는 없었다. 아마도 프랑스조계에서 활동했던 사람들이 후일 자신들의 순혈성을 강조하는 과정에서 공공조계를 드나든 일들은 망각되었으며 프랑스조계에서 힘겹게 투쟁하던 경험들만 선택적으로 기억되었던 것이다. 특히 1932년 윤봉길의거 이후 본격적으로 한인에 대한 통제를 강화한 상해 일본영사관이 있었고 일부 친일적인 한인들이 활동했던 공공조계는 더욱더 부정적인 공간으로 타자화되었다. 타자화의 기원은 백범일지에 나오는 김구의 기억으로 거슬러 올라간다. 김구 자신도 공공조계를 적지 않게 드나들었지만 1942년에 집필한 『백범일지』에서 자신은 프랑스조계를 '일보(步)'도 벗어나지 않았다고 적었다. 『백범일지』의 내용을 후대의 연구자들이 인용하면서 공공조계에 대한 기억은 신화로 고착화되어 갔다. 공공조계를 프랑스 조계에 대비되는 불온한 공간으로 타자화했던 김구의 기억은 후대 연구자들에게 영향을 미쳐 이분법적인 시각으로 상해 조계 공간과 거기에서 이루어졌던 한인들의 역사를 바라보게 했다.(김광재, 「1910~20년대 상해 한인과 조계 공간」, 『역사학보』 228, 2015.12)

공공조계

상해 임시정부 및 한인사회의 다양한 활동이 공공조계에서 이루어졌다. 임시정부와 한인사회의 각종 회의, 신년축하회, 기념식, 동향회, 학생회, 종교활동, 장례식, 공연 등이 공공조계에서 개최되었다. 올림픽극장, 영안공사(永安公司, 영안백화점)의 대동여사(大東旅社, 大東Hotel), 선시공사(先施公司, 선시백화점)의 동아여사(東亞旅社, 東亞Hotel), 서장로(西藏路)의 일품향(-品香), 모이당(慕爾堂), 북경로(北京路) 예배당, 사천로(四川路) 중국기독교청년회관, 영파동향회관(寧波同鄕會館) 등에서 여러 가지 행사가 개최되었다. 상해 한인들은 조용한 프랑스조계보다는 분위기를 고양시키는 번화한 공공조계를 더 선호하였다. 두 조계의 분위기는 판이하게 달랐다. 공공조계에서 마천루, 백화점 등이 들어설 때, 프랑스조계는 완연히 다른 풍경을 보여주었다. 공공조계 남경로, 서장로를 따라 전차를 타고 프랑스조계로 들어올수록, 하비로(霞飛路)는 조용한 분위기로 바뀐다. 프랑스조계에는 교회, 학교, 공원, 전원주택, 카페, 커피하우스 등이 많았다. 초기 임시정부 청사가 있었던 하비로에는 크고 화려한 건물은 없지만 사람을 취하게 하는 재즈 음악이 밤마다 도로 양측의 카페들과 바에서 흘러나오는 프랑스적인 분위기를 연출하였다. 반면 공공조계 남경로는 마천루와 백화점, 호텔 등 매우 번화하였다. 상해라고 하는 이민도시의 특성상 외래인에 대한 개방성과 익명성이 보장되는 분위기는 한인들의 자유로운 활동을 위한 여건을 제공해주었다.

초기 임시정부의 공식적인 의식이나 회의, 모임은 주로 공공조계 서장로, 남경로의 호텔, 백화점의 음식점에서 열렸다. 그 대표적인 경우가 임시정부 신년축하회였다. 정부의 행사에는 품위있는 장소가 필요했다. 1920년 1월 1일 임시정부 수립 후 첫 번째 신년축하식이 공공조계 서장로 일품향에서 열렸다.(현재 서장중로 270호) 일품향은 식당뿐만 아니라 오늘날 호텔에 해당하는 숙박시설 여사(旅社)도 경영하였다. 이곳은 수많은 귀빈 초청연, 결혼식, 각종 모임이 이루어지던 공공장소였다.

60명의 임시정부 인사들이 참석한 일품향에서의 신년축하회는 임시정부 수립 후 가장 많은 인원이 모였다는 의미가 있었다. 오후 4시 경 신년축하회를 마친 임시정부 인사들은 일품향 옥상으로 올라가 오늘날 우리에게 익숙한 역사적인 기념사진을 촬영하였다.

다음 해인 1921년 1월 1일 임시정부의 두 번째 신년축하식이 영안공사 대동여사 대채루(大菜樓)에서 개최되었다. 영안공사는 당시 상해 중국인들의 소비문화를 주도하던 곳이었다. 대동여사는 임시정부 국무회의라든가 각종 모임 장소로 많이 활용되었다. 신년축하회 장소로 대동여사를 선정하게 된 데는 이곳을 애용했던 안창호와 관련이 있었을 것이다.

신년축하회 축하연은 "滿場이 藹藹한 和氣속에서 歡樂을 盡하"(『독립신문』, 1921년 1월 15일)였다고 독립신문은 보도하고 있다. 성대한 신년축하식을 마친 임시정부 참석자들은 영안백화점 옥상으로 올라갔다. 임시정부 인사 59인은 영안백화점 옥상의 기운각(綺雲閣) 앞에서 역사적인 기념촬영을 하였다. 임시정부는 신년축하회가 끝난 후 이때 찍은 기념사진을 엽서로 만들어 배포하였다. 앞면에 사진을 넣고 뒷면에는 우표를 붙이고 주소를 써서 각지에 보낼 수 있는 엽서로 만들었다. 이때 촬영된 사진은 전년도의 신년축하회 기념사진과 더불어 임시정부를 상징하는 사진으로 남아 있다.(김광재, 「1910~20년대 상해 한인과 조계 공간」, 『역사학보』 228, 2015)

상해 윤봉길 의거지 (윤봉길의사기념관)

독립기념관 해설

윤봉길이 의거를 결행한 상해 홍구공원에 세워진 기념관으로 상해시 홍구구 사천북로 2288호(노신공원 내)에 위치하고 있다.

1932년 4월 29일 윤봉길은 중국 상해 홍구공원에서 투탄의거를 결행했다. 그 결과 일왕의 생일과 승전을 축하하는 행사에 참여한 일제 군부와 정관계 인사에게 수통형 폭탄을 투척하여 7명을 처단하는 성과를 거두었다. 윤봉길의거는 침체되어 있던 대한민국임시정부의 활로를 개척했으며, 나아가 독립운동의 대환점이 됐다.

현재 홍구공원은 1988년 노신공원(魯迅公園)으로 이름이 바뀌었다. 의거 현장 근처에는 노신(魯迅)의 동상이 세워져있다. 1994년 윤봉길의거를 기념하여 매정(梅亭)이라는 정자를 건립했고, 이곳에서 40m 떨어진 지점에 1998년 '윤봉길의사 의거 기념비'가 세워졌다. 이후 2009년에 현판을 '매정'에서 '매헌(梅軒)'으로 교체했고, 2015년 전시 및 동영상을 제작하여 제공하였다.

현장을 가다

나의 견해: 윤봉길의거 기념비 위치 옮겨야

2008년 12월 27일 오전 9시 우리 일행은 호텔을 출발하여 윤봉길 의사가 일본군 시라가와(白川義則) 등 일제의 군부와 정관계 수뇌부 7명을 처단한 의거 현장으로 향하였다. 현재는 노신공원으로 변해 있는 이 공원에는 아침 일찍 공원에 나와 있는 노인들의 체조하는 모습들을 지켜볼 수 있었다. 아울러 신강족의 춤판이 벌어지고, 한쪽에서는 한족 주민들의 연주 등 자유로운 분위기를 살펴볼 수 있었다.

옛 홍구공원인 이곳에서 윤봉길 의사는 1932년 4월 29일 일제의 천장절 기념식 및 상해사변 승리 축하식 날에 의거를 일으켰던 것이다. 홍구공원은 1989년 노신공원으로 변경되었다. 윤의사의 의거현장 근처에는 노신의 동상이 서 있었다. 우리 일행은 먼저 노신 동상 근처에 있는 윤봉길 의거 현장을 답사하였다. 지금은 아무런 표지석도 없어 쓸쓸함을 느낄 수 있었다. 우리 일행은 노신공원내에 윤의사 의거를 기념하여 매정(梅亭)이라는 정자가 1994 년에 건립된 것을 보기 위해 매정으로 향하였다. 매정입구에서 입장료를 받고 있었다.

입구에 들어가니 30미터 전방에 윤봉길의거현장이라는 기념비가 서 있었다. 역사의 현장 이 아닌 이곳에 설치된 것은 보존 관리의 측면에서 이루어진 것이라고 생각하니 마음이 쓸 쓸하였다. 매정에는 2003년 12월 독립기념관의 지원으로 윤봉길의사의 생애와 독립운동 에 대한 자료가 전시되어 있었다. 전시물 가운데 일본에서 처형당하는 윤의사의 모습은 눈 시울을 뜨겁게 하였다. 특히 지난 여름 아들과 함께 윤의사의 암매장지를 보고 온 터라 더욱 감회가 남달랐다. 아울러 윤의사가 아들에게 준 편지 중 "너희들은 아비 없음을 슬퍼하지 말아라"는 대목은 더욱 마음을 아프게 하였다.

<매정>을 <매헌>으로 명칭 변경

2015년 7월 12일 일요일, 우리 일행은 먼저 노신공원으로 불리우는 홍구공원을 답사하였 다. 먼저 노신의 동상과 산소를 참배하였다. 이정규, 이을규 등 수많은 한인 아나키스트들과 교류했던, 우리의 독립운동을 후원해 주었던 노신이 생각났다. 『아큐정전』 등을 통하여 반제국주의운동의 선동에 섰던 인물이다. 노신의 동상이 있는 근처에서 윤봉길 의사가 폭 탄을 투척하였다. 윤의사가 폭탄을 던진 위치 등이 새로이 만들어진 매헌 정자 앞 해설판에 잘 표시되어 있었다. 그동안 필자는 윤봉길 의사가 단상의 정면에서 폭탄을 던졌다고 착각 하였는데, 사실은 단상의 뒤에서 폭탄을 투척하였다. 수정할 수 있는 좋은 기회였다.

이후 우리 일행은 '매정(梅亭)'으로 이동하였다. 그동안 이곳은 '매정'으로 널리 알려져 있던 곳인데 금년 5월에 매헌('梅軒')으로 제 이름을 찾게 되어 무엇보다 뜻깊은 방문이었다. 광복 70주년을 맞이하여 비로소 제 이름을 찾게 된 것이다. 일본의 압력과 한중관계의 현주소를 파악할 수 있는 부분이다. 그러나 언론 등에서는 이에 주목하지 못하고 있다. 2015년 4월 29일자 한 신문의 기사는 이를 잘 보여주고 있다.

국가보훈처는 광복 70년을 맞아 윤봉길 의사 의거일인 29일 상하이 루쉰공원(옛 홍커우공원)의 '상해 매헌윤봉길기념관' 재개관식을 개최했다. 윤봉길기념관은 1920년 후반기 침체돼 있던 독립운동에 활기를 불어넣은 윤봉길 의사의 의거 장소에 지어져 한중 모두에게 매우 중요한 역사적 의미를 지니고 있다.

2003년 12월 개관했으나 루쉰공원 전체 개보수 공사에 따라 2013년 9월부터 휴관해 제83주년 윤봉길의사 의거일에 맞춰 재개관하게 됐다. 기념관은 지난해 8월 루쉰공원 전체 구조 변경이 완료된 이후 기념관의 낡은 전시물 교체 필요성이 제기됐다.

보훈처는 홍구구 정부와 협력해 지난해 말부터 이달까지 기념관 1, 2층 전시물을 전면 교체하고 기념관 광장에 별도의 옥외전시물을 새로 설치했다. 루쉰공원 입구부터 관람객 동선을 따라 안내판을 설치해 누구나 방문할 수 있게 했다.

기념관은 약 66㎡(20여 평)의 정자형태 2층 목조건물이다. 기념관 앞 광장 왼쪽 옥외전시관에는 윤봉길 의사의 전언과 출생·국내활동·망명·의거 등의 내용이 전시된다. 1층에는 추모흉상·의거 성과와 영향·조국 광복 등이 전시되고 2층에는 영상물 설치 및 교육장소로 활용된다.

이날 83주년 윤봉길 의사 의거 기념식과 기념관 재개관식에는 박승춘 보훈처장, 윤주경(윤봉길의사 장손녀) 독립기념관장, 허동현·임광기 광복70년기념사업추진위원회 위원 등이 참석했다.

노신공원(2015)

매헌(2015)

윤봉길의거 현장

윤봉길의거 상황도(2016)

윤봉길의거 현장표지석

사진으로 보다

윤봉길의사(1932. 4. 27)

한인애국단 단장 김구와 단원 윤봉길
(1932. 4. 27)

의거직전의 단상(1932. 4. 29)

의거직후의 단상(1932. 4. 29)

순국장면(1932. 12. 19)

윤봉길암매장지(일본 가나자와)

상해 독립운동가 묘(만국공묘)

독립기념관 해설

1910~1930년대 중국 상해에서 활동했던 한국 독립운동가들이 안장되어 있는 묘지로, 상해시 능원로 21호 송경령능원 내에 위치하고 있다.

상해에서 활동하다가 순국한 한인들의 묘는 원래 '정안사로(靜安寺路)'에 있었다. 중국의 문화대혁명(1966~1976)과 상해의 도시재개발사업 등으로 인해 철거된 후 한인독립운동가 등 외국인 묘 가운데 일부가 이곳으로 이전됐다.

노백린묘터(2015)

박은식묘터(2016)

만국공묘에는 한국인의 묘로 확인 또는 추정되는 14기의 묘가 있다. 이 가운데 노백린(盧伯麟)·박은식(朴殷植)·신규식(申圭植)·안태국(安泰國)·김인전(金仁全) 등 5기는 1993년 8월 5일에 봉환되었고, 윤현진(尹顯振)·오영선(吳永善) 2기는 1995년 6월 21일에 봉환됐다. 안태국 묘의 바로 옆에는 조상섭(趙尙燮)의 표석과 임계호 등 한국인으로 추정되는 표석이 남아 있다.

신규식묘터

안태국묘터(2015)

김인전묘터

현장을 가다

2008년 12월 7일 우리 일행은 손문의 부인인 송
경령 능원에 있는 외인묘지를 방문하였다. 우리
일행은 먼저 송경령 전시관을 둘러보고 송애령,
송경령, 송미령 세자매의 특이함을 새삼 살펴볼
수 있었다. 특히 송경령과 손문은 27살의 차이. 그
리고 송경령은 자기를 돌보아준 보모와 함께 나
란히 묻혀있었다. 자신을 돌보아준 보모에 대한
각별한 애정과 "예우"를 느껴볼 수 있는 것이다.
한편 만국공묘는 1993년 김영삼 대통령의 역사
바로세우기의 일환으로 임시정부의 정통성을
계승하기 위하여 봉환이 이루어졌던 곳이다.

손문과 송경령 부부

현재에는 각 지사들의 묘지(墓址)였다는 비석만이 쓸쓸히 남아 있었다. 원래 상해에서 타개
한 한인들의 묘는 정안사로(靜安寺路)에 있었는데, 상해도시개발과 문화대혁명 등으로 철
거되자 한인독립운동가들의 묘 가운데 일부를 이곳으로 이전하였다고 한다.

잊혀진 독립운동가 동농 김가진의 묘

독립운동가 중 대동단총재 김가진의 유해 등은
아직도 봉환되지 못하여 안타까움을 더해주고
있다. 김가진의 묘는 'B119을혈(乙穴)'로 신규식
묘 근처에 있다고 전해지고 있다. 앞으로 봉환되
지 못한 묘들에 대한 정부차원의 적극적인 대책
이 요구된다.

만국공묘 외국인묘원

아는만큼 보인다 정안사공묘

정안사 공묘

정안사공묘는 상해의 대표적인 외국인 묘지였다. 19세기 중반 상해 개항 이후 외국교민들이 늘어나면서 그들을 위한 공묘가 생기기 시작했다. 당시 상해에서 외국교민들을 위한 공묘는 정안사공묘 외에 만국공묘, 팔선교공묘, 홍교로공묘 등이 있었다. 만국공묘와 정안사공묘가 상해 한인들이 묻혔던 대표적인 묘지였다. 만국공묘에는 신규식, 김가진 등이 묻혔고, 정안사공묘에는 임시대통령을 지낸 박은식을 비롯한 노백린, 안태국, 윤현진 등의 유해가 안장되었다. 정안사공묘는 1896년 공공조계가 세운 묘지로 대개 외국교민 외에도 중국인 기독교도 혹은 현달한 인물들이 묻혔다. 외국교민들 사이에서는 정안사공묘가 가장 좋은 곳으로 인정되었고 다른 곳보다 비쌌다. 중국인들의 경우 많은 제약이 있었다. 상해 한인의 경우 외국교민으로 인정되었기 때문에 비싼 묘지 비용을 감당할 수 있는 경우에는 비교적 용이하게 묘지를 쓸 수 있었다.

1949년 이후 한국에서는 중국대륙의 한인들이 점점 잊혀가고 있었다. 상해에 남아 있던 상해 한인사회의 지도자이던 선우혁(鮮于爀), 김시문(金時文) 같은 이들은 교민사회를 이끌어 가면서 상해지역에 있던 임시정부 요인 등 독립운동가들의 묘소를 관리하였다.

그런데 일제패망 이후부터 '갑작스러운' 중국공산당의 상해 해방으로 이어지는 급격한 정세변화로 인해 유해를 국내로 제때 봉환할 수 없었다. 중국 공산당이 상해를 접수하면서 상해의

정안사 원경(붉은색 원부분이 현재의 정안사)

외국인 공동묘지는 더 이상 유지될 수 없는 운명에 처하게 되었다. 1953년 상해시 도시개발로 정안사공묘의 유해는 교외지역으로 이전하는 것으로 결정되었다. 박은식을 비롯한 임시정부 요인들의 묘가 무연고묘가 될 지경에 처하게 되었다. 당시 상해에 살고 있던 선우혁, 김시문은 신문에 게재된 정안사공묘의 이전 사실을 홍콩에 있는 이의석(李義錫)에게 급히 알렸다. 이의석은 안태국의 손녀(安孝實) 사위로 당시 홍콩에서 사업을 하고 있었다. 이 소식을 들은 그는 임시정부 요인들 묘소의 이장비용으로 300 홍콩달러(인민폐 12,810위안)를 송금하였다. 이장 비용을 받은 선우혁, 김시문, 김현

정안사 정문

식(金鉉軾)은 여러 방면으로 노력을 한 끝에 요인들의 유해를 대장진공묘(大場鎭公墓)로 이장하고
묘비를 세웠다. 주인없는 묘로 처리될 뻔했던 안태국, 박은식 등의 유해는 안전하게 옮겨졌다.
유해와 함께 비석까지 운반했던 것으로 보인다. 그러나 1976년 상해의 여러 공묘에 흩어져 있던
외국인의 묘는 한 곳에 집결시킨다는 상해시의 방침에 의해 서가회(徐家滙) 송경령릉원내의 만
국공묘로 최종적으로 이장되었던 것이다. 그 후 한중수교 이후인 1993년 양국정부의 노력으로
이들 임시정부 요인들의 유해가 비로소 한국으로 봉환되었다. 이들 임시정부 요인들의 유해가
역사의 격동 속에서 훼손되지 않고 안전하게 보존된 데는 상해에 남아 이들 묘소를 관리했던 상
해 한인들의 숨은 노력이 있었다(김광재, 「안태국의 순국과 장의 - 1920년대 초 상해한인 장례문화의 일단 -」, 「역
사민속학」 48, 2015).

정안사 활불절의 인파들

아는만큼 보인다 송경령은 어떤 인물인가?

송경령(1892-1981)은 중국의 혁명지도자인 손문의 2번째 부인이다. 남편이 죽은 뒤 영향력있는 정치적 인물이 되었다. 미국에서 교육을 받았으며 1914년에 자신보다 나이가 26세 연상인 손문과 결혼했다. 1925년 손문이 죽고 나서 그에 의해 창설된 국민당이 좌파·우파로 나누어지자, 그녀는 뒤에 장개석(蔣介石)이 이끌게 된 우파에 반대하여 좌파를 지지했다. 1927년 국민당 좌파가 공산주의자들을 숙청하고 우파와 다시 합쳤을 때에 그것이 손문의 정신을 배반한 것이라고 비난했으며, 그후 중국을 떠나 소련으로 가서 2년 동안 머물렀다.

1937년 중일전쟁이 일어나자 송경령은 중국방위동맹을 조직해 특히 공산주의 세력이 지배하는 지역에서 의료와 아동복지 활동을 폈다. 이 시기에 장개석의 부인이었던 여동생 송미령(宋美齡), 중국 실업계의 거물이며 국민정부의 실권자이기도 했던 남동생 송자문(宋子文)과 잠깐 재결합하기도 했다. 1948년 그녀는 장개석의 국민당에 반대해 홍콩에서 조직한 분파인 국민당혁명위원회 명예의장이 되었다. 1949년 중화인민공화국이 세워진 뒤에는 본토에 남아 공산주의자들의 존경을 받았다. 그녀가 인민공화국과 손문이 이끌었던 옛 혁명운동 사이의 연계를 상징하는 인물이었기 때문이었다. 그녀는 새 정부에서 요직을 맡았으며 1951년에는 복지와 평화위원회에서의 활동으로 스탈린 평화상을 받았다. 1966년 문화대혁명 기간에 홍위병(紅衛兵)에게 비판을 받았지만 직책은 그대로 유지했다. 1981년 인민공화국의 명예의장으로 지명되었다.

손문의 부인 송경령묘지(2015)

안창호의 연설회가 열렸던 삼일당

독립기념관 해설

삼일당의 중국측 공식 한자 표기는 '삼일당(弎弌堂)'이었다. 삼일당의 본당인 모이당(慕爾堂, 현재의 沐恩堂)에 남아 있는 삼일당 초석이나 중국측 문헌에는 모두 '弎弌堂'으로 표기되어 있다. 1920년대 상해 한인들의 경우 '弎弌堂'을 쓰기도 했지만 중국식 숫자 표기방법에 익숙치 않았기 때문에 주로 '三一堂'이라고 썼다. 삼일당은 많은 집회와 기념식이 열려 민족의 정체성을 확인하고 결속을 다지던 곳이었다. 특히 1923년 전반 국내외의 민족운동진영 지도자들이 모여 대한민국임시정부의 운명과 민족운동의 전망을 토론하던 국민대표회의가 열렸던 역사적인 곳이었다. 그러나 1920년대 후반 철거된 이후 삼일당은 잊혀지고 말았다.

일제의 문서에 의하면 삼일당의 주소가 영흥가(寧興街) 262호인 것으로 표기되어 있다. 1917년 상무인서관(商務印書館)에서 제작한 「上海法國舊租界分圖」에서 삼일당의 위치 확인이 가능하다. 이 지도에는 팔선교가와 영흥가가 교차하는 지점에 삼일당이 선명하게 표기되어 있다. 다만 특이하게도 '弎弌堂'으로 표시되어 있다. '弎弌堂'은 곧 '三一堂'이다. 그것은 중국에서 숫자 '二三'을 '弌弐弎'으로 사용하는 관행에서 오는 것이다. 현재 상해시 황포구 저해동로 262호이다. 대세계 옆 삼일당 자리에는 이미 상가건물과 합중리(合衆里), 태원방(太原坊)이라는 주택단지가 들어섰다

1910년 일제의 강제병탄을 전후로 다수의 한인들이 중국 상해로 이주하거나 망명했다. 이주 한인들 중에는 기독교인들이 상당수 있었고, 이들은 서양 선교사들의 도움으로 보다 용이하게 현지에 안착할 수 있었다. 한인 기독교인들은 상해 한인을 위한 별도의 예배당이 없었던 이유로 서양 선교사가 세운 교회나 중국기독교청년회 건물을 이용하여 종교활동을 전개했다. 사천로(四川路) 중국기독교청년회사무실이나 미국해군청년회관을 통해 전개한 것이 그것이었다. 상해 한인 기독교인들은 1919년 발표된 독립선언으로 많은 변화를 겪

안창호

상해한인교회

상해한인교회(1934년 11월)

게 됐다.

3.1운동 직후 다수의 한인들이 망명해오면서 기독교인이 증가했다. 신도가 많아지자 함께 예배할 장소가 마땅치 않게 됐다. 이에 피치(Gorge Field Fitch)목사의 주선으로 북경로(北京路) 18호에 위치한 '북경로 예배당'을 이용했다. 대한민국임시정부 수립 이후에는 교민단 사무소를 예배장소로 활용하기도 하였다. 1921년에 이르러서는 기독교인이 더욱 증가하고 교회의 규모도 커짐에 따라, 집회장소를 마련하는 것이 중요한 문제로 떠오르게 됐다. 이에 프랑스조계 '서신교(西新橋) 삼일리(三一里)'에 위치한 삼일당(三一堂)을 무상으로 사용하게 됐다.

삼일당은 미국 전도국(傳道局)이 중국 기독교인을 위해 미국 감리교회에서 1879년 설립한 것으로 추정된다. 하지만 이후 교당의 기능을 상실하고 1917년에는 중국인 소학교로 활용됐다. 1921년 한인이 이곳을 교당으로 사용하기 시작했다. 같은 해 4월 부활절 주일부터 한인 기독교인들은 삼일당을 한인교회로 사용했다. 삼일당은 한인 전용예배당으로써 기능하였고, 외부의 간섭도 받지 않고 주야간에도 늦게까지 집회나 모임을 가질 수 있었다.

삼일당은 인성학교의 학예회·졸업식, 국치기념일·건국기원절(개천절)·'3.1독립선언일' 등의 기념행사, 국민대표회의 촉진회 연설회·국민대표회기성회 총회 등의 국민대표회의 관련 행사, 순국 추도식과 환영회 등의 다양한 집회장소로 활동됐다. 특히 안창호의 <우리 혁명운동과 임시정부 문제에 대하여>이 유명하다. 1926년 6.10만세운동이 발발했다는 소식을 접한 안창호는 1926년 7월 8일, 상해 삼일당에서 독립운동촉진회 주최로 연설을 하였다. 이 연설에서 민족 간의 분열과 사상 대립을 극복하고 대혁명당을 조직하고 임시정부를 유지해야 한다고 주장하였으며, 당시 독립운동계가 직면한 문제와 정세를 토로하고 있다. 이 연설문은 『신한민보』1회(995호) 1926.10.14(4), 2회(996호) 10.21(4), 3회(997호) 10.28(4), 4회(998호) 11.4(4), 총 4회에 걸쳐 <대혁명당 조직하자, 임시정부를 유지>라는 머릿글로 전문 게재되었다.

삼일당은 본당인 모이당의 신축 비용 마련을 위해 1927년 택지를 팔게 됐다. 이후 삼일당 자리는 철거되어 상가건물과 주택단지로 변용됐다.(김광재, 상해국민대표회의 개최지 삼일당 위치 고증, 『한국독립운동사연구』40, 2014)

삼일당의 본당 모이당에 남아 있는
삼일당 초석(2019년 4월 11일 촬영)

신세계

독립운동가들의 집회장소 모이당

독립기념관 해설

독립운동가들의 집회장소로 활용되었던 곳으로 상해시 황포구 서장중로 316호 목은당이다. 중국 상해에 소재한 모이당(慕爾堂)은 1874년 미국 감리교 선교사 알렌(Young John Allen, 1836~1907)과 람부스(Walter Russell Lambuth, 1854~1921)가 설립했다. 1887년 미국감리회는 이곳의 명칭을 '중구감리회당(中區監理會堂)'이라고 하였는데 이후 존 무어(J. M. Moore; 중국명 慕爾)란 미국 신자가 대부분의 경비를 헌금하여 1890년 이름을 '모이당(慕爾堂)'으로 변경했다.

모이당은 상해 한인들에게 집회공간으로 활용됐다. 1921년 6월 안창호(安昌浩)는 국민대표회의의 소집 문제가 대두되자 이곳에서 관계자들에게 연설을 했다. 같은 해 9월 3일에는 태평양회의외교후원회가 주최하는 강연회가 열리기도 했다.

1922년에는 흥사단 단원 김홍서의 결혼식이 이곳에서 치러졌고, 1924년 8월에는 민영인·나세웅·조상섭의 흥사단 입단식을 거행했다. 1923년 1월 30일에는 국민대표회의 정식 개막식과 서북간도·노령 등지에서 독립운동에 참가했다가 사망한 인사들을 위한 순국추도회를 거행했다.

1927년 모이당은 늘어나는 신도들을 위해 건물 서쪽에 예배당을 신축하기로 했다. 이를 위해서는 40만 원이라는 큰 비용이 필요하였다. 이에 미국 총차회(總差會)의 승인을 얻어 소속 교당인 삼일당의 택지를 팔아 예산을 충당하기로 했다. 삼일당은 미국 전도국이 중국 기독교인을 위해 1879년 미국 감리교회에서 설립한 것으로 추정되는데, 1921년부터는 한인들이 수리하여 한인 전용예배당이자 집회장소로 활용하고 있던 곳이었다. 이 삼일당을 팔아 35만원을 마련하였고 나머지 금액 5만 원은 신도들의 모금으로 충당하여 1931년 모이당을 완공했다. 현재 '목은당(沐恩堂)'이라는 이름은 1958년 상해 지역 각 교회가 모이당에서 연합예배를 하면서 사용되었다.(독립기념관 해설) 그러므로 지금 현재의 모이당은 1920년대 독립운동사들이 사용한 모이당은 아니고, 그 옆에 신축한 것이다. 즉, 모이당의 원위치는 교회 건물입구에서 오른쪽 방향으로 교회 다음 건물이다.

현장을 가다

2019년 4월 대한민국임시정부수립 100주년을 기념하는 학술회의가 상해에서 있어 방문
하였다. 특히 이번에는 상해의 기독교관련 유적들을 답사할 수 있어 지금까지와 다른 색다
른 경험들이었다. 목은당은 그 대표적인 것이었다. 주일이라 그런지 많은 중국인들이 모여
예배를 보고 있었다. 삼일당 초석 등은 감동으로 다가왔다.

모이당 전경

아는만큼 보인다 모이당

공공조계 북경로 예배당은 1919년 경부터 몇 년 동안 한인전용교회가 없을 때 전용교회 겸 집회장소로 활용되었다(『독립신문』 1919년 11월 4일). 공공조계 한구로에 있던 모이당도 한인들과 인연이 깊었다. 모이당은 1874년 미국 감리교 선교사 알렌(Young Allen, 중국명 林樂知)과 람부쓰(Walter Russell Lambuth,중국명 藍柏)가 설립하였다. 모이당은 한인들의 집회를 위해 공간을 제공해 주었다. 1923년 1월 31일의 국민대표회의 정식 개막식을 비롯하여 적지 않은 한인들의 집회나 행사가 여기서 열렸다. 1910년대 이후 1930년대까지 공공조계 사천로 중국기독교청년회관도 한인들의 종교활동이나 기타 각종 집회에 많이 이용되었다. 1908년에 설립된 기독교 청년회관은 윤봉길의거 이후 김구를 숨겨주었던 피치(G. A. Fitch) 선교사가 주사를 역임한 바 있었다. 1931년 프랑스조계 敏体尼蔭路에 새로운 기독교청년회관이 건립된 뒤에도 공공조계 사천로의 기독교청년회관은 여전히 한인들이 애용하던 장소였다

(김광재, 「1910~20년대 상해 한인과 조계 공간」, 『역사학보』 228, 2015. 12)

모이당 표지석

인도주의 정신의 구현: 대한적십자회 설립지 터

독립기념관 해설

대한적십자회가 설립된 곳으로, 문헌상 장빈로 애인리 39호. 현재 상해시 정안구 부민로 22농 앞 공원에 해당되는 것으로 추정된다.

1905년 대한적십자사가 창설됐다. 그러나 일제의 침략으로 1909년 7월 21일 대한적십자사는 결국 '일본적십자사 선본부'로 흡수되고 말았다. 대한적십자회는 1919년 4월 대한민국임시정부가 수립되자 동년 7월 대한민국임시정부 지원을 목적으로 상해 '장빈로 애인리 39호'에서 재건됐다. 그리고 8월 29일 '정부'로 부터 설립을 인가받았다. 1920년 1월 간호원양성소를 개설하여 인력 양성에 나섰다. 또한 구제활동도 전개했다. 1921년 1월 이관용(李灌鎔)이 대표로 선출되어 국제적십자총회에 참석하여 독립을 청원하고 일본적십자사에 항의서를 제출하는 등 일본의 침략상을 국제사회에 알리는 대표적인 활동을 전개하였다. 국내로 특파원을 보내 지부를 만들었고 국외에도 미국, 러시아, 만주, 멕시코, 쿠바 등에 지부가 조직됐다.

대한적십자회 간호사양성(1920년)
※ 출처: 박환, 「독립운동과 대한적십자」, 민속원, 2020

외탄 황포탄의거 현장

현장을 가다

2008년 2월 26일 임시정부 청사를 뒤로 하고 우리 일행은 상해시내 중심가인 남경로에서 자유시간을 40분 정도 가졌다. 남경로에는 차량이 다니지 않고, 관광열차들이 운영되고 있어 관광객들의 편의를 보아 주었다. 짝퉁시계를 파는 잡상인, 크리스마스를 즐기는 연인들, 손님들을 호객하는 상점 점원들로 도로는 들끓었다. 아울러 당시 조계지여서 그런지 서양식 건물과 중국식 건물이 함께 동서양의 조화미를 이루고 있었다. 한편 중심거리를 중심으로는 번화한 백화점들이 즐비하게 도열하고 있었으나, 뒷골목에는 번화와 빈곤이 공존하는 상해시의 일단면을 살펴볼 수 있었다.

남경로를 떠나 우리일행은 운남성의 소수민족인 태가족(傣家族)의 공연과 음식을 즐길수 있는 식당으로 가서 저녁식사를 하였다. 그리고 황포강의 야경 유람에 나섰다. 황포강에는 1930년대 금융가의 화려한 서양식의 건물과 강건너 동방명주 등 중국 상해의 발전된 모습을 동시에 살펴볼 수 있었다.

황포탄을 바라보니, 선열들의 뜨거운 마음과 열정이 생각났다. 황포탄의거가 떠올랐기 때문이다. 황포탄의거(黃浦灘義擧)는 의열단이 일본 육군대장을 암살하기 위하여 중국 상해에서 벌인 의열투쟁이다. 1922년 3월 28일 상해 황포탄의 세관 부두에서, 의열단원 오성륜(吳成崙)·김익상(金益相)·이종암(李鍾岩) 3인에 의해 결행되었다. 1922년 의열단은 일본 육군대장 다나카 기이치(田中義一)가 필리핀·싱가폴·홍콩 방문 후의 귀국 길에 상해에 들를 예정이라는 보도를 접하였다. 다나카는 일본 조슈우(長州)군벌의 우두머리로서, 1920년 육군대신 재직 중 간도학살(間島虐殺)을 지령했고, 해외 영토 확장을 늘 주장해 온 침략주의자였다. 이에 의열단은 다나카를 응징할 절호의 기회라 여겨 처단계획을 세웠다. 단원 중에 오성륜·김익상·이종암이 극구 자청하여 임무를 맡았다. 황포탄 부두에 대기하고 있다가, 오성륜은 다나카가 기선에서 내려 걸어나올 때, 김익상은 다나카가 자동차에 오르려 할 때, 이종암은 그밖의 적당한 기회에 각각 저격 또는 투탄하기로 하였다. 3월 28일 오후 3시 30분, 상해 주재 일본총영사를 필두로 수십 명의 고관과 육·해군 장병 및 거류민을 포함한 다수의

1940년대 외탄

외탄 전경(2008)

일본인들, 그리고 각국 외교사절단이 도열해 있는 가운데, 다나카를 태운 여객선이 황포탄 세관 부두에 도착하였다. 모습을 드러낸 다나카가 배에서 내려 걸음을 옮기기 시작할 때 오성륜이 그를 겨누어 권총 두 발을 발사하였다. 그러나 불운하게도 서양 여인이 잰걸음으로 다나카를 추월하여 앞서나오다 탄환에 맞아 쓰러졌다. 혼비백산한 다나카는 대기 중인 자동차를 향해 달음박질쳤다. 이에 김익상이 권총 두 발을 쏘았는데, 빗맞아 모자만 꿰뚫었다. 김익상은 재빨리 폭탄을 꺼내어 다나카에게 던졌으나 불발하였다. 너무 서두른 나머지 안전핀을 뽑지 않은 채 던진 것이었다. 다나카가 황급히 차에 올라타서 출발하려는 순간, 이종암이 앞으로 나아가 힘껏 폭탄을 던졌다. 폭탄은 자동차 앞바퀴에 적중했으나, 어찌된 일인지 터지지 않았고, 옆에 있던 영국 군인이 그것을 바다로 차버렸다. 이종암은 바로 피신하는 데 성공하였으나, 김익상과 오성륜은 공공조계의 영국 경찰과 중국 경관의 추격을 받았고, 결국 사천로(四川路)의 막다른 골목에서 체포되어 일본영사관 경찰서로 넘겨졌다. 김익상은 1921년 조선총독부 투탄의거의 장본인임이 드러나, 경기도경찰부에서 출장 온 경부 김태석(金泰錫)에게 한 달 이상 취조를 받았다.

오성륜의 총탄에 맞아 절명한 여성은 신혼여행 중인 미국인이었는데, 남편 스나이더는 일본영사관 구치소로 면회를 와서 "조선 청년들의 의기에 배운 것이 많다"며 오성륜을 위로하고 돌아갔다. 얼마 후 오성륜은 같은 방 수감자인 일본인 다무라 쥬이치(田村忠)의 협력으로 구치소를 탈출하여 소련으로 건너갔다. 일본 나가사키(長崎)로 압송된 김익상은 1심에서 무기징역, 2심에서 사형을 선고받았다. 이때 대한민국임시정부 외무총장 조소앙(趙素昻)은

상해 일본총영사관(황포로 2호)

사형 판결의 부당성을 조목조목 지적하면서 일제 당국의 처사를 규탄하는 항의문을 일본
외무대신에게 발송하였다. 이후 김익상은 무기징역으로 감형되었고, 다시 20년 징역으로
감형되었다. 21년을 복역한 후 석방된 그는 일본인 형사에게 연행된 후 종적이 묘연해졌다.
아마도 암살된 것으로 추정하고 있다. 이 거사는 다나카 처단이라는 목적은 달성하지 못하
였으나 독립과 자유에 대한 한국민족의 열망과 불굴의 투쟁상이 전세계에 널리 알려지는
계기가 되었다.

김익상-수형자카드(국사편찬위원회 소장)

소련총영사관(1926년 황포로 1호)

아는만큼 보인다 **한인들의 상해 도착 여정: 양수포부두, 십육포부두.**

우선 상해의 관문인 양수포(楊樹浦)부두가 공공조계에 있었고 기차역인 상해 북역(北站)은 공공조계 위쪽의 중국인지역인 갑북(閘北)에 있었다. 처음 상해에 오는 한인들은 육로 혹은 해로 두 가지 가운데 하나를 이용하였다. 육로와 해로를 불문하고 프랑스조계에 가기 위해서는 공공조계를 관통해야 했다. 기차를 이용한 육로의 경우 갑북(閘北)의 상해 북역(北站)에서 공공조계를 거쳐 프랑스조계로 갔다. 배로 올 경우 대개 공공조계의 양수포부두나 프랑스조계의 16포(十六鋪)부두를 이용했다. 일본이나 서양 기선을 이용하는 경우는 대개 양수포부두에서 내렸으며 중국 기선을 이용하는 경우는 십육포부두를 이용했다. 한인들의 경우 공공조계의 양수포부두를 이용하는 빈도가 십육포부두보다 더 많았다. 양수포부두에 내린 한인들은 공공조계를 거쳐야만 프랑스조계로 갈 수 있었다.

한때 의열단에 적을 둔 바 있던 이숙(李淑)의 회고를 들어보면, 공공조계 양수포부두에 내린 한인이 프랑스조계로 가는 이동로를 알 수 있다. 그는 1923년의 어느 이른 아침 양수포부두에서 하선하여 우선 공공조계 남경로의 유명백화점인 영안공사(永安公司)에 들렀다. 거기서 조반을 들고 난 다음 황포차를 타고 프랑스조계에 도착하였다고 회고하였다(김광재, 「1910~20년대 상해 한인과 조계 공간」, 『역사학보』 228, 2015)

상해세관 건물(1920년대 후반 건축)

우당 이회영이 노구를 이끌고 여순으로 출발한 외탄

이회영은 1931년 남화한인청년연맹이라는
무정부주의 단체에 가입하여 활동하였다.
이 단체는 1931년 9월경에 정화암·이회영·
유자명·유기석 등 무정부주의자들이 상해
프랑스조계에서 회합을 갖고 조직한 단체로
서 자유연합의 원리에 기초한 무정부주의
사회의 건설을 목표로 하고 있었다. 즉, 이회
영은 일본제국주의 지배하에 있는 조선 민

우당 이회영

중을, 진실로 해방시키기 위해서는 무정부주의 혁명에 의해서 자본주의 사
회의 모든 기구를 근본적으로 파괴하여야 한다고 생각하였던 것 같다. 그
리고 일체의 권력과 사유재산을 부인하고 상호부조의 자유연합의 정신에
기초해서 정치적·경제적인 만민 평등의 사회를 이루고자 하였다. 이 남화
한인연맹에서 이회영과 함께 활동했던 대표적인 인물로는 박기성·이용준·
유자명·백정기·정현섭 등을 들 수 있다.

상해 외탄

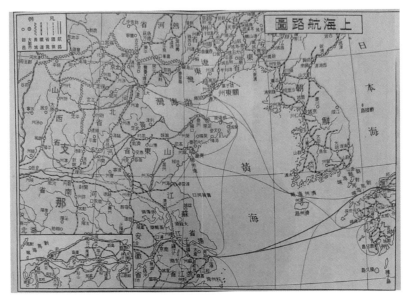

1939년 해상노선도

이회영이 남화한인연맹에서
활동하던 1931년 11월 상순에
동방무정부주의자연맹의 간부
인 중국인 왕아초(王亞樵)와 화
균실(華均實) 등이 이회영과 백
정기·정현섭 등을 찾아와 무력
해진 동방무정부주의자연맹에
대신할 조직을 만들 것을 제의
하였다. 이어 동년 11월 중순
상해 프랑스 조계에서 연석 회

상해항로안내도 표지

의를 열고 항일구국연맹을 결성하기에 이르렀다. 이때 한국에서는 이회영·
정현섭·백정기 등 7명과, 중국측에서는 왕아초·화균실 등 7명, 일본측에서
는 전화민(田華民, 伊藤)등이 참석하였다.

이렇게 조직된 항일구국연맹에서는 선전·연락·행동·기획·재정 등의 5부
를 두고 각 부에 위원 약간 명을 두기로 하였다. 당시 이회영은 기획위원으
로 활동하였다. 이회영은 항일구국연맹에서 다음과 같은 활동 계획을 수립
하였다.

1. 적 군경 기관 및 수용 기관의 조사 파괴, 적요인의 암살, 중국친일분자의 숙청.
2. 중국 각지의 배일 선전을 위한 각 문화 기관의 동원 계획 수립.
3. 이상에 관한 인원 및 경비의 구체적인 설계.

그리고 이의 실행을 위해 동년 11월 중순 프랑스 조계 포석로 계락리, 당
시의 백정기 주거지에서 소위 흑색공포단이라고 불리우는 행동대를 조직
하였다. 행동대원들은 이회영·정현섭 등의 지휘에 따라 1932년 1월에 군수
물자와 일본군을 싣고 천진의 일청기선(日淸氣船) 부두에 입항한 만톤급의
기선에 폭탄을 던져 선체를 파괴하는 등 활발한 활동을 전개하였다.

그러나 항일구국연맹의 활동은 1932년에 이르러 점차 위축되었다. 그것
은 중국 측의 중심인물로서 이 단체에 자금과 무기를 제공하던 왕아초가
더 이상 지원하지 않았기 때문이었다. 이렇게 됨으로써 항일구국연맹은 사
실상 와해된 것으로 보인다.

이에 이회영은 무정부주의자였던 중국 국민당의 거물 이석증 등의 적극

적인 제의에 의하여 만주 지역으로 활동의 근거지를 옮기고자 하였다. 그
것은 그들이 이회영에게 만주에서도 1932년 4월에 상해 홍구공원에서 윤
봉길 의사가 일으킨 것과 같은 의거를 일으킬 수 있다면 광범위한 항일전
선을 펼 수 있을 것이라고 하였기 때문이었다. 그래서 이회영은 만주 지역
에 연락 근거지를 확보하고 정부를 수집하는 한편 지하조직을 결성하고자
하였다. 아울러 이를 바탕으로 무등(武勝) 관동군 사령관을 암살하려는 계
획을 추진하고자 하였다. 이러한 계획을 실행하기 위하여 이회영은 단신으
로 1932년 11월 중순 바로 이곳 황포탄에서 대련으로 향하였다.

육삼정 의거현장

상해 육삼정의거 터는 백정기(白貞基)·이강훈(李康勳)·원심창 등이 주중일본 공사 아리요시 아키라(有吉明)를 처단하려 했던 곳이다. 독립기념관의 조사에 의하면 문헌상으로는 사포로 무창로이며, 현재 상해시 홍구구 당고로 346호라고 한다. 필자가 답사한 곳은 사포로 190번지이다. 독립기념관에서는 1932년 상해 지도를 토대로 처음에 위치로 비정한 사포로 190번지가 아니고 당고로로 위치비정을 변경하였다고 한다. 그러나 독립기념관이 조사한 곳은 생각보다 너무 한적한 곳으로 느껴진다. 당시 위치는 무창로가 아니고, 사포로 문람사로이다. 앞으로 좀 더 조사가 이루어지길 기대한다.

우리 일행은 육삼정의거가 있던 현장인 사포로 190번지로 향하였다. 의거에 참여했던 백정기, 원심창, 이강훈, 이규창 등 지사들이 떠올랐다. 이강훈, 이규창 지사는 생존에 뵙고 이야기를 들은 적도 있어 더욱 감동스러웠다.

육삼정의거(六三亭義擧, 유길공사사건 有吉公使事件)는 1933년 중국 상해에서 백정기와 이강훈이 중국주재 일본공사 아리요시(有吉明)를 폭살하려 한 사건이다. 1932년 4월 윤봉길의 홍구공원 의거 이후 일제는 상해 지방의 한국 독립운동가들을 일망타진하려 하는 한편, 전 중국을 집어삼키려는 군사적·외교적 책략도 펴기 시작했다. 이미 강점한 만주와 열하지역으로도 모자라 화북(華北)지역까지 새로 강점하려 한 것이다. 일본 육군대신 아라끼(荒木貞夫)는 일화(日貨) 4천만 엔(미화 2천만 달러 상당)을 주중(駐中) 공사 아리요시에게 맡겨, 중국국민당 내의 친일분자 및 패잔군벌 등을 매수할 음모를 꾸몄다. 중국인끼리의 내분을 조장하여 반만항일운동의 기세를 약화시키고, 한인 독립운동가 탄압에 중국이 협력하게끔 할 목적이었다. 이 공작의 최종 단계에서 아리요시는 거물급 한간(漢奸)과 상해 주둔 일본군사령부의 참모·장령들이 자리를 같이하는 연회를 갖기로 하였다.

1933년 3월 17일 밤 공동조계의 일본계 고급요리집 육삼정에서 연회가 있을 것이라는 극비정보는 한 일본인 아나키스트에 의해 남화한인청년연맹원(南華韓人靑年聯盟員)인 원심창(元心昌)에게 제공되었다. 원심창은 1933년 2월 5일, 프랑스조계의 백정기 숙소에 9명의 아나키스트가 모여서 향후의 투쟁 방략을 협의하는 자리에서 이 정보를 공개하였다. 이강훈이 폭탄거사를 제의하고 실행을 자임하였다. 백정기와 다른 참석자들도 거사의 실행을 자원하였다. 추첨으로 백정기가 뽑혔고, 백정기는 협동자로 이강훈을 지명했다. 이튿날부터 육삼정 일대의 지리를 조사하고 아리요시의 사진을 구하여 얼굴을 익혔으며, 아리요시의 승용차 번호까지 외워두었다. 유자명과 정화암(鄭華岩)이 준비한 권총 2정과 수류탄 1개 외에, 윤봉길의거 때 사용된 것과 동일한 성능의 도시락형 폭탄 1개가 준비되었다. 연회가 끝나 아리요시가 요리점을 나올 때 이강훈이 대형 폭탄을 투척하고, 수류탄과 권총은 거사 후 적이 추격해 올 경우 백정기가 사용하기로 약정했다.

3월 17일 밤 8시경, 아리요시가 일본군 참모부원과 정객들을 대동하고 삼엄한 경비 속에 육삼정에 도착할 무렵, 백정기와 이강훈은 육삼정 건너 중국요리점 송강춘(宋江春) 2층에서 대기하였다. 그러나 경시(警視) 세하쿠(佐伯)가 지휘하는 일본총영사관 경찰서원 10여 명이 곧바로 두 사람을 포위해 체포하였다. 거사 경과를 지켜보기 위해 현장 부근에 있던 원심창도 체포되었다. 일본인 아나키스트 오오이(大井)의 밀고 때문이었다. 세 사람은 상해 일본총영사관 경찰서에서 혹독한 고문과 취조를 당하고 일본 나가사키

육삼정의 모습(현재) 사포로 190번지, 당시는 문람사로(추정)

(長崎)지방재판소로 압송되었다. 백정기와 원심창은 무기징역, 이강훈은 15
년형이 선고되었다. 백정기는 1936년 5월 22일 옥중 순국하였다. 이강훈과
원심창은 광복 후 석방되었으나 백정기는 1934년 6월 5일 39세로 옥중에
서 순국하여 광복 후 윤봉길·이봉창 의사와 함께 1946년 국내로 봉환하여
효창공원에 안장됐다.

  이 거사는 일제의 음모를 중국사회에 널리 폭로하여 중일간의 전면전을
촉발하고, 이를 계기로 일제 타도와 한국독립운동의 새 전기를 얻으려고
추진된 것이었다. 아나키스트조직에 의한 독립운동·의열투쟁의 중요한 사
례이며, 일제강점기 아나키즘운동의 한 획을 긋는 의거였다.

아는만큼 보인다 상해임시정부 유적지의 보존은 가능한가

2008년 12월 26일 광복회에서 주관하는 서울지역 교사 심화연수에 지도교수로 참여하기 위하여 인천공항으로 향하였다. 이번 역사탐방은 지난 7월 이루어진 연수교육의 연장선상에서 이루어진 것이었다. 우리일행은 광복회 총무부장인 장대영선생을 단장으로 총 24명이 연수단을 이루었고, 그중 20명이 교사였다.

오전 8시 40분 인천공항에 모여 11시 40분 발 상해행 대한항공에 탑승하였다. 경기불황때문인지 기내의 손님은 한정되어 있어, 좀 설렁한 느낌이었다. 이륙후 1시간 45분 만인 1시 44분(현지시간 12시 44분) 상해 포동공항에 도착하였다. 공항시설은 최신식으로 이루어져 있었다. 공항에서 우리일행은 자기부상열차로 용양역으로 향하였다. 이 기차는 시속 430Km까지 속도를 내어 다소 불안한 느낌이 들었다. 한국에서 KTX를 타는 기분이었으나 내부 공간이 넓어 편리하였다.

평소 버스로는 40분이 소요되었으나 자기부상열차로는 8분 만에 용양역에 도착하였다. 이곳에서 상해 임시정부 청사가 있는 마당로로 향하였다. 매년 발전하고 있는 상해도 경기침체로 인하여 어려움을 겪고 있다고 조선족 가이드인 차선생은 말하였다. 임시정부 근처로 오자 주변에 한참 공사가 진행되고 있음을 알 수 있었다. 앞으로 청사의 보존문제 등이 대두될 것으로 보여졌다.

귀국하는 날 12월 30일 조선일보를 보니 다음과 같은 기사가 실려 있었다.

> 중국 정부의 상하이(上海) 도심재개발 계획에 대비해 상하이 임시정부 청사와 윤봉길의사 기념시설을 보존하는 방안이 우리 정부에 의해 적극 추진된다.
> 국가보훈처는 29일 '2009년도 보훈정책' 자료를 통해 "2011년쯤 시작될 것으로 예상되는 중국의 상하이 도심재개발 계획에 대비해 임시정부 청사와 윤봉길의사 기념시설을 보존 관리하는 방안을 모색할 것"이라고 밝혔다.
> 국가보훈처는 국내 업체들이 컨소시엄을 구성해 상하이 도심재개발 사업에 재 참여할 수 있도록 관련 부처와 적극 협조해 나갈 계획이다.
> 중국 정부는 지난 2004년 임정청사 주변지역 재개발 사업을 위해 공개입찰을 했으나 여러 가지 사정으로 입찰 자체를 취소한 뒤 현재 무기한 연기된 상태다.
> 상하이에는 김구 선생이 사용하던 임정청사를 비롯, 윤봉길 의사의 폭탄 의거 현장인 루쉰(옛 훙커우) 공원 등이 있다. 루쉰 공원에는 윤 의사의 호인 매헌(梅軒)을 따 지은 정자인 '매정(梅亭)'도 있다.

상해 시내 한가운데 있는 임시정부 청사의 존속 문제는 앞으로도 계속 문제가 될 수 있을 것이다. 이에 대한 근본적인 대책이 필요할 것이다.

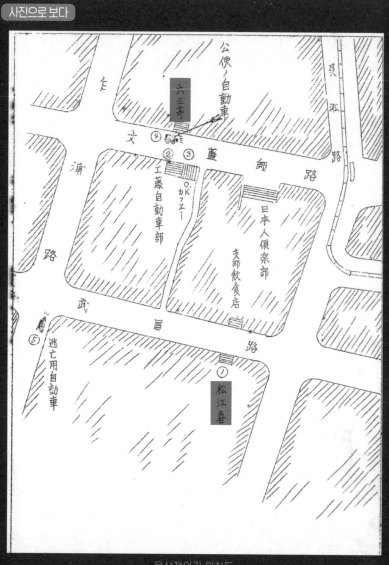

육삼정의거 위치도

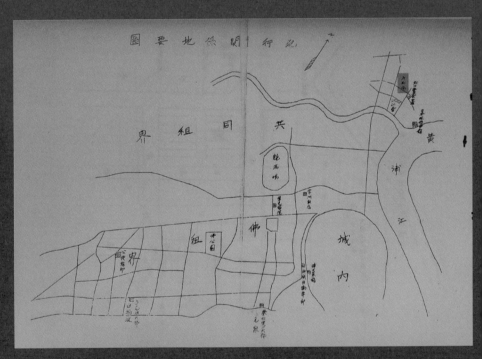

육삼정과 송강춘의 위치도(1933년)

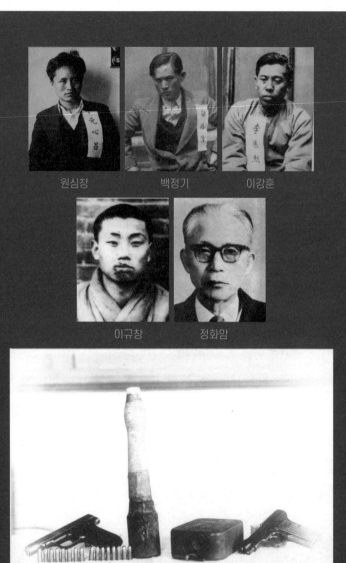

원심창   백정기   이강훈

이규창   정화암

육삼정 폭탄들(김광만 제공)

새롭게 발굴된 독립신문들

대한민국역사박물관에서는 상해 대한민국임시정부에서 간행한 독립신문, 1924년(3개, 177-179호 10월 4일,11월 29일, 12월 13일), 1925년(180호, 1월 1일), 1926년(196호, 10월 23일)의 5개호를 국내외에서 유일하게 소장하고 있다. 그러므로 이를 토대로 2016년 4월 『대한민국임시정부 독립신문』을 간행한 바 있다. 그럼에도 불구하고 그동안 학계의 주목을 거의 받지 못하였다. 그것은 역사적 의미의 소개 부족과 가독성 등의 문제가 주된 원인이 아닌가 판단된다.

새롭게 발굴된 독립신문에는 우리기 몰랐던 내용들이 다수 있어 독립운동사를 전체적으로 복원하는데 기여할 것으로 보인다. 특히 시기적으로는 1924년, 1925년, 1926년, 공간적으로는 상해를 비롯하여 만주지역 등 국내외의 독립운동이해에 큰 도움이 될 것이다, 아울러 만주지역 독립운동단체의 국내진공작전과 분열과 통합, 대한민국임시정부의 통합강조, 이승만 성토 등에 대한 심도 있는 내용들이 실려 있다. 또한 그동안 알려지지 않은 박은식, 홍진 등 임시정부의 대통령, 국무령 등의 글들도 실려 있어 이들의 사상과 노선을 이해하는데도 도움이 될 것이다. 잊혀진 독립운동가 채찬(백광운), 조맹선, 편강열, 김형모 등 다수의 여러 지사들의 독립운동이해의 단초들도 제공해주고 있다. 아울러 그동안 일본어로만 알려진 정의부 선언문 등도 한글본으로 파악할 수 있어 생동감을 더해주고 있다. 또한 만주벌의 독립영웅, 채찬(백광운)의 초상과 김형모의 사진도 있어 더욱 흥미를 자아낸다.

그러므로 이번에 소개하는 독립신문은 독자들께 신선함과 감동을 제공해 줄수 있을 것으로 기대된다. 새롭게 공개되는 사실들을 중심으로 소개하면 다음과 같다.

새롭게 밝혀진 주요 내용

신흥무관학교 출신, 채찬(백광운) 장군의 비극적 최후와 처음으로 소개되는 초상:『독립신문』1924년 10월 4일자(제177호)

『독립신문』제177호는 남만주에 있는 독립군 단체 사이의 갈등으로 인하여 희생된 채찬 (백광운)에 관한 애도 기사와 통의부에 대한 비난 기사가 주를 이루고 있다. 추도 기사를 통해 남만주에서 활약하던 채찬의 독립운동 약력을 확인할 수 있음과 동시에 독립운동가의 비참한 최후를 알수 있다. 당시 독립군들이 겪었던 내분과 그로 인한 희생을 단적으로 보여주는 사례라고 할 수 있다. 특히 그동안 알려지지 않은 채찬의 초상이 실려 있어 더욱 의미가 있다고 보여진다.

1924년 대한민국임시정부의 어려움과 새로운 방향 모색: 강고한 최대기관인 대한민국임시정부의 필요성 강조(백암 박은식)-「독립신문」 1924년 11월 29일자(제178호)

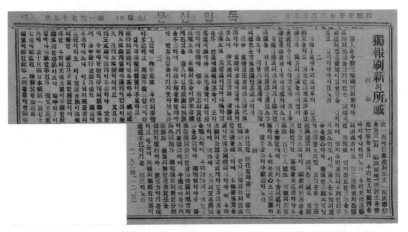

독립신문의 쇄신 강조: 공정한 언론기관으로의 발돋움-「독립신문」 1924년 12월 13일자(제179호)

1925년 1월 새해를 맞이한 임시정부의 각오-『독립신문』 1925년 1월 1일자(제180호)

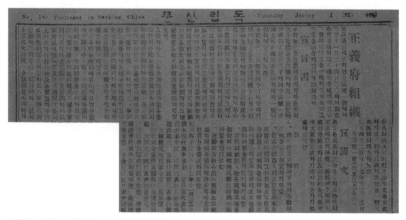

새롭게 밝혀진, 남만주의 대표적 독립운동단체 정의부의 선언서와 선서문: 독립신문에서 1925년 1월 1일자

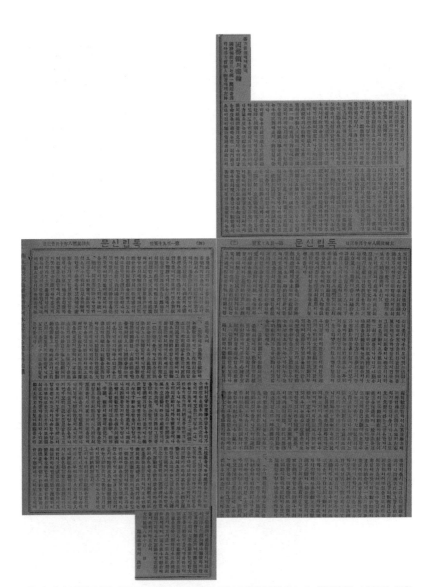

민족의 단결, 통일전선을 주장하는 홍진(대한민국임시정부 국무령역임)의 논설: 『독립신문』 1926년 10월 23일자(제195호)

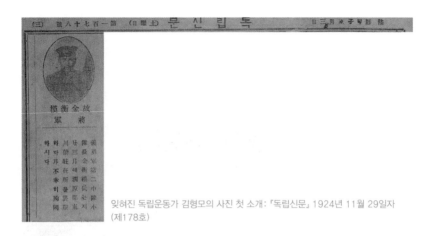

잊혀진 독립운동가 김형모의 사진 첫 소개: 『독립신문』 1924년 11월 29일자
(제178호)

대한독립단 단장 조맹선의 추모시들 첫 발굴: 독립신문 1924년 10월 23일자.
그동안 알려지지 않은 대한독립단 총단장이자 광복군사령장 조맹선(?-1922)을 추모하는 시 여러 편
이 한문으로 실려 있다.

항주 모습

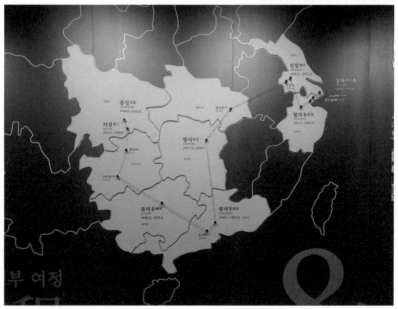

항주지역 독립운동 위치도(대한민국임시정부기념관)

유랑의 첫 기착지, 아름다운 도시 항주   》 》 》 》

윤봉길의거 이후 임시정부는 피신에 나섰다. 그중 첫 번째로 주목되는 곳은 항주였다. 이곳 항주에서 임시정부는 1932년 5월부터 1935년 11월까지 존속하였다. 그러므로 항주에서 주목는 곳은 청태 제2여사, 호변촌, 오복리 임시정부청사들이다. 호변촌 청사는 기념관으로 단장하여 깨끗하고 단정해 보이지만 다른 곳들은 아직까지 보기에도 안타까울 정도로 초라한 모습들이다. 아름다운 서호를 바라본 혁명가들의 마음은 어떠했을까?

대한민국임시정부의 이동도(대한민국임시정부기념관)

여관방을 전전: 청태 제2여사 임시정부청사의 위치는?

독립기념관 해설

대한민국임시정부는 윤봉길의거 이후 1932년 5월 항주에 청사를 마련하였다. 항주지역에 청사가 마련된 곳은 청태제2여사(淸泰第二旅舍) 32호였다. 임시정부 군무장 김철(金澈)은 5월 10일 이곳에 '판공처'를 개설하였다. '판공처'는 5월 15일과 16일 국무위원회가 개최된 곳이자 향후 활동 방향을 논의한 장소였다. 그동안 임시정부 청사로 사용된 청태제2여사의 위치는 인화로(人和路) 22호에 위치한 옛 군영반점(群英飯店) 건물로 알려졌다. 그러나 최근 청태제2여사가 인화로에 자리 잡은 시기가 1933년으로 밝혀졌다.

청태제2여사는 1910년 '하양시가(下羊市街)'에 건립된 뒤 1913년 호빈(湖濱)·연령로(延齡路) 부근으로 이전했고, 1933년 재차 인화로(人和路)로 옮겼다. 이를 통해 볼 때 1932년 5월에 마련된 청사는 호빈로와 연령로의 교차지점에 위치했을 것으로 보인다. 1925년과 1928년에 발간된 항주 지도에서도 청태제2여사가 호빈로와 연령로 교차로에 위치해 있음이 확인되었다.

1933년부터 사용된 청태제2여사

현재까지 밝혀진 자료를 토대로 1932년 당시 청사로 사용되었던 청태제2여사의 위치를 비정해 보면 현재 항저우 연안로 205호와 264호 일대로 추정할 수 있다. 이밖에 현재 연안로 옛 시장건물 터에 청태제2여사가 존재했다는 현지 탐문조사 및 증언이 있었다. 두 곳에 대한 정확한 추가조사가 필요하다.

청태제2여사의 추정지 2곳은 모두 과거 건물이 헐리고 새로운 상가 건물들이 들어서 있다. 자료의 한계로 명확한 지점을 비정하는 작업은 현재로서 어려운 형편이다. 추정지 2곳을 블록으로 크게 비정할 필요성이 있다.

현장을 가다

임시정부의 첫 판공처는 현재의 해방로(解放路) 풍화항(豐禾巷) 30호 청태(淸泰) 제2여사(第二旅社) 32호실에 위치하고 있었다고 알려지고 있다. 1997년 방문한 이곳에는 오늘날에도 과거처럼 군영반점(郡英飯店)이라고 하는 여관이 있으나 옛 모습은 찾아볼 수 없었다. 과거 이곳에서 조국의 독립을 위하여 애쓰던 임정의 요인들의 모습이 그려지는 듯하여 안타까움을 더하였다.

2015년 7월 우리일행은 1932년 4월 상해를 떠나서 항주로 떠나간 김철 등이 처음 투숙하였던 청태 제2여사(현 군영반점)를 재차 답사하였다. 이곳이 바로 항주에서 임시정부가 처음으로 있었던 곳이다. 현재 주소는 인화로 22호. 지금도 여관을 운영하고 있었다. 1997년에도 와 본 적이 있으나 직접 여관 안으로 들어가 보기는 이번이 처음이었다. 3층 302호(당시는 32호)는 김철이 머물었고, 임정 요인들이 회의를 행한 곳이라고 한다. 항주지역의 임정요인들의 여러 흔적들을 답사하고 직접 확인하고 나니 한결 기분이 좋아졌다.

2016년 7월 20일 수요일에도 또 방문할 기회를 가졌다. 오복리 임

청태제2여사 표지석

시정부 청사에서 5분정도 이동하니 현재 한정호텔로 바뀐 청태 제2여사가 있었다. 1910년
에 건설된 이곳은 당시 항주에서 제일 좋은 호텔이었다. 302호에 김철 등 독립운동가들이
모여 있었다. 한정호텔 입구에는 "군영반점"이란 글자가 옛 모습을 보여주고 있었다. 1932
년 4월 윤봉길 의거이후 임정요인들은 같은 해 5월에 청태 제2여사로 이동하였다. 6개월
정도 여관에 있다가 1932년 11월 임정요인들은 중국 국민당 정부의 배려로 1933년 장생로
호변촌 23호 청사로 이동하였다. 연립주택 형태인 이곳에서 임시정부는 2년여 동안 활동
하였다. 임시정부는 1934년 11월 판교로 오복리 2가 2호로 이동하였다. 일제의 계속된 추격
이 그 원인이었다.

청태제2여사로 잘못알려진 군영반잠의 외부(上)와 실내(下)

호변촌 23호 임시정부청사

독립기념관 해설 _ 호변촌 임시정부청사 사용 시기

복원 전 항주임시정부청사
(호변촌 23호 후면)

복원 후 항주임시정부청사

항주임시정부기념관

임시정부는 중국국민당의 도움으로 서호(西湖) 부근 장생로(長生路) 호변촌 23호로 청사를 이전하였다. 청사 이전 시점은 자료의 한계로 명확하지 않다. 다만 그동안 호변촌에 청사가 자리 잡은 시점이 1932년 5월로 알려졌다. 하지만 호변촌이 문헌자료에 등장하기 시작한 시점은 1934년부터였고, 일제가 호변촌을 청사로 인지한 시점도 1934년 1월 이후였다.

일제는 임시정부청사가 진강에서 호변촌으로 이전한 시점을 1934년 1월 이후로 파악했다. 진강 청사를 담당하고 있던 "상무위원 박창세(朴昌世)가 특무단장(特務團長)"으로 부임하면서 자연스럽게 청사가 호변촌으로 이동했다고 보고한 문건이 바로 그것이다. 더불어 일제는 이 시기 호변촌을 청사로 인정할 수 있는지에 대한 여부를 밀정들을 통해 파악했고, 이곳을 "임시정부 판공처로 인정되는" 장소로 결론지었다. 1930년대 항주와 진강에서 활동했던 독립운동가 박경순(朴景淳)의 신문조서에 1934년 3월 다수의 독립운동가들과 "항저우시 호변촌 23호 임시정부 판공처 등에서 여러 차례 회합하였다"고 진술되어 있다. 이를

통해 볼 때 항저우 호변촌이 청사로 사용되었던 시점은 1934년 1월 이후로 판단된다. 항주 호변촌에 위치한 임시정부 청사 건물은 1920년대에 건립된 것으로 알려져 있다

현장을 가다

1997년 7월 우리 일행은 서호주변에 있는 임시정부의 2번째 판공처가 있었던 장성로(長省路) 호변촌(湖邊村) 23호를 방문하였다. 이곳의 방문은 한국인으로서는 처음이라고 하니 더욱 감개무량하였다. 허름한 골목길에 들어서니 안쪽으로 임정이 있었던 집이 나타났다. 인걸은 간데 없으나 그 집의 원형은 당시 그대로인 듯 하였다. 1920년대 건축된 벽돌과 나무 혼합구조였다. 비록 낡은 2층집이었으나 독립을 위하여 투쟁하였던 임정 요인들의 열기가 필자의 가슴을 저려왔다. 2007년 기념관을 완공하여 개관하였는데, 원래의 3배정도의 크기로 만들었다.

2016년 7월 20일 우리 일행은 1932년 4월 윤봉길 의거 이후 대한민국임시정부가 항주로 이동하여 자리를 잡았던 호변촌에 있는 임시청사로 향하였다. 호변촌이라는 말 그대로 서호주변에 청사가 깔끔히 단장된 채 우리를 맞이하였다. 1층에서 우리 일행은 임시정부에 대한 비디오를 감상하고, 2층 임시정부 전시관을 보았다. 전시관 내에는 임시정부의 활동에 대하여 전반적으로 전시되어 있었다. 항주 시기의 임정에 대하여 보다 상세히 전시되어 있어 큰 도움이 되었다. 2층 전시관 입구에는 김철, 송병조, 차리석 등 항주 임정에서 활발한 활동을 전개한 임정요인들이 우리 일행을 맞아주었다. 항주 임시정부를 상징적으로 보여주는 장면이었다. 다음에는 항주 임시정부 요인들의 사진들이 전시되어 있었다. 김구 선생을 필두로 하여 이시영, 조소앙, 유동열, 양기탁, 조완구 등 수많은 애국지사들. 해군을 대표하여 함께 동행한 박순제 대령이 헌화하고 묵념을 하였다.

전시관에는 의열단 단장인 김원봉의 친필이 전시되어 있어 우리의 가슴을 다시 한번 고동치게 하였다. 별도의 전시관에는 김구의 흉상과 더불어 항주 지역에 있는 우리 역사와 관련된 유적들이 전시되어 있었다. 혜인(慧仁) 고려사 등이 그 대표적인 것이다. 일면 긍정적인 점은 있지만 임시정부청사 내에 다른 내용들이 전시되고 있는 것은 재검토의 여지가 있지 않나 생각되었다.

항주전시관

오복리 임시정부요인 거주지

독립기념관 해설

임시정부 요인의 가족들이 생활했던 오복리 2롱(弄)의 장소는 관련 자료의 한계로 명확한 비정이 어려운 상황이다. 현 건물은 1920년대 건립되었고, 2017년 절강성문물보호단위로 지정되었다. 오복리 2롱 중 어느 건물에 임시정부 요인들의 가족이 거주했는지를 확정할 수는 없다.

현장을 가다

1934년 8월경 항주 호변촌 청사가 일제에게 노출되었다. 이에 송병조(宋秉祚) 등 임시정부 요인들은 1934년 11월 청사를 이전하였고, 임시정부 가족들 역시 일제의 감시가 심해지자 거처를 옮기게 되었다. 송병조 등 임시정부 요인들은 '판공처'를 서대가(西大家) 도환리(濤桓里) 12호로 이전했다. 이와 함께 임시정부 요인들의 가족은 11월 28일 항주 시내 판교로(板橋路) 오복리(五福里) 2가 2호로 이전하였다. 이후 임시정부와 요인 및 가족들은 항주를 떠나 진강으로 이주했다. 이곳의 집은 허름한 듯 보였다. 마침 구슬픈 비가 내려 당시 임정요인들의 애처로운 모습을 대변해 주는 듯하였다(1997년).

2016년, 7월 20일 수요일, 우리 일행은 판교로 오복리로 향하였다. 사흠방에서 5분 정도 걸어가니 골목길에 오복리집이 나타났다. 오복리집은 현재 개인이 거주하고 있었으며 2층으로 구성되어 있었다. 집 문밖에는 '한국독립운동' 표지석이 설치되어 있었다.

한국독립운동 표지석

항주 오복리 독립운동유적지 전체전경

항주 오복리 독립운동유적지(2015)

사흠방 골목길의 한국독립당 사무소

독립기념관 해설

1930년 1월 25일 한국독립당이 창당되었다. 한국독립당은 대한민국임시정부 요인들을 중심으로 하는 민족주의 세력들이 모여 결성한 근대적 정당이었다. 또한 임시정부와 표리일체 관계를 이루며 임시정부를 운영하는 기초세력이자 여당으로 역할을 담당했다. 한국현대사에서 정당정치의 기원으로 볼 수 있는 한국독립당이 조직된 것이었다. 한국독립당은 상해 프랑스 조계 내 마랑로(馬浪路) 보경리(普慶里) 4호에서 창당되었다.

한국독립당은 1932년 4월 윤봉길의거를 계기로 송병조(宋秉祚)가 이사장을 맡게 되었다. 윤봉길의거 이후 중국 측의 지원금을 둘러싼 갈등 등이 발생하자 김구 계열이 퇴진하고 송병조·이유필(李裕弼)계열이 당의 주도권을 잡게 된 것이었다. 하지만 1933년 3월과 10월 총무주임과 이사 겸 총무부원인 이유필·이수봉(李壽鳳)이 피체되고 말았다. 나아가 이사장인 송병조와 박창세(朴昌世) 등이 1933년 8월 옥관빈(玉觀彬)·석현구(石鉉九) 등의 피살사건에 연루되어 상해에서 활동이 제한되었다.

이에 한국독립당은 1934년 1월 중국국민당 항주당부 및 항주 공안국의 지원으로 항주로 본부를 옮기게 되었다. 일제 측 정보 문서에는 한국독립당 항주 사무소의 주소가 세 군데로 나타나 있다. 항저우 학사로(學士路) 사흠방(思鑫坊) 34호와 40호·41호가 바로 그것이다. 확인되는 장소는 사흠방 40호로 현재 학사로 32호 부근이다. 번지수의 잦은 변경과 원주민과 상가가 뒤섞여 현재화됨에 따라 지번을 명확하게 비정하기는 어려운 형편이다.

사흠방 40호 한국독립당 사무실은 현재 학사로 32호 부근으로 추정된다. 이 건물은 1920년대 건립되었고 건물 전체가 절강성문물보호단위로 지정되었다. 학사로 32호 근처 입구에 '사흠방'이라는 푯말이 있으며, 골목 안쪽에 한국독립당 사무실이 있었던 것으로 보인다.

사흠방 전경

현장을 가다

2015년 7월 13일 항주에 도착하여 우리 일행은 호변촌 23호에 있는 항주 임시정부청사를 답사하였다. 그리고 해설원의 안내로 1934년 한국독립당이 활동했던 거점이며, 기관지 『진광(震光)』 등이 발행되었던 사흠방으로 이동하였다. 자료에는 한국독립당의 항주사무소가 사흠방 34호, 40호, 41호 등으로 나타나고 있다. 현재 이 중 40호 정도가 확인되고 있다. 청사에서 걸어서 먼 거리는 아니었다. 누추한 골목길 입구에 사흠방이라고 적혀 있었다. 그 골목길 안에 조그마한 초라한 가게가 있었는데, 그곳이 바로 그곳이었다. 필자는 처음으로 방문하였다.

2016, 7월 20일 수요일, 임시정부청사 학예사의 안내로 우리 일행은 사흠방에 있는 한국독립당 사무실로 향하였다. 청사에서 5분~6분 정도 떨어진 거리에 위치하고 있었다. 사흠방 39호가 그곳이다. 2015년에는 한국독립운동 표지석이 있고 상점으로 이용되고 있었으나 현재에는 문이 굳게 닫혀 있고, 아무런 표식도 없었다. 그러나 골목은 예전과는 달리 전체적으로 잘 정리되어 있었다. 항주 임정청사 학예사에 따르면, 새롭게 사흠방 다른 곳에 전시관을 따로 준비 중이라고 알려주었다.

↑ 사흠방 독립운동 유적지 표지석

← 사흠방 독립운동 유적지

긴장감이 감도는 김구 피신처 가흥, 해렴   》 》 》 》

독립기념관 해설

가흥과 해렴 등지에서는 김구 등 임정요인들의 피난처의 실상을 생동감 있게 볼 수 있다. 특히 국민당계열 인사들의 도움은 영원히 잊을 수 없는 것임을 깨달을 수 있다.

1932년 4월 29일 윤봉길의 홍구공원 의거가 일어났다. 의거 직후 일본영사관 경찰이 임시정부가 있는 프랑스 조계로 들이닥쳤다. 일제 경찰은 이춘산(李春山, 李裕弼)에 대한 체포영장을 가지고 프랑스 조계로 들어왔다. 이와 함께 한인들의 거주 지역인 보강리와 임시정부 청사를 급습하여 문서를 다량으로 압수해 갔다. 김구도 몸을 피할 수 밖에 없었다. 김구는 안공근(安恭根)과 엄항섭(嚴恒燮)을 불러 미국인 목사 피치(George Ashmore Fitch)에게 피신처를 교섭하도록 하여 피치 박사의 집으로 몸을 숨겼다. 피치 박사의 집에 피신했지만, 가만히 있을 수만은 없었다. 우선 안창호(安昌浩)를 비롯한 피체된 인사를 구명하는 노력을 전개했고, 이와 함께 사건의 진상을 알리고 자신이 주모자임을 밝혔다.

김구의 피신처는 곧 일제 측에 발각되었다. 김구는 피치 박사의 도움으로 가흥(嘉興)으로 무사히 피신하였다. 가흥의 피신처는 중국국민당의 진과부(陳果夫)와 진입부(陳立夫)가 주도하는 CC단(團)에서 마련한 것으로 보인다. 이들은 김구를 보호하기 위해 가흥에 있는 저보성(褚輔成)에게 부탁하였다. 이 과정에는 중국국민당에서 활동하고 있던 박찬익(朴贊翊)의 노력도 있었다.

김구는 가흥에서 저보성의 수양아들 진동생(陳桐生)의 집에 머물렀다. 이곳이 현재 매만가(梅灣街) 76호이다. 진동생의 집은 남호(南湖)로 불리는 호수와 연결되어 있었다. 만일의 경우에 배를 타고 피신하기에 적합한 곳이었다. 김구는 가흥에서 '장진구(張震球)' 또는 '장진(張震)'으로 이름을 바꾸었으며 신분을 중국 광동(廣東) 출신으로 위장하였다. 가흥까지 일경이 수색망을 넓혀오자 김구는 다시 해렴(海鹽)으로 피신하였다. 저보성 며느리인 주가예(朱佳蕊) 집안에서 소유하고 있는 별장이었다. 그러나 해렴에서 중국 경찰에게 신분이 노출되어 가흥으로 돌아왔다.

가흥으로 돌아온 김구는 뱃사공을 하는 주애보(朱愛寶)라는 중국인 여자에게 의탁하여 숨어지냈다. 피난처의 2층 침실 바닥에는 탈출구가 마련되어 있어 비상시에는 1층으로 내려가 주애보의 배를 이용하여 남호로 피신하였다. 빨랫줄에 널어놓은 빨래의 색깔을 보고 안전을 확인한 후에 집에 들어왔다고 한다. 그는 주로 주애보의 배를 타고 운하 주변을 돌아다니면서 선상에서 생활하였다.

해방 후 김구의 둘째 아들인 김신(金信)이 이곳을 여러 차례 방문하였다. 그는 이곳을 비롯한 가흥 지역이 1930년대 김구의 피난지였으며, 임시정부 요인들과 가족들이 지냈던 곳임을 확인해 주었다. 현재 김구를 비롯한 임시정부와 관련된 기념관으로 조성되어 있다. 이 건물은 2000년 5월과 2005년 3월 각각 자싱시문물보호단위와 저장성문물보호단위로 지정되었다.

건물의 상태는 비교적 양호하다. 김구 피난처는 2001년부터 독립기념관과 가흥시 문물관리소가 협력하여 대대적인 보수 공사를 진행하여 2006년 5월 27일 일반인에게 개방했다. 2012년에도 독립기념관의 지원을 통해 전시시설을 새롭게 보완하였다. 2층으로 구성된 전시관의 총부지면적은 1,420 이며, 건물 면적은 520 , 진열관 면적은 566 이다. 1층은 전시관, 2층은 침실을 재현해 놓았다. 김구 피난처 옆 건물은 저보성 사료진열실이 조성되어 있다. 이러한 이유로 다수의 중국인 관람객들이 김구 피난처의 전시도 함께 관람하고 있다

저보성사료진열관(2015)

중국인 저보성의 도움: 매만가 김구 피난처

현장을 가다

이곳은 매만가 76-4번지로 중국의 저명한 인사로 일찍이 절강성장(浙江省長)을 지낸 저보성(褚輔成, 1875-1955)의 수양 아들인 진동손(陳桐蓀)의 정자였다. 호숫가에 반양식(半洋食)으로 지은 말쑥한 집으로 밖에는 수륜사창(秀綸紗廠)이 바라다보이는 경치가 좋은 곳이었다. 당시 김구선생은 이 집을 아지트로 하여 밤에는 여기서 기숙하는 한편 낮에는 배를 타고 남호(南湖)를 다니며 일제의 감시망을 피하였던 것이다. 집의 구조를 보니 1층에는 2층으로 올라가는 비밀문이 있었다. 그리고 2층으로 올라가니 사방의 벽에는 밖을 내다볼 수 있는 창문이 있어 주변 상황을 살펴볼 수 있게 되어 있었으며, 침대 밑에도 역시 비밀문이 있어 1층으로 내려가 배를 타고 도망갈 수 있도록 되어 있어 당시의 긴장감을 그대로 느낄 수 있었다. 또한 집 밖에는 배를 매두었던 흔적이 그대로 남아 있어 당시의 모습을 그대로 보는 듯하였다.

한번은 김구 선생이 가흥에서 중국보안대에 체포된 적이 있었다. 그는 길가를 다니다가 군사들의 훈련상황을 구경한 적이 있었는데, 그를 유심히 바라보던 군관에게 심문을 당하였다. 김구가 광동인이라고 하니 마침 그 군관도 광동인이라 그가 가짜임을 알고 체포하였던 것이다. 그러나 김구는 저보성의 도움으로 무사히 위기를 벗어날 수 있었다.

가흥 수륜사창(1932)

사진으로 보다

김구 은거지(가흥 저보성집)

피난통로

피난 시 김구 거처

피난시 대비용 배

사진으로 보다

임시정부 국무위원등(1935. 11. 7)

임시정부 국무위원 등(1935. 11. 7)

1열 왼쪽부터 송병조, 이시영, 김구, 이동녕, 엄기순(엄
항섭 딸), 조완구
2열 왼쪽부터 엄항섭, 양우조, ○, 안공근, 차리석, 조성환

한국국민당 창립 기념사진

임시정부요인과 가족들(1936, 진강)

청나라 양식의 임시정부 요인 숙소

독립기념관 해설

1932년 4월 윤봉길 의거 직후 임시정부 요인들은 상해를 떠나 여러 지역으로 피신하였다. 이중 이동녕(李東寧)을 비롯한 이시영(李始榮)·엄항섭(嚴恒燮)·김의한(金毅漢) 등의 임시정부 요인과 가족들은 중국 절강성(浙江省) 가흥(嘉興)으로 피신하였다. 이들은 김구보다 먼저 가흥에 도착하여 김구가 피신했던 매만가(梅灣街) 76호와 약 300m 떨어진 곳에 머물렀다.

임시정부 요인 피난처 건물은 청조(淸朝) 말년에 나무와 벽돌로 만들어졌다. 건물의 상태는 비교적 양호하다. 2층 건물로 4칸의 방과 마당이 있으며, 총 부지면적은 904 이며, 전시면적은 332.5 이다. 1995년 가흥시가 자체적으로 보수공사를 진행하여 전시관을 개관했다. 2001년 독립기념관과 자싱시가 공동으로 전시 보수를 진행하여 현재에 이르고 있다. 1층 전시는 총 5개 주제로 구성되었다. 2층은 임시정부 요인과 가족들의 생활공간을 재현해 놓았다.

이 건물은 역시 김구 피난처와 마찬가지로 2000년 5월과 2005년 3월 각각 가흥시문물보호단위와 저장성문물보호단위로 지정되었다.

가흥 임정요인 숙소

현장을 가다

2007년 4월 13일 중경에서 거행된 임시정부 수립 88주년 행사를 마치고 우리 일행은 상해를 거쳐 가흥의 임시정부 피난처를 탐방하였다. 가흥 매만가 76호에 있는 김구피난처와 일휘교 17호에 있는 임시정부 요인 거주지가 그곳이다. 일휘교 17호는 윤봉길 의거 직후 상

해를 떠난 임시정부의 이동녕, 이시영, 엄항섭 등이 중국 국민당의 도움을 받아 머물던 곳이다. 내부에는 임시정부 관련 사진들이 전시되어 있었는데 우리의 주목을 끈 것은 이번 행사에 참여한 김자동 선생의 5살 때 사진이었다. 선생은 아버지와 어머니의 모습을 가르키며 당시를 회상하였다. 가흥시절의 이야기들을 들으며 이번 행사의 중요성을 다시 한번 더 실감할 수 있었다.

임시정부요원거주지 표지석

임시정부요원거주지(가흥), 당시를 증언하는 김가진의 손자 김자동

사진으로 보다

임시정부 요인들의 피신을 도운 추푸청(□輔成) 가족과 함께(1933)
1열 왼쪽부터 쉬슈성(許秀生), 정정화, 김자동, 이헌경, 엄기동, 연미당, 엄기선, 주자루이(朱佳蕊)
2열 왼쪽부터 천퉁성, ○, 김의한, 이동녕, 박찬익, 김구, 엄항섭, 추펑장(褚鳳章)

저보성의 수양아들 진동생(왼쪽 두번째)과(1933)
1열 왼쪽부터 김구, 천퉁성(陳桐生), 이동녕, 엄항섭

중국 여인의 고마움이 떠오르는 산장 피난처 : 해렴 재청별서

독립기념관 해설

김구는 윤봉길 의거 이후 상해를 떠나 가흥으로 피신하였다. 피난지는 저보성(褚輔成)의 수양아들 진동생(陳桐生)의 집이었다. 하지만 가흥까지 일경이 수색망을 넓혀오자 다시 피신처를 옮겨야 했다. 김구가 피신한 곳은 해렴(海鹽)의 재청별장(載靑別莊)이란 곳이었다. 재청별장은 저보성의 며느리 주가예(朱佳蕊)의 숙부 주찬경(朱贊卿)의 소유였고, 해렴에서 서남쪽으로 40여리의 거리에 위치했다. 재청별장은 주가예의 할아버지 주병수(朱丙壽)가 1916년 그의 둘째 아들의 요양을 위해 만들었다고 한다. 이처럼 김구는 저보성의 배려로 재청별장으로 피신할 수 있게 되었다.

1932년 7월경 김구는 주가예와 함께 재청별장으로 향하였다. 먼저 배를 타고 해렴성 내 무원진(武原鎭)에 있는 주가화원(朱家花園)에 도착했다. 두 사람은 다음날 다시 자동차를 타고 남북호(南北湖)에서 5~6리쯤 떨어진 노리언(盧里堰)에 도착하였다. 이곳부터 사람들의 이목을 피하기 위해 걸어서 이동했다. 재청별장에 도착한 김구는 주가예의 보호를 받으면서 이곳에서 한동안 머물렀다. 하지만 신분이 노출되자 재차 가흥으로 돌아갔다. 해렴 김구 피난처인 재청별장은 김구의 둘째인 김신이 1996년 방문하여 확인해주었다고 한다.

현장을 가다

1997년 김구의 또 다른 피난지인 해렴 재청별서를 답사하였다. 김구는 일제의 포위망이 점점 좁혀오자, 오늘날 가흥에서 버스로 1시간 30분 정도 소요되는 저보성의 맏아들 저봉장(褚鳳章)의 처가인 주(朱)씨댁 산장으로 가기로 하였다. 그곳은 해렴현(海鹽縣)에 위치한 아름다운 호수인 남북호(南北湖)의 북호(北湖)의 가에 있는 별장으로 이름은 재청별서(載靑別墅)라고 하였다. 이 별장은 벽돌과 목재 혼합 구조의 건축물이다. 1996년 4월에 복원한 후 처음으로 개방하였다고 한다.

김구는 이곳으로 저봉장의 재취인 주가예(朱佳蕊, 1904-1955)의 안내로 이동하였다. 김구는 이 부인과 함께 해렴 주씨댁에서 하룻밤을 지내고 이튿날 다시 주씨 부인과 함께 기차로 노리언

(盧里塢)까지 가서 거기로부터 서남으로 산길 5-6리를 걸어 올라갔다고 한다. 당시의 그녀의 혼신의 노력에 대하여 김구는 자신의 『백범일지』에서 다음과 같이 묘사하고 있다.

> 저 부인이 굽높은 구두를 신고 연방 손수건으로 땀을 씻으며, 7·8월 염천에 고개를 걸어 넘는 광경을 영화로 찍어 만대 후손에게 전할 마음이 간절하였다. 부인의 친정 시비 하나가 내가 먹을 것과 기타 일용품을 들고 우리를 따랐다. 국가가 독립이 된다면 저 부인의 정성과 친절을 내 자손이나 우리 동포가 누구든 감사하지 아니하랴. 영화로 못 찍어도 글로라도 전하려고 이것을 쓰는 바이다.

그 얼마나 이국에서 그녀의 도움에 감사했으면 김구가 이렇게 감격적으로 묘사하였겠는가. 멀리 산중턱을 올라가는 그들의 모습을 보는 것 같아 더욱 애처로운 마음 금할 길 없었다. 안내인은 김구 선생의 아들 金信이 이곳을 3번 방문하여 부친을 생각하며 차를 마다하고 산등성이를 걸어 별장으로 향하였다고 전하였다.

별장은 원래 주 부인의 친정 숙부인 주찬경의 여름 별장이었다고 한다. 그가 별세한 후 집 가까이에 매장한 뒤로 이 집은 그의 묘소의 묘막과 제각(祭閣)을 겸한 것이라고 한다. 별장 옆에는 풀에 뒤범벅이 되어 거의 형체조차 남아 있지 않은 묘를 바라보면서 인생의 무상함을 다시 한번 느끼게 되었다.

재청별서에 들어서니 김구의 체온이 곳곳에 배어 있는 듯 하였다. 멀리 북호와 남호, 항주만을 바라보면서 김구 선생은 무슨 상념에 잠기었을까. 산과 바다와 호수가 함께 있는 이곳에서 김구선생은 독립운동의 재기를 위하여 노심초사하였을 것이다.

2015년 7월 13일 월요일 다시 해렴을 찾았다. 김구는 일제의 추적을 피하여 저보성의 며느리 주가예의 도움으로 그녀의 친정별장이 있는 해렴으로 피신하였던 것이다. 당시 주가예는 아이를 낳은 지 얼마 안 되는 불편한 몸으로 산 정상 부근에 있는 별장까지 김구를 안내하였다. 산위를 오르며, 힘든 발걸음을 하는 중국여인의 모습이 자꾸 떠오른다.

그곳 재청별서는 산 위에 있는 전형적인 중국식 별장이었다. 이곳에서 김구는 어떠한 생각들을 하였을까? 피신해 있던 김구의 초조함과 긴장감을 뒤로 하고 항주로 향하였다. 항주까지는 1시간 정도 되었다.

해렴 김구피난처

김구피난처 건물 외경

현장을 가다

항주에서의 한중학술회의 참여(1997년)

1997년 8월 17일부터 중국 항주(杭州)에서 개최된 한국독립운동사학술회의에 한국측 준비위원으로 참가하였다. 이 회의는 국가보훈처 후원으로 한국민족운동사연구회(회장 劉準基)와 항주대학 한국연구소(소장 沈善洪)의 공동주최로 개최되었다. 1930년대 중국지역의 한인민족운동이라는 공동주제하에 한국 측에서는 1930년대 연구성과와 과제(李炫熙), 한국독립당(趙凡來), 민족혁명당(韓相禱), 한국청년전지공작대(박환), 조선혁명군(張世潤), 동북항일연군(金昌洙) 등에 대한 발표가 있었으며, 중국 측에서는 조선독립동맹과 조선의용군(楊昭全), 가흥(嘉興) 피난 시절의 김구(吳潔敏), 중국공산당과 대한민국임시정부(石源華), 대한민국임시정부와 중국정부(崔鳳春), 해방구에서의 한인독립운동(崔龍水) 등의 주제에 대하여 발표가 이어졌다.

본 발표를 통하여 지금까지 잘 정리되지 못하였던 1930년대 중국지역의 한인독립운동이 입체적으로 체계화된 것은 큰 성과라고 할 수 있다. 뿐만 아니라 대한민국임시정부와 중국공산당 및 국민당 정부와의 관계, 1930년대의 남북호(南北湖)에서의 김구의 활동 등이 새롭게 조망되기도 하였다. 특히 이번 학술회의는 항주에서 한인독립운동과 관련하여 처음으로 개최되는 학술회의라 절강일보, 항주일보 등 그 지역의 신문들에서 주요 기사로 다루는 등 깊은 관심을 보였다. 아울러 항주 대학 및 그 주변 대학의 학생들도 다수 참여하여 한국인들의 독립운동 역사를 알리는 중요한 계기를 마련하였다.

다만 이번 학술회의에서 아쉬운 점이 있었다면 한·중간의 독립운동을 바라보는 인식의 차이였다. 중국인들은 한국독립운동을 지원해 주었다는 입장으로, 심지어 임시정부는 중국의 공식적인 허락을 받지 못하였으므로 일개 상해교민들의 대표기관이라는 견해조차 있었다. 이러한 결과는 결국 한·중간의 활발한 학술교류의 부재와 중국인들의 한국어 이해 부족, 독립운동 관련 자료의 부족 등이 그 원인이 아닌가 생각되었다. 따라서 앞으로 한·중 간에 보다 활발한 학술교류가 이루어져야 됨을 절감하였다. 이와 관련하여 항주대학 한국연구소에 있는 전해종(全海宗)교수 문고는 시사하는 바 컸다. 서강대 사학과에서 정년퇴임한 전교수는 그의 책 모두를 이 학교에 기증하여 한·중 문화발전에 크게 기여하고 있었다. 아울러 전 고려대학교 총장인 김준엽(金俊燁) 박사 역시 이 학교의 한국학 증진을 위하여 크게 노력하고 있음을 중국인들은 이구동성으로 말하였다.

재청별서 입구

혁명의 또 다른 근거지, 남경

국민당정부

2015년 7월 14일 화요일, 아침 일찍 서호를 산보하고 고려시대 의천대사가 공부하였다고 하는 혜인고려사, 악비묘 등지를 보았다. 점심식사를 하고 남경으로 가기 위해 항주역으로 향하였다. 새로 들어선 역사의 위용에 놀라지 않을 수 없었다. 항주에서 남경까지는 1시간 40분정도 소요되었다.

남경은 중국의 국부 손문의 묘소인 중산릉이 있으며, 중국국민당 총통부가 있었던 곳이기도 하다. 또한 국민당 자료가 다수 소장되어 있는 남경당안관이 위치하고 있어 다수의 연구자들이 찾는 곳이다. 아울러 김원봉의 민족혁명당의 근거지가 있던 곳이자, 한국인들이 다수 졸업한 금릉대학도 위치하고 있다. 해방 후에는 임시정부의 주화대표단이 있기도 하였다.

폐허가 된 남경 민족혁명당 간부 합숙소, 호가화원

독립기념관 해설

1935년 4월 중국 중앙육군군관학교 낙양분교 한인특별반 졸업생 중 김원봉을 따르던 학생들과 민족혁명당 인사들이 거주했던 곳이다. 중국 중앙육군 군관학교 낙양분교 졸업생들은 1935년 4월 중순경 남경으로 이동하고, 김원봉(金元鳳)을 따라서 교부영(敎敷營) 16호에서 함께 생활하였다. 그후 졸업생들은 호가화원(胡家花园)으로 함께 이주하여 살기도 하였다. 이 곳 호가화원에서 김규식(金奎植)도 함께 생활하였으며, 민족혁명당 본부도 있었다. 호가화원에는 김원봉이 사용했던 묘오율원(妙悟律院)과 이연선림(怡然禪林)이라는 사원이 있었는데 현재 모두 없어졌다. 지금은 빈민촌으로 변해 있으며, 호가화원의 주인이었던 호대해(胡大海)의 집 역시 크게 훼손되어 있다. 그러나 주변 경관은 아직 옛 모습을 그대로 간직하고 있다.

현장을 가다

남경에 도착한 우리 일행은 민족혁명당의 김원봉 등이 머물렀던 호가화원으로 향하였다. 호가화원은 호씨 집안의 정원이라는 뜻으로, 청나라 말기 세도가 였던 호은섭의 대저택이 있던 곳이다. 호은섭은 남경 에서도 손꼽히는 부호였다. 호씨들이 살던 정원은 재정비되어 아직도 그 위용을 자랑하고 있었다. 호가화원은 2011년부터 복원공사를 해서 2016년부터 우원(愚園)이란 이름으로 일반인들에게 공개하고 있는 것이다. 19세기에 이 원림을 처음 세운, 성이 호씨인 주인장의 만년 별호가 〈우원노인〉이었다고 한다.

그러나 김원봉 등 독립운동가들이 있었던 집들은 그 흔적을 찾을 수 없으며 그 일대는 현재 개발공사 중이었다.

1935년 8월 일본측의 정보기록에,

> 소화 10년 8월 29일 이른바 제25회 국치기념일 당일 오전 8시부터 오후 1시에 이르는 사이 남경성내(南京城內) 화로강(花露崗) 호가화원(胡家花園)에서 김원봉 사회 하에 행하여진 기념식에 김두봉이 참석하여 그 식장에서 정치훈련반을 조직하고 전위투사를 일본(日), 조선(鮮), 만주(滿) 각지에 파견하는 건을 토의하다(소화 10년 9월 20일 京高特秘 제2505호)

라고 있듯이, 호가화원은 1935년 김원봉의 주도하에 국치기념행사가 이루어진 곳이다. 아울러 『대한민국임시정부자료집』 37권, 조선민족혁명당 및 기타 정당, Ⅱ. 조선민족혁명당, 안이돌(安李乭) 공술 의열단·민족혁명당의 조직 개요(1936. 2. 16)에,

안이돌의 공술 대요

1. 본적 주소

　본적 한국 함경북도 길주군 장백면 주남동

　주소 南京市 花露崗 妙悟律院內 通稱 安鐵岩

라고 있듯이. 안이돌은 호가화원의 묘오율원에 거주하고 있었다. 이어 민족혁명당의 최근의 상황에,

12. 민족혁명당 최근의 상황

(1) 원래 한국독립당원 조소앙 외 5명은 민족혁명당에는 공산주의자가 다수 존재
　할 뿐 아니라 그들은 상당한 세력을 가지고 있기 때문에 매사에 의견이 상충하
　여 작년 12월 이당을 탈퇴하였다.

(2) 1936년 1월 민족혁명당에서 현재 당의 공작에 종사하고 있지 않은 당원에 대
　해 공작지원서란 것을 인쇄 배포하고 각자의 지원항목(군사 · 특무 · 당무
　의 3으로 나눈다)에 기입 서명 제출케 한 결과, 특무지원서가 약 30명, 군사지
　원서가 약 60명, 당무지원서가 약 35~6명, 김원봉파 약 60명(제2기 군관훈련
　졸업생 30여명, 同 3기졸업생 30명)이 있었다. 그리고 민족혁명당에서는 이
　들 지원자의 지휘 감독 및 학문(學務)의 통제 연락의 원활을 도모할 목적으로
　동종(同種) 공작원을 동일장소에 기숙케 하는 견지에서 최근 숙사의 이동을
　행할 예정인데, 대체의 주소는 다음과 같다.

　(1) 군사공작원숙사 通濟門內 大平里

　(2) 특무공작원숙사 夫子廟 大石提街

　(3) 당무공작원숙사 胡家花園

라고 하여, 호가화원에 민족혁명당 당무공작원의 숙소였음 분명히 하고 있다.

그럼에도 불구하고 허물어져 가는 역사적 현장들의 모습을 바라보니, 안타까운 마음 그지

없었다. 김원봉 등이 활동한 이곳에 표지석이라도 하나 세울 필요가 있지 않을까 하는 생각
이 들었다. 조선혁명(군사)정치간부학교를 졸업한 이육사, 윤세주 등 기라성 같은 인물들이
이곳을 지나갔을 것이다.

『한민족독립운동사자료집』 31권, 의열투쟁 4, 경찰신문조서, 증인 이육사
(李源祿) 신문조서에 다음과 같은 기록이 있어 참조된다.

문: 졸업 후에는 어떻게 했는가.
답: 졸업 2 · 3일 전에 김원봉에게 졸업하면 곧 조선 내로 돌아가서 공작하도록
　　해 달라고 부탁했더니, 김원봉은 그대와 같은 수재를 조선으로 돌려보내는
　　것은 유감이므로 열하 방면에라도 가서 일하면 어떤가, 풍국장(馮國章)의 군
　　대에 입대하는 것이 어떤가 등으로 권유했으므로 나는 그것을 거절했다.
　　또 졸업 후에 기관총 사격연습도 있었지만 그것에도 출석하지 않았었다. 그
　　리고 졸업 후에 자꾸 귀선시켜 달라고 간원했더니, 그러면 우선 남경까지의
　　여비를 줄 터이니 박문희(朴文禧)의 집으로 가서 대명하라고 했다. 박문희의
　　집에 갔더니, 박문희는 남경 석마호동(石馬胡同)의 어느 집에서 구검된 것과
　　같은 생활을 하고 있었다. 그것은 4월 24일이었다. 그 집은 중국인 부호의 별
　　장이 있는 「胡家花園」이었다.
　　조금 뒤에 동래의 학생인 왕권(王權), 이남해(李南海), 호영(胡瑛), 진가명(陳
　　嘉明) 등이 왔으므로 그곳에 5월 5일경까지 체류해 있었다. 그동안 김원봉도
　　3 · 4회 찾아왔다. 5월 6일에 김원봉이 여비로 각인 30원씩 주면서 귀선하
　　라고 명하므로 우리들은 지시대로 상해의 한일래(韓 - 來) 집으로 왔다.
　　제1회는 6월 중순 경에 이남해, 왕권에게 68원을 주어서 중국 배를 태워 귀선
　　시켰다. 우리들 5명은 포강로(浦江路) 금릉(金陵)여관에 체류하면서 이춘암
　　(李春岩)을 통하여 김원봉에게 편지로 송금해 줄 것을 간원하고, 만약 되지
　　않을 경우에는 자기는 중국여행기라도 써서 원고료라도 받아서 여비를 마련

하겠다고 했더니, 또 60원을 송금해 주었다.

제2회째에는 이원(李遠), 유호(柳湖) 2명을 2주일쯤 뒤에 같은 중국선으로 귀선시켰다. 그 뒤에 나는 7월 15일에 상해를 출발하여 안동(安東 - 현재의 단동)에 상륙했고, 호평(胡平)과 함께 귀선했다. 호평은 동래로, 나는 경성(京城 - 서울)으로 돌아왔었다.

호가화원(현재 우원)
민족혁명당 간부 합숙소는 지금 폐허화 되었다

아는만큼 보인다 김원봉(1898-1958)

일제강점기 대한민국임시정부 군무부장, 광복군 제1지대장 및 부
사령관 등을 역임한 독립운동가. 정치인이다.

[개설]

본관은 김해(金海). 호는 약산(若山). 독립운동 때에는 최림(崔林)·이
충(李冲)·진국빈(陳國斌)·천세덕(千世德) 등의 가명을 썼다. 경상남도 밀
양 출생. 아버지는 김주익(金周益), 어머니는 이경념(李京念)이다. 한국
의 독립운동가이며 의열단·조선의용대를 이끌며 항일무장투쟁을 주
도했다. 이후 대한민국임시정부의 광복군 부사령관으로 활동하였다.
해방 후, 김구와 함께 남북연석회의에 참석한 뒤, 북한에 잔류하여 활
동했다.

김원봉

[생애 및 활동사항]

서당에서 한문을 배우다가 1908년 보통학교 2년에 편입하였으며, 1910년에 인근 동화중학
(同和中學) 2년에 편입하였다. 1913년에는 서울의 중앙학교에 다니기도 하였으며, 1916년 중국에
서 독일어를 배우기도 하였다.

1918년에는 김약수(金若水)·이여성(李如星) 등과 남경(南京)의 금릉대학(金陵大學)에 입학하면서
중국에서 망명 생활을 시작하였다. 3.1운동의 소식이 전해지자 귀국하는 김약수·이여성 등과 헤
어져 길림(吉林)을 거쳐 서간도에서 폭탄제조법을 습득하는 등 일제와의 무장투쟁노선을 분명
히 하였다. 1919년 12월 윤세주(尹世胄)·이성우(李成宇)·곽경(郭敬)·강세우(姜世宇) 등과 의열단(義烈
團)을 조직하고 의백(義伯: 단장)에 피선되었다. 의열단의 암살대상은 이른바 칠가살(七可殺)에 해당
되는 자들로서 조선총독 및 총독부 고관, 군부 수뇌와 매국적 친일파 거두 등이었다. 그들은 본
거지를 만주와 상해·남경 등지로 전전하면서 국내의 경찰서 폭파, 요인 암살 등 무정부주의적 투
쟁을 지속하였다.

6년 여에 걸쳐 의열단 단장으로 대규모 암살계획 및 경찰서·동양척식주식회사 등에 대한 폭
탄 투척사건 등을 배후에서 지휘 조종하며 무력 항쟁에 의한 일제와의 투쟁을 지속하였으나, 연
합투쟁 및 조직투쟁의 필요성을 깨닫게 되었다. 그리하여 1926년에는 황포군관학교(黃埔軍官學
校) 훈련생으로 입소하여 투쟁노선을 변경하였다.

1927년에는 중국국민당의 북벌(北伐)에 합류하였고, 1929년 상해에서 정치학교를 개설하고 1932년 남경에서 조선혁명군사정치간부학교를 창설하는 데 중국국민당계의 도움을 받았다. 1930년경 북경에서 조선공산당 엠엘파(朝鮮共産黨ML派)인 안효구(安孝駒)와 제휴하여 조선공산당재건동맹을 결성하고, 레닌주의정치학교를 개설하고 기관지「레닌」을 발간하기도 하였다.

1932년 11월에는 대일전선통일동맹(對日戰線統一同盟)을 결성하여 혁명세력의 결집을 꾀하였다. 1935년에는 신한독립당·한국독립당·대한독립당·조선혁명당·의열단의 5개 단체를 규합하여 한국민족혁명당(韓國民族革命黨: 1937년 조선민족혁명당으로 개칭)을 조직하였다. 1937년 말 중일전쟁이 발발하자 무한(武漢)으로 가서 조선민족혁명당이 중심이 되어 전위동맹·혁명자연맹·민족해방연맹 등 단체와 조선민족전선연맹을 결성하여 대일선전전(對日宣傳戰)에 주력하였다.

1938년에는 중국 국민당 정부의 동의를 얻어 조선의용대를 편성하고 대장에 취임하였다. 또한, 장개석(蔣介石)의 주선으로 김구(金九)와 함께 각 혁명단체가 공동 정강하에 단일조직을 만들 것을 제의하는 「동지동포에게 보내는 공개서간」을 1939년 5월 발표하였다.

이러한 중국국민당과의 관계 및 대한민국임시정부와의 합작노력은 최창익(崔昌益) 등과 달리 당시의 민족운동은 계급에 기반을 둔 공산주의운동이 아니라, 일본과의 투쟁을 위한 연합전선 결성이 중심이 되어야 한다는 노선에서 출발하였다. 따라서 중국공산당으로부터는 '소시민적 기회주의자이며 개인영웅주의자'라는 낙인이 찍히고, 자신이 조직한 조선의용대의 대원들이 이탈하여 김두봉(金枓奉)의 독립동맹으로 흡수되기도 하였다.

1944년에는 임시정부의 군무부장에 취임하고, 광복군 제1지대장 및 부사령관 등을 역임하였으며, 1945년 12월 임시정부 귀국 시에는 군무부장의 자격으로 귀국하였다. 귀국 전에 발표된 조선인민공화국 내각의 군사부장으로 명단에 올랐으며, 귀국 후 환국한 임시정부에 참여하면서 좌우합작을 추진하였다.

신탁통치반대운동을 주도하던 임시정부측이 좌우합작을 거부하자 비상국민회의에서 탈퇴하고 민주주의민족전선 의장단의 한 사람으로 피선되어 임시약법기초위원(臨時約法起草委員)으로 활동하였다.

1946년 6월에는 조선민족혁명당을 인민공화당으로 개칭하고 지속적으로 연합전선구축에 노력하였으나, 여운형(呂運亨)이 암살되고 남한만의 단독정부 수립이 본격화되자 월북하여 1948년 남북제정당사회단체연석회의(세칭 남북협상)에 참가하였다. 그 뒤 북한에서 국가검열상·내각 노동상·최고인민회의 대의원 등을 역임하였으나 1958년 11월 숙청당하였다.

[출처: 한국민족문화대백과사전(김원봉 [金元鳳])]

김원봉 등 거주 활동지

해방후 대한민국임시정부 주화대표단 본부

독립기념관 해설

1946년 5월 경 중경에서 남경으로 이전한 대한민국임시정부 주화대표단이 본부로 사용했던 건물이다. 대한민국임시정부 주화대표단은 대한민국임시정부가 환국한 이후 임시정부의 잔무처리와 중국 내 한인교포들의 생명과 재산보호, 귀국문제 등 제반문제의 처리를 중국 정부와 협의하기 위해 조직한 기구였다.

주화대표단은 1945년 11월 1일 중국 정부와 협의하여 정식으로 설치되었다. 1947년 1월 1일 한국주화대표단으로 명칭을 바꾸었으며, 1948년 8월 10일 해산하였다. 주화대표단의 단장에는 박찬익(朴贊翊)이, 대표에는 민필호(閔弼鎬)와 지청천(池靑天) 두 명이 임명되었다. 주화대표단은 처음 설치될 때 대한민국임시정부 중경 연화지 청사를 본부 사무소로 사용하였으나, 중국 국민정부가 1946년 5월경 남경으로 이전함에 따라 함께 남경으로 이전하여 마로가 복성신촌 8호에 자리 잡았다.

현장을 가다

1946년 5월 중화민국정부가 다시 수도인 남경으로 돌아왔다. 그러므로 원래 중경에 설치되었던 주중대한민국 임시정부대표단도 남경으로 이전했다.

우리 일행은 주화대표단이 있었던 마로가 복성신촌 8호로 향하였다. 주화대표단은 현재의 주중한국대사관에 해당된다고나 할까. 해방 후 주화대표단은 중국정부와 협의하여 1945년 11월에 정식으로 설치되었다. 1947년 1월 1일 한국주화대표단으로 이름을 변경하였으며, 1948년 8월 10일 해산하였다. 2층 양옥집이었다. 건물에는 '주화대표단'이라는 표지가 아니라 "김구피난처"로 되어있었다. 김구는 남경에서 '회청교'근처에서 고물상으로 위장하여 주애보와 함께 거주한 것으로 알려져 있다. 만약 설명이 잘못된 것이라면 수정할 필요가 있을 것 같다. 저녁에 우리 일행은 부자묘를 탐방하였다.

주화대표단이 사용한 건물

남경 김구 은거지 표지석

주화대표단(1946. 4)

총통부, 금릉대학, 남경대학살 기념관, 남경이제항 위안소진열관

현장을 가다

2015년 7월 15일, 수요일 오전에 우선 1927년부터 1933년까지 국민당의 행정기관이었던 총통부를 답사하였다. 장개석과 이종인의 집무실 등이 권력의 허망함을 느끼게 한다.

다음에 우리 일행은 손문의 무덤인 중산릉으로 향하였다. 손문은 국민주의를 주창한 인물로 민족, 민권, 민생을 강조하였다. 대만과 중국에서 국부(國父)로 추앙받고 있다. 1925년 북경에서 사망한 후 그의 시신을 이곳으로 이장하여 온 것이다. 황제의 마지막 묘소형태인 것이다.

중산릉에 이어 남경박물관을 보고, 남경대학으로 변한 금릉대학으로 향하였다. 여운형 등이 1910년대에 다닌 이 학교는 개신교 학교에서 출발하여 많은 역사적 의의를 담고 있는 학교이다. 본관, 교학부 등 여러 건물들을 돌아볼 수 있었다.

점심을 먹고 홍수전의 태평천국 기념관, 남경대학살 기념관, 남경이제항(利濟巷)위안소진열관 등을 탐방하였다. 남경대학살기념관의 전시와 자료보관 등에 큰 감명을 받았다. 아울러 일본군의 파렴치한 살인 및 강탈 행위에 대하여는 무어라 말로 표현할 수 없는 분노가 치밀어 오름을 느낄 수 있었다.

남경대학에서의 필자

남경대학

남경에서의 김구와 가족(1934년)

여운형(1886-1947)

경기도 양평 출신. 본관은 함양(咸陽). 자는 회숙(會叔). 호는 몽양(夢陽). 아버지는 여정현(呂鼎鉉)이며 어머니는 경주 이씨이다. 14세 때에 유세영(柳世永)의 장녀와 혼인하였으나 사별하고, 충주의 진상하(陳相夏)와 재혼하였다. 1900년 배재학당(培材學堂)에 입학하였다가 중도에 그만두고, 흥화학교(興化學校)와 통신원 부설의 관립 우무학당(郵務學堂)에서 수학하였다. 1911년 평양의 장로교회연합 신학교에 입학하여 2년을 수학하고, 1914년 중국 남경(南京)의 금릉대학(金陵大學)에서 영문학을 전공하였다.

여운형

금릉대학 옛 모습

1917년 상해(上海)로 활동무대를 옮기고 독립운동에 투신하였다. 1918년에 상해고려민친목회(上海高麗民親睦會)를 조직하였으며, 같은 해 신한청년당(新韓靑年黨)의 조직을 주도하고 총무간사로 활동하였다. 1919년 재일유학생의 2·8독립선언과 3·1운동에 관여하고, 김규식(金奎植)을 상해로 초빙하여 파리강화회의 한국대표로 결정하였다. 1919년 임시정부의 수립에 힘썼으며 임시의정원 의원과 외무부 차장으로 활동하였다. 상해에서 아동들에게 독립사상과 애국정신을 교육시키기 위해 인성학교(仁成學校)를 설립하였다. 같은 해 일본을 방문하여 일제 고위관리들과 여러 차례 회담하면서 일제의 자치제 제안을 반박하고 즉시 독립을 주장하였다. 1920년 사회주의 계열의 상해파 고려공산당과 이르쿠츠크 고려공산당에 가입하였으며, 1922년 모스크바에서 열린 극동피압박민족대회(極東被壓迫民族大會)에 참석하였다.

1947년 7월 19일 서울 혜화동 로터리에서 한지근(韓智根)에게 저격을 당해 서거하였다. 2005년 건국훈장 대통령장이 추서되었고, 2008년 건국훈장 대한민국장이 추서되었다.

[출처: 한국민족문화대백과사전(여운형(呂運亨))]

금릉대학 옛 모습

신한청년표지

사진으로 보다

남경대학살기념관

남경이제항 위안소진열관

남경이제항 위안소진열관 외관

남경이제항 위안소진열관 벽의 위안부들 사진

분열의 상흔이 깃든 장사　　　　》 》 》 》

　　수나라와 당나라를 거쳐 청나라에 이르기까지 담주(潭州)의 중심으로서 발전해, 중화민국이 성립하면서 1933년에 이 지역의 이름을 장사시로 바꾸고, 호남성의 성도로 지정되어 현재에 이르고 있다. 1938년에 발생한 장사 대화재로 인해 많은 문화재를 소실하였고, 설상가상으로 1937년부터 1945년까지 진행된 중일전쟁의 전쟁터가 되어 많은 문화재가 추가로 소실되었다.

　　1937년 중일전쟁이 발발하자 임시정부는 1937년 12월부터 1938년 7월까지 장사에 존속하였다. 이곳에는 임시정부 청사와 김구피격지 등의 유적지가 남아있다. 아울러 아나키스트계열의 독립운동가 유자명이 말년 거주지 또한 남아 있어 혁명가의 생을 반추하게 한다.

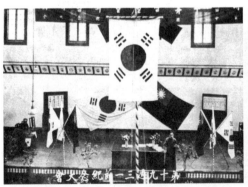

19회 3·1절행사(장사 1938)

장사 마원령에서 3·1절 행사를 마치고(1938. 3. 1)

서원북리 임시정부 청사 터

독립기념관 해설

장사에 머물던 대한민국임시정부가 청사(1937년 11월~1938년 7월)로 사용했던 곳이다. 1937년 7월 7일 중일전쟁이 일어나고 약 5개월 후인 12월 13일에 중국 국민정부의 수도이던 남경(南京)이 함락되었다. 대한민국임시정부는 11월 말 남경을 빠져나와 장사(長沙)로 이동하여 1938년 7월까지 머물렀다가 다시 광주로 이동하였다. 당시 임시정부 청사는 서원북리(西園北里) 6호에 자리하였으나, 현재 정확한 위치를 가늠하기 어렵다. 이와 관련하여 광복군 신순호(申順浩) 여사의 증언에 따르면, 당시 임시정부가 청사로 사용했던 건물이 여러 가구가 살던 큰 규모였다고 한다. 또한, 서원북리 8호 2층을 청사로 사용하였고 16호는 청년공작대 사무실로 사용했다고 한다. 장사 대한민국임시정부 터에 대해서는 독립운동가와 창사 현지 전문가가 비정한 주소가 상이하여 확정할 수 없다.

현장을 가다

2016년 7월 21일 우리 일행은 남목청 6호에서 조금 떨어진 장사 임정청사가 있는 서원북리로 향하였다. 걸어서 10분정도 거리였으나 날씨가 더워 차량으로 이동하였다. 입구에는 서원북리라는 표식이 있었다. 골목길로 7분 정도 이동하니 임시정부가 있었던 서원북리 6호가 나타났다. 현재에는 APT가 들어서 있고, 주소지도 서원북리 2호로 바뀌어져 있었다. 2014년에는 이곳에 왔으나 주소지를 찾지 못하였는데, 이번에 현장을 찾은 것은 큰 기쁨이었다. 현재에는 회사 건물이 아니고 파출소가 들어서 있어 긴장감을 더해주고 있었다.

서원북리 입구

서원북리 입구

서원북리 임시정부 청사터

남목청 건물 입구(2007)

남목청 내부(2007)

남목청

장사 대한민국임시정부 활동 전시관 (조선혁명당 본부)

독립기념관 해설

지청천이 당수로 있던 조선혁명당 본부 건물로 남목청 6호이다. 김구의 피격처로 널리 알려져 있다. 1937년 대한민국임시정부는 근거지를 진강과 남경에서 장사지역으로 옮겼다. 1937년 7월 7일 발발한 중일전쟁때문이었다. 임시정부 요인과 가족들은 11월 말부터 남경을 빠져 나와 장사로 이동하였다.

남목청은 조선혁명당이 본부로 사용했던 건물이었다. 당시 조선민족혁명당을 탈당한 지청천 계열의 조선혁명당과 조소앙 계열의 재건 한국독립당은 독자노선을 모색하고 있었다. 그러나 조선혁명당과 재건 한국독립당은 재정여건이 열악한 상태였다. 이에 김구를 중심으로 하는 한국국민당의 지원이 필요하였고, 김구 역시 이들과의 연합을 통해서 독립운동 세력을 응집할 필요가 있었다. 이러한 배경 속에서 남목청에서 회의가 열리게 되었다. 남목청에서 통합을 논의하던 중 이른바 '남목청 사건'이 발생하였다. 회의장에 조선혁명당 간부 출신 이운한(李雲漢)이 난입하여 김구를 비롯한 현익철·유동열·지청천 등에게 총을 발사한 것이다. 총격으로 김구와 유동열·지청천은 총상을 입었고, 현익철은 사망하고 말았다. 이 사건은 단순히 한인 내부의 갈등이 아니었다. 여기에는 일제의 공작이 있었다. 일본총영사관 경찰부에서 박창세(朴昌世)를 회유·매수하여 이운한을 통해 김구암살 공작을 추진한 것이었다.

'대한민국 임시정부장사활동구지' 기념관 건물은 2007년 장사시 문물보호단위로 지정되었고, 2009년 복원·개관하였다.

현장을 가다

2016년 7월 21일 우리 일행은 1938년 5월 김구, 현익철, 유동열, 지청천 등 한국국민당(김구), 조선혁명당(현익철. 지청천), 한국독립당(조소앙계열) 등 3당 통합회의를 개최하였던 남목청(楠木廳) 6호로 향하였다. 복잡하고 약간 지저분한 거리로 5분정도 들어가니 장사시 개복구(開福區) 연승가(連升街) 남목청 6호가 나타났다. 청나라 말, 중화민국 초기의 목조건물이다. 이곳으로 이동하는 가운데 이정표가 2-3군데 있어 복잡한 골목길이나 찾기 쉬웠다.

남목청 입구에는 중국의 영도자들과 박근혜 대통령 등 여러 지도급 인사들이 방문한 곳임을 사진 전시들을 통하여 살펴볼 수 있었다.

정문에 도착하니 "대한민국 임시정부 활동구지"또는 "김구활동구지"등으로 표기되어 있었다. 이곳은 엄밀히 말한다면 조선혁명당 본부가 있던 곳으로 표기하는 것이 옳지 않을까 생각되었다. 건물 실내에도 조선혁명당의 중심인물인 현익철(2층 침실), 지청천(3층 서재) 등이 중심적으로 공간이 배치되어 있는 것으로도 짐작해 볼 수 있다. 1층에 들어가니 김구의 흉상이 있었다. 안타깝게도 1938년 5월 이곳에 있는 2층 회의실에서 김구가 회의 도중 조선혁명당 간부 출신인 이운한(李雲漢)에게 피습 당하였다. 시내에 있는 상아의원에 옮겨졌으나 상당히 위독한 상황이었다고 한다. 김구가 점차 회복되자 장개석이 직접 병문안을 왔다고 전해진다.

2층에는 회의실, 전시실, 현익철의 침실 등이 배치되어 있었다. 2014년에 방문하였을 때에는 역사적 사실이 공산주의 중심으로 서술되어 있어 좀 당황하였으나, 2015년 광복 70주년을 맞이하여 독립기념관이 재설치 작업을 하며 깔끔하게 잘 정리되어 있었다. 특히 장사에서의 김구, 조소앙 등의 문화, 선전 활동 등이 눈에 띄었다.

시내에 있는 상아의원을 찾아보았다. 김구가 1938년 이 병원에서 요양을 하였다. 시내 한복판에 위치하고 있어 주변이 복잡하였다. 현재 중남대학 소속이다.

장사에서 하나 아쉬운 점은 김구가 요양을 하였던 안록서원을 가보지 못한 것이었다. 이곳은 현재 호남대학 안에 있다고 한다. 아울러 당시 피살된 현익철의 묘소 또한 안록산에 있다고 하여 가보고 싶었으나 시간 관계상 다음을 기약할 수밖에 없었다.

김구가 입원한 상아의원

장사 유자명 거주지 (호남농업대학)

독립기념관 해설

대한민국 임시의정원 의원이자 독립운동가 유자명의 동상과 전시실이다. 유자명(柳子明)은 독립운동가이자 아나키스트였다. 유자명은 복건성에서 해방을 맞이했다. 해방 직후 대만(臺灣)으로 건너가 농림처 기술실 책임자를 역임한 뒤 1950년 6월 귀국을 위해 대만을 떠나 홍콩에 당도했으나, 6·25전쟁으로 조국으로 돌아오지 못했다. 귀국이 미뤄지면서 호남성(湖南省) 부성장 정성령(程星齡)의 도움으로 창사에 있는 호남대학(湖南大學) 교수로 부임하여 농학자의 길을 걷게 되었다. 유자명은 중국 벼농사의 기원을 밝히는 연구와 포도 등 원예 부문에서 괄목할 만한 업적을 남겼다. 1985년 창사에서 서거하였다.

2012년 유자명이 재직했던 호남대학(현 湖南農業大學)에 '유자명고거진열실(柳子明故居陳

列室)'과 흉상이 개관·설치되었다. 전시실은 유자명이 호남대학, 현 호남농업대학 근무 당시 거주했던 건물에 만들어졌으며, 2014년 장사시 문물보호 단위로 지정되었다. 흉상은 호남농업대학 내 호남농림대학 동물의학원 앞과 동물기술과학학원 뒤편에 위치해 있다. 흉상의 기록되어 있는 내용 중 '中州人'으로 되어 있는 부분을 '忠州人'으로 수정할 필요성이 있다.

유자명 전시관 및 거주지

현장을 가다

2016년 7월 21일 오후 2시 반, 호남대학교 농업대
학에 도착하였다. 백발의 동안의 모습을 한 유자명
선생의 아들 유전휘(柳展輝, 74세)가 우리를 반갑게
맞아 주었다. 유교수는 호남대학 건축학과 교수를
역임한 인재이고, 유자명의 1남 2녀 중 1남이다. 먼
저 날씨가 더워 버스 안에서 유자명 선생에 대한 간
단한 인터뷰를 진행하였다. 유자명의 회고록은 북
경에 있는 작은 누나 유득로(柳得櫓)의 집에서 작성
되었다고 증언하였다. 아울러 1985년 유자명을 이
곳 호남대학 숙소에서 사망하였다는 것을 알 수 있

유자명 흉상

었다. 그리고 유자명의 숙소에는 모두 4가족이 살고 있었으며 유자명은 1958년 무렵 2층
에 살았고 그곳에서 사망하였다고 한다. 유자명이 한국전쟁 당시 호남성으로 온 것은 당시
호남성장이 그를 각별히 아꼈기 때문이라고 유교수는 전하였다. 진열관은 유자명이 사망한
이후 그의 제자들의 성금으로 이루어졌다고 한다. 그러나 전시실 내부의 경우 벽에 곰팡이
가 쓸고 마루바닥은 삐걱거리고 구멍이 나 있어 보는 사람들을 더욱 안타깝게 하였다. 찾아
오는 사람들도 없어 평소에는 잠가 두고, 사람이 오면 관리인이 문을 열어주는 형태였다.

1층 전시실에는 식민지시기 유자명에 대하여, 아울러 해방 후 중국에서 유자명의 삶이 전
시되어 있었다. 특히 포도를 재배하고 연구하는 그의 모습에서는 조용하면서도 차분한 노
혁명가의 모습을 찾아볼 수 있었다. 진정한 국제주의자이자 혁명가이며 농학자인 그의 삶
을 바라보면서 여유와 인생에 대한 관조가 느껴졌다.

2층 침실과 서재에서는 그의 향이 그대로 묻어나 보였다. 서재에서 그는 투병생활을 하였
다고 한다. 그의 유품들은 모두 한국 국내로 이전되었다고 한다. 학교 교내에는 그의 흉상
이 서 있었다. 충주 출신의 한국독립운동가, 북한으로부터 3등 훈장을 받은 한국, 북한, 중
국으로부터 모두 추앙받은 항일운동가 유자명, 그의 인생에 대해 다시 한 번 더 반추하게 된
다. 호남 농업대학 교정에서 유자명의 흉상도 볼 수 있어 더욱 감동적이었다.

유자명 전시관

유자명옛집 진열관(유자명 아들과 함께)

아는만큼 보인다 유자명(1894-1985)

　충청북도 충주 출생으로, 본명은 유흥식(柳興湜), 호는 우근(友槿)이며, 본명보다 '유자명'이라는 별명으로 널리 알려져 있다. 1919년 3·1운동 당시 충주 간이농업학교 교사로 있으면서 학생 중심의 시위를 준비하다가 일본 경찰에 사전 탐지되자 중국으로 망명했다. 이후 대한민국임시의정원 충청도 대표의원으로 선출되고, 나석주(羅錫疇)의 소개로 김원봉(金元鳳)의 의열단에 가입하였다. 의열단장 김원봉의 비밀참모로 국내외 일본인과 친일파 처단활동에 성과를 올렸다. 1927년 중국 남경에서 김규식(金奎植), 중국인 목광록(睦光錄), 인도인 간디싱 등과 함께 일본에 대한 아시아 피압박민족의 공동투쟁을 강화할 목적으로 동방피압박민족연합회를 조직하였다. 이념적으로 무정부주의를 견지하여 1927년 조선혁명자연맹 간부로 활동하며 무창(武昌) 입달학원(立達學院)에서 강의했고, 1930년 상해 강만(江灣)의 농학교 교사로 있으면서 장도선(張道善) 등과 남화한인청년연맹(南華韓人靑年聯盟)을 결성했다. 1931년 무정부주의자인 유기석(柳基石) 등과 불멸구락부(不滅俱樂部)를 조직해 활동했다. 1936년 중국군과 협력해 전시공작대의 일원으로 활동했고, 이어 무정부주의자 훈련소인 민단훈련소의 참모 이우관(李文觀) 등과 무정부주의자연맹 상해부(上海部)를 조직해 주중일본공사 아리요시 아키라(有吉明)의 처단을 시도하였다. 1942년 약헌개정기초위원, 1943년 3월 대한민국임시정부 학무부 차장을 지냈고, 해방 이전까지 대한민국임시의정원 의원으로 활동했다. 한편 중국국민당의 거물급 인사와도 꾸준히 교류하며 항일독립운동 연합전선을 펴나갔다. 1945년 해방 이후 귀국하지 못하고 중국 호남성(湖南省) 장사(長沙)에서 대학교수 생활을 했다. 운남(雲南)고원지대에서 최초로 특수버 재배에 성공하여 농학박사가 되었고, 특히 독립운동가 출신 원예학자로 중국인들의 신망이 두터웠다. 만년에는 호남농업대학 원예학과 명예주임으로, 중국 원예학회 명예이사장에 추대되었다. 상훈과 추모 1991년 건국훈장 애국장이 추서되었다. 수기로는 『한 혁명자의 회억록: 유자명 수기』(독립기념관 한국독립운동사연구소,1999)가 있다(출처: 한국민족문화대백과사전(유자명(柳子明))

유랑 중에도 선전활동에 노력한 유주   》》》》

　유주는 대한민국임시정부가 1938년 11월부터 1939년 4월까지 있었던 곳이다. 2006년 1월 22일부터 26일까지 '중국 남부지역 항일독립운동 대학생 탐방단'을 이끌고 계림, 유주(柳州) 등지를 방문했다. 이번 탐방단은 아세아경제신문사의 후원으로 조규태 박사, 양대령 기자, 전국 각 대학 대학생 40여 명 등이 참여했다.

　유주는 중국 남부 광서장족자치구 중앙에 있는 도시. 지구급(地區級) 시(市)로 비한족(非漢族)이 거주하고 있는 광서 중북부 자치현을 포함한 유주의 행정중심지이다. 광서장족자치구 제2의 도시이기도 한 유주는 유강(柳江)을 형성하는 지류들의 합류 지점에 있다.

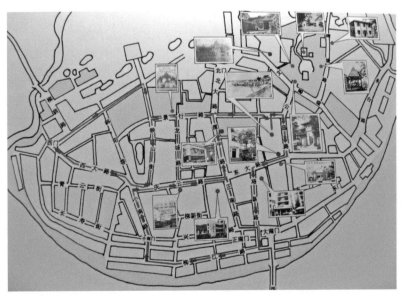

유주지도

유주입구(2006.1)

유주전경(2006.1)

19세기까지 유주와 한국은 거의 교류나 인연이 없었다. 다만 여립(余立)이
란 사람이 임진왜란 때 명군의 감군(監軍) 직책으로 조선에 왔었다고 한다.
지금도 유주에서 약 180킬로 떨어진 계림은 널리 알려진 관광지로 한국에
서도 많이 찾아가지만 유주는 한국에 거의 알려지지 않았다. 현재 유주에는
한국 기업체도 진출하지 않았고 거주하는 한국인도 거의 없다. 그렇지만 거
리에서 한식요리(韓式料理), 한식성형(韓式成形) 등의 간판이 여러 개 눈에 띄
고, 신화서점(新華書店)에는 한국어를 배우고 한국을 소개하는 책이 제법 진
열되어 있는 것을 보니 이곳에서도 이른바 한류의 열풍을 실감할 수 있다.

광동성 광주에 머물던 임시정부는 1938년 11월 말 유주로 왔다. 일제의
공세가 강화되어 광주가 위급해짐에, 광동성 주석 오철성(吳鐵城)이 개인적
으로 가까운 유주의 요뢰에게 주선하여 이루어진 것이었다.

유주로 가는 길은 고난의 길이었다. 임시정부 인원과 가족들은 9월 19일
광주를 떠나 불산(佛山)으로 가서 삼수(三水)에 이르고 다시 조경(肇慶), 오주
(梧州), 계평(桂平), 상현(象縣), 무선(武宣) 등지를 거쳐 유주로 향했다. 그들은 배
도 타고 기차도 타고 걷기도 했는데, 계평 부두에서는 20여 일을 기다리기
도 했다. 사탕수수밭으로 공습을 피하기도 하고 강물로 갈증을 풀기도 하
고 물이 얕은 곳에서는 배를 끌기도 했다. 불산에서는 일본군이 도심으로
진입할 때 기차가 떠나는 위급한 상황도 있었다. 광주에서 유주까지는 이
틀 거리였지만 두 달을 넘기고서야 그들은 유주에 왔다.

임시정부가 유주에 도착한 것은 11월 30일 오전 9시 경, 그러나 배에서
짐을 내리고 있을 때 공습 경보가 울려 오후 2시 경보가 해제된 다음에야
짐을 풀 수 있었다. 한숨을 돌린 후 엄항섭(嚴恒燮, 1898-1962)은 체신국으로 달

유주, 부두전경

려가 전보를 보내 중경에 있는 김구에게 도착 사실을 알렸다. 그들은 10월
에 먼저 와 있던 선발대와 합류하여 다음 해 4월 유주를 떠날 때까지 반년
의 유주 생활을 시작하였다.

유주에 온 임시정부 인원은 약 120명 가량이었다. 이동녕(李東寧, 1869-1940),
조완구(趙琬九, 1881-?), 이시영(李始榮, 1869-1953), 송병조(宋秉祚, 1887-1942), 차리석
(車利錫, 1881-1945), 지청천(池靑天, 1888-1957), 양우조(楊宇朝, 1897-1964) 등 임정 요인
이 망라되어 있었고, 한국광복진선청년공작대를 결성하는 고운기(高雲起),
김동수(金東洙), 엄대위(嚴大偉) 등 청년도 있었다. 백범 김구의 80세 노모와

두 아들 김인(金仁), 김신(金信), 지청천의 자녀인 지달수(池達洙), 지복영(池復榮), 지정계(池正桂) 등 임정 요인의 가족도 있었다.

당시 유주에는 광동과 호남 등지에서 온 피난민으로 매우 혼잡스러웠는데, 임정 사람들은 여기 저기 분산되어 거주했다. 유강 북쪽의 도심에서는 요뢰공관(당시 潭中路 50호), 태평서가(太平西街) 18호, 경운로(慶雲路) 109호, 강서회관(江西會館)과 경서로(京西路) 10호 등 유후공원 부근에서 거주했고, 유강 남쪽에서는 낙군사 등 어봉산 일대에서 거주했다.

임정 사람들의 유주 생활은 어렵고도 힘든 생활의 연속이었다. 우선 경제적으로 매우 곤란했고 모든 생활 환경이 낯설고 어려웠다. 말이 통하지 않아 일본 간첩으로 오해받기도 했다.

당시 김구는 중경에 있었지만 큰 도움을 주기는 어려운 실정이었고, 비슷한 시기에 김원봉의 조선의용대가 계림에 왔지만 왕래가 많지는 않았다. 1939년 1월 김구, 김원봉이 중경에서 중국국민당 주석 장개석을 회견한 후 김원봉이 한번 유주에 왔었다고 한다.(김항수, 「유주와 대한민국임시정부 - 임시정부 유적지의 현황과 실태 -」, 『한국민족운동사연구』 78, 한국민족운동사학회, 2014)

대한민국임시정부청사 추정지 낙군사

독립기념관 해설

기록에 의하면 임시정부 요인들은 "강북(江北) 담중로(潭中路) 50호에 있는 3층 양옥집"에 머물렀던 것으로 알려졌다. 당시 유주시에는 양옥이 2~3채밖에 되지 않았고, 그중 하나가 낙군사(樂群社)였다. 2004년 대한민국임시정부 항일투쟁활동진열관(大韓民國臨時政府抗日鬪爭活動陳列館)이 유주시 낙군사 건물에 개관되었다. 유주시는 1928년 건축된 낙군사를 임시정부 청사로 주장하고 2001년 낙군사 건물을 매입하여 복원하였다. 이후 2004년 독립기념관과 함께 건물을 정비하고 전시관을 조성하였다. 하지만 자료의 한계로 임시정부가 낙군사에 청사를 마련했다는 사실을 확인할 수 없는 상황이다. 이러한 이유로 유주시가 낙군사를 복원하는 과정에서 임시정부 '구지(舊址)'라는 명칭을 사용하려 했지만, 독립기념관은 그 사실을 확증할 수 없다고 설득하여 '구지'라는 용어를 쓰지 않는 것으로 합의했다. 대한민국임시정부 항일투쟁활동진열관은 2006년 전국중점문물단위로 지정되었다. 1층은 영상실과 당시 사무실과 침실을 재현해 놓았고, 2층은 임시정부와 관련된 내용이 전시되어 있다.

유주진열관 정면

아는만큼 보인다

낙군사(樂群社)는 유강 남쪽인 어봉구(魚峰區) 유석로(柳石路) 1-1호에 있다. 요리공관이 있는 강북에서 건너가려면 배를 타야했는데, 1939년 1월 8일 부교가 설치되었다. 임정 인원들은 처음에는 배를 타고 건너다 후에는 부교를 건너다녔을 것이다.

낙군사는 1927년에 공사를 시작해서 1928년에 준공된 2층 벽돌건물이다. 이 건물은 상해의 건축회사에서 지었다고도 하는데, 당시에는 드문 4층 높이의 서양의 첨탑식 누각을 두었다. 처음 이 건물에는 버스회사가 있었는데, 1937년부터 44년까지 '낙군사'란 이름의 호텔로 사용하였으니, 이 시기에 임시정부 사람들이 낙군사에 거주했던 것이다. 낙군사는 당시 유주 최고급 호텔로, 1940년 2월 22일-25일까지 장개석이 소집한 계남회전(桂南會戰) 검토회의에 참석한 고위 장군들도 대부분 낙군사에 머물렀다고 한다.

그 후에는 연합국선후구제총서(聯合國善後救濟總署), 인민정부 등에서 사무실로 쓰다가 1951년부터 공인의원(工人醫院) 주택으로 사용하였고, 2001년에 유주시 문화국에서 접수하여 보수수리한 후, 2004년 대한민국임시정부진열관을 개관하였다.

한편 베트남의 호지명(胡志明)도 낙군사에 거주한 적이 있다. 호치민은 1943년 9월부터 1944년 9월까지 낙군사에 월남혁명동맹회 사무실을 두고 베트남 독립운동을 하였다. 그래서 이 건물이 2006년에 전국중점문물보호단위로 지정된 것인데, 지금도 건물 외면에는 "호지명구거(胡志明舊居)"란 제목의 건물 표석이 붙어있다.

유주진열관 내부

유주 임시정부 요인 거주지, 요뢰공관

독립기념관 해설

대한민국임시정부가 유주에서 활동할 당시 사용했던 장소로 추정되는 곳으로 광서장족자

치구 유주시 성중구 중산동로 42호 요뢰공관이다.

1938년 11월 대한민국임시정부는 유주에 도착하였다. 임시정부가 유주에 정착하여 거주

지를 마련한 곳은 낙군사(樂群社)와 '요뢰공관(寥磊公館)'으로 추정된다. 요뢰공관은 1930

년대 유주 지역 최고 실력자였던 요뢰(寥磊)라는 인물이 1930년부터 1937년까지 머물던

공관이었다. 당시 유주에서 거주·활동했던 독립운동가이자 임시정부 요인이었던 양우조 (楊宇朝)와 최선화(崔善嬅)는 『제시의 일기』를 통해 당시 거주 공간에 대한 기록을 남겼다. "하북 담중로(潭中路) 50호의 3층짜리 양옥집에 거처했다"는 내용이 그것이다. 1938년 현재 유주 지역에 양옥집이 2~3곳밖에 없었다는 사실로 볼 때 1930년대 중국국민당의 실력자 요뢰의 공관이었던 이곳에 임시정부 요인들이 머물렀을 개연성이 크다.

이와 함께 요뢰공관이 위치한 옛 거리 명칭이 '담중로'였다는 사실과 이광(李光)의 아들 이윤철(李允哲)과 민영애(閔泳愛) 등이 이곳에 임시정부 요인들이 머물렀다고 증언한 것을 통해 볼 때 이곳에 임시정부 요인들이 거주했을 가능성이 높은 것으로 추정된다. 하지만 확증할 만한 구체적인 자료의 한계로 확정하기에 무리가 따른다.

요뢰공관은 1996년과 2009년 각각 유주시 문물보호 단위와 광서장족자치구 문물보호단위로 지정되었다.

아는만큼 보인다 요뢰

요뢰(廖磊, 1891-1939, 字 燕農)는 광서성의 빈한한 농민 출신이었다. 1914년 보정육군관관학교(保定陸軍軍官學校)를 졸업하고, 1916년 호남성군(湘軍)에 들어갔다가 호남성군이 장개석의 국민당군에 투항한 후 북벌에도 참가하였다. 1927년 10월 호남성군이 이종인 백숭희가 이끄는 신계군(新桂軍, 광서군)에게 패배함에 신계계(新桂系)에 가입하여 국민혁명군 제36군 군장이 되었다.

그후 1929년 장개석과 광서군의 전쟁(蔣桂戰爭) 때 장개석은 요뢰를 끌어들이려 했으나, 요뢰는 장개석에 반대하여 국민당 군직을 사직하고 1930년 백숭희군에 들어가 이종인, 백숭희 등에 더욱 밀착되었다.

그리하여 1931년 1월 요뢰는 국민혁명군 제7군 군장이 되어 유주에 왔다. 국민혁명군 제7군은, 신계계가 국민당에 합류한 후 이종인의 계군(桂軍, 광서군)이 국민혁명군으로 재편된 부대로서, '강철부대'라 불리는 신계계의 주력부대였다. 요뢰는 전임인 이종인을 이어 7군 군장으로 부임하여 유주에 주둔하며 유주의 정무도 관장하였다. 이렇듯 요뢰는 당시 유주의 최고 실력자였다. 요뢰공관은 그때 지은 건물로서 요뢰가 1937년까지 7년간 머물던 공관이었다.

1937년 77노구교(蘆溝橋)사건으로 중일전쟁이 확대되자, 9월 1일 요뢰는 7군을 이끌고 유주를 떠나 북상하여 상해 방어전 등에 참전하고 1938년 4월 서주 방면의 일본군을 격퇴하였다.

그리하여 1938년 9월에는, 이번에도 이종인을 이어 안휘성 주석을 겸임하였다. 요뢰는 행정기구를 개혁하고 정예군을 양성하여 안휘성을 항일기지로 만들었다고 한다. 또한 중국공산당을 용인하여 신계계 내 반공세력의 비판을 받기도 했다고 한다.

요뢰는 1939년 10월 23일 안휘성에서 세상을 떠났다. 장례식 때는 중국국민당의 장개석, 이종인, 백숭희 뿐 아니라 중국공산당의 주은래(周恩來), 엽검영(葉劍英) 등도 추도사를 보냈다.

아는만큼 보인다 요리공관

임시정부 사람들이 거주하고 임시사무실도 있던 곳으로 추정되는 요리공관은 유주 도심의 중산동로 36호에 있다. 1932년 국민군 제7군장 요리의 공관으로 지은 3층 건물로, 약 1000평 방미터의 부지에 대문과 건물, 마당, 후원으로 구성되어 있다.

임정이 유주에 갔을 당시, 요리는 유주를 떠나 안휘성 등지에 있었고 요리의 부인 호혜(胡慧)도 유주시아동보육원장을 맡아 유강현 동천진(東泉鎭)에 나가 있어서 이곳에는 거의 거주하지 않았다. 그래서 호혜의 친정쪽 사람들이 공관에 많이 살았는데, 그래도 남는 빈 방이 있어서 임시정부 사람들이 거주했다고 한다.

중국인 증언에 의하면, 공관 1층에 10~20명 가량의 한국인이 거주했다고 한다. 당시 유주에서 살았던 이윤철, 민영애는 2001년 유주를 방문하여, 임시정부 국무위원들이 이 건물에 거주하며 사무를 보았으며, 임정요인 차리석이 도산 안창호의 서거를 알리는 전보를 받고 이 건물 화장실에서 대성통곡하는 모습을 보았다고 회고하였다. (김항수, 「유주와 대한민국임시정부 - 임시정부 유적지의 현황과 실태 -」, 「한국민족운동사연구」 78, 한국민족운동사학회, 2014)

임정요인 거주 요리공관(추정)

한국광복진선청년공작대 공연 터, 곡원

독립기념관 해설

한국광복진선청년공작대가 유주에서 중국 부상 장병들을 위문하기 위해 공연했던 장소로 광서장족자치구 유주시 배신로 68호 일대이다.

대한민국임시정부는 유주에 안착함과 동시에 다양한 활동을 전개하였다. 특히 임시정부 산하 청년 단체의 선전활동이 활발하게 진행되었다. 한국광복진선청년공작대(韓國光復陳線靑年工作隊)가 그 역할을 담당했다. 한국광복진선청년공작대는 1937년 8월에 결성된 민족주의 진영의 연합체 한국광복운동단체연합회(韓國光復運動團體聯合會) 계열의 청년들이 조직한 군사조직이었다. 한국국민당과 한국독립당·조선혁명당 당원, 그리고 중국의 군관학교를 졸업한 군사간부들을 중심으로 결성된 한국광복진선청년공작대는 1938년 11월 유주에 도착한 직후 창립되었다. 주요 인물은 고운기(高雲起)와 박영준(朴榮濬)·지달수(池達洙)·김인(金仁)·연미당(延薇堂)·오광심(吳光心)·지복영(池復榮) 등이었다.

한국광복진선청년공작대는 선전활동에 주력하였다. 중국인들에게 항일의식을 고취하고, 이들을 항일투쟁의 대열로 이끌어내는 활동이 바로 그것이다. 이는 연극과 합창 등 다양한 방법으로 전개되었다. 한국광복진선청년공작대는 중국의 부상 장병들을 위로하고 중국인들에게 항전의식을 고양시키기 위한 연극을 계획·준비했다. 1939년 3월 4일 유주 시내 곡원(曲園)에서 송면수(宋冕秀)가 연출한 '전선의 밤'이 공연된 것이 그것으로 연극은 상당한 호응을 불러일으켰다. 특히 공연을 통해 발생한 수익금을 부상 장병의 위로금으로 사용하여 임시정부와 한국광복진선청년공작대의 위상을 높였다.

곡원은 시내 중심지에 위치해 있다. 건물은 모두 헐리고 현재 새로운 건물이 들어서 있음을 확인했다

아는만큼 보인다 곡원

곡원은 당시의 배신로, 지금의 입신로에 있었다. 지금의 입신로 부근에는 당나라 때부터 청나라 때까지 관청 건물이 있었다고 한다. 민국시대에 들어와 청대의 관청 건물을 모두 없애버려 입신로 일대는 황무지였고 도로도 없었다고 한다.

1926년 광서성 국장 출신의 당배초(唐培初)란 사람이 유지와 상인들의 자금을 모아 그 땅을 매입하여 도로를 내고, 길 이름을 당배초의 이름자를 따서 배신로(培新路)라고 했다. 배신로는 1947년 민족로(民族路)로 바뀌었다가 1950년에 다시 배신로라 칭했다가 1966년에 현재의 입신로(立新路)로 개명하였다. 그래서 유주 사람들은 지금

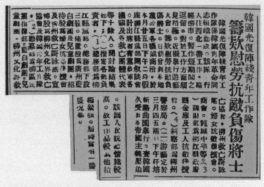

『유주일보』(1939. 2. 27)
한국광복진선청년공작대에서 주관한 유예대회와 관련하여 유강현 당부에서 회의를 개최하였다는 내용

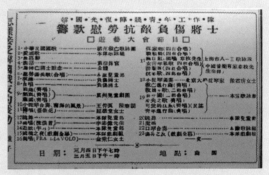

곡원에서 개최된 유예대회 자선공연 프로그램 공고

도 민족로, 배신로라 부르기도 한다. 그곳은 유강에서 도심으로 들어오는 길목으로, 배신로 도로를 낸 후 그 일대에는 서양식 건물로 상가가 조성되어 매우 번화한 거리가 되었다.

그리고 광서은행(廣西銀行) 유주분점을 시작으로 중앙은행(中央銀行), 농민은행(農民銀行), 광동은행(廣東銀行), 서아은행(西亞銀行), 취흥성은행(聚興城銀行), 부흥실업은행(復興實業銀行), 금성은행(金城銀行), 귀주은행(貴州銀行) 등이 속속 들어서서 금융중심가가 되었다.

그리하여 1930년대 배신로는 제일 큰 상권이자 금융가로 유주에서 가장 번성한 거리였다. 지금도 입신로와 중산동로가 교차하는 곳에는 중국공상은행(곡원 자리) 등 여러 개의 은행이 있

으며, 입신로에서 한 블럭 떨어진 거리는 보행가(步行街)로서, 유주에서 가장 화려하고 번성한 '걸어다니는 거리'이다. 상업과 금융의 중심지인 배신로에는 여러 문화시설도 들어섰으니, 곡원 (曲園)은 1935년 배신로 북단 동쪽에 세워진 극장이었다.

곡원은 당시 광서성 제일의 최신식 극장이었다. 유주 출신의 초오시(初伍始)가 상해에서 귀향하여 설계 건축하고, 지방 유지들이 건축 자금을 조달했다. 극장 앞 정원에는 관음상이 물을 뿜는 분수대가 있었다. 극장은 3층 건물로 2층에는 특별석이 있었고, 무대는 원형으로 회전하는 장치를 설치하는 등 상해의 최신 극장을 본따서 만들었다고 한다. 또한 석유등으로 조명을 한 이전의 극장과는 달리 곡원의 무대는 최초로 전부 전등 조명을 사용했다. 곡원에서는 계극(桂劇, 광서극)을 많이 공연했는데 경극(京劇), 오극(澳劇, 광동극) 등도 공연했다. 1939년 일본 비행기의 공습으로 파손되어 공연이 불가능해지고 1941년 8월 20일 공습으로 완전히 파괴되었다. 그 후 곡원이 있던 자리에는 건물이 들어서고 건물 1층에 중국공상은행이 있었다. (김항수, 「유주와 대한민국 임시정부 - 임시정부 유적지의 현황과 실태 -」, 『한국민족운동사연구』 78, 한국민족운동사학회, 2014)

곡원의 현재 모습

한국광복진선청년공작대 기념 촬영 장소, 유후공원

독립기념관 해설

한국광복진선청년공작대가 유주의 중국청년공작대와 기념사진을 촬영했던 장소로, 광서 장족자치구 유주시 유후공원이다.

유후공원은 현재에도 공원으로 이용되고 있다. 당시 사진 촬영의 배경이 되었던 정자와 나 무 역시 남아 있다. 유후공원은 이러한 활동을 펼친 광복진선청년공작대가 1939년 4월 임 시정부를 따라 기강으로 옮겨가기 전 기념사진을 찍은 장소이다

유후사 입구

아는만큼보인다 유후공원

유강 북쪽 도심 한가운데에 있는 유후공원(柳侯公園)은 한국광복진선청년공작대 활동의 중심지였다. 청년공작대는 위수사령부 옆의 큰 정원(中山東路)에서 모이기도 했다고 하는데 주로 유후공원에 모여 사업을 논의하고 이 공원 부근에서 각종 활동을 전개했다. 삼일운동20주년기념대회를 한 용성중학은 동쪽 길 건너편에 있었고, 요료공관 등의 거주지와 유예대회를 연 곡원 등도 모두 수백미터 안에 있다.

유후공원은 유종원을 기린 유후사(柳侯祠) 일대를 1906년 공원으로 조성한 것이다. 그러나 1930년 무렵까지는 초목만 무성하여 사람들이 별로 찾지 않았다고 한다. 유후공원은 요료에 의해서 새로운 모습으로 탈바꿈한다. 1932년 요료는 공병을 파견하여 공원에 길을 내고 구획을 짓는 등 공원을 새롭게 정비하였다. 이때 양각산(羊角山)에서 계화(桂花)나무를 옮겨 심었는데 지금도 공원 안에서 계화나무를 많이 볼 수 있다. 요료가 유후공원을 정비한 후 공원의 면모는 일신되고 공원을 찾는 사람도 많아졌다고 한다.

한국광복진선청년전지공작대가 유주를 떠나기 전 기념사진(1939. 4. 4)

우리가 찾는 음악정(音樂亭), 1939년 4월 4일 오전 한국광복진선청년공작대가 유주의 기관 및 항전단체 대표들과 이별 기념사진을 찍은 그 정자는 유후공원 정문을 들어서 오른쪽으로 200여 미터 안쪽에 있다. 유후사의 동쪽으로, 음악정 바깥은 만당로(灣塘路)로서, 그 길 건너편에 삼일운동 20주년 기념대회를 열었던 용성중학이 있었다.

음악정은 1933년에 세운 조그만 정자이다. 요뢰가 유후공원을 정비하면서 지방인사들의 의연금을 모아 국민혁명군제7군진망장사기념비를 세우고 그 옆에 이 정자를 만들었다. 시멘트로 만든 6각형의 음악정은 지금도 그대로 남아있다.

유주 기관 단체 대표와 같이 찍은 사진 속의 인물은 71명, 그중 30명 정도가 청년공작대원일 것이다. 사진 속의 각 인물은, 당시 청년공작대원으로 있었던 지복영에 의해 상당수 확인된 바 있다. 그날 음악정 앞에서 찍은 청년공작대원 사진은 1장 더 남아있다.

(김항수, 「유주와 대한민국임시정부 - 임시정부 유적지의 현황과 실태 -」, 『한국민족운동사연구』 78, 한국민족운동사학회, 2014)

유후공원

3·1운동 제20주년 기념식장 터, 용성중학

임시정부가 유주 용성중학에서 3·1운동 20주년 기념식을 개최했던 장소로, 광서장족자치구 유주 성중구 공원로 33호 공원로소학이다. 1939년 3월 1일 유주지역에 머무르던 한인들이 3·1운동 발발 20주년을 기념하는 기념식을 개최하고 독립의식과 애국정신을 다시금 바로 세웠던 곳이다.

용성중학의 옛 모습

아는만큼 보인다 삼일운동20주년기념대회

1939년 3월 1일 오전 8시, 용성중학(龍城中學)의 강당인 연당(燕堂)에서는 삼일운동20주년기념대회가 열렸다. 임시정부 사람들과 유주의 각계 대표 등 200여 명이 모인 가운데, 공작대 대원들이 무대로 올라가 애국가를 제창한 후 기념대회를 거행하였다.

기념대회에서는 한국 청년 한 명이 마술을 보여주고 공작대 아동부 소녀들이 무용도 하였는데, 공작대가 창작 공연한 연극 '국경의 밤(國境之夜)'에서 절정에 달했다. '국경의 밤'은, 시베리아 국경선에서 중국·한국 연합군이 일본군과 싸우는 내용으로, 무대장치에도 신경을 많이 쓰고 투쟁 경험에서 나온 연기가 실감나서 많은 탄성이 나왔다고 한다.

기념대회는 강당에 모인 사람들이 "중한민족은 연합하자", "중한민족 해방 만세" 등의 구호를 높이 외치며 끝을 맺었다.

기념대회를 마친 후 임시정부는 '한국광복진선연합선전위원회' 명의로 한국독립선언20주년기념선언문을 발표했다.

선언문에서는 삼일독립선언의 의의, 항일투쟁의 의미와 성과를 언급한 후, 20년의 투쟁 경험과 혁명 역량의 단결로 여러 독립운동단체가 결합하여 한국광복진선으로 거듭나게 되었음을 밝혔다.

그리고 한국의 독립운동이 최후 승리를 목전에 두었음을 선포하였다. 그 근거로는 첫째 한국 내부의 혁명 세력이 성숙되고 역량이 크게 강화되었으며, 둘째 일본제국주의는 이미 붕괴 과정에 접어들었고, 셋째 약소 민족의 해방을 위한 국제 정세의 전환이 가시화되었고, 넷째 중국 우군의 항전으로 적들 역량의 태반이 소멸되었음을 들었다.

그리고 광복 후 건국의 기본 방향을 제시하였다. 첫째 정치적으로 완전한 해방을 향유하여 사람마다 평등한 기본권을 가진다. 둘째 경제적으로 완전한 해방을 향유하여 사람마다 평등한 생활을 할 권리를 가진다. 셋째 교육적으로 완전한 해방을 향유하여 사람마다 평등하게 교육받을 권리를 가진다.

그리하여 해방을 맞이한 신한국에서는 삼균제도를 실현시키고 이를 바탕으로 민족과 민족, 국가와 국가 간의 평등을 도모하는 것이 한국민족 공동의 신조이며 한국혁명진영 각당 각파가 공동으로 준수하고 실현시키고자 하는 기본 정강임을 선언하였다.

마지막으로 중국과 한국은 역사적으로 밀접한 관계로서 두 민족의 실질적인 연합진선 결성의 필요성을 역설한 후, "– 한국 민족은 단결하여 혁명역량을 집중시키자, – 중한 두 민족이 연

합하여 항일진선을 공고히하자. - 세계의 모든 반일세력과 연합하여 일본제국주의를 타도하
자. - 한국독립 만세. - 중국 항전 건국의 최후 승리 만세" 등의 5개 구호로 끝을 맺었다.

1939년 삼일운동 20주년을 맞아 중경에서는 백범 김구가 참석한 기념식이 열렸고 계림에서
는 조선의용대가 주관한 기념식이 열렸는데, 유주에서의 20주년기념대회와 기념선언은 한국
독립운동이 나아갈 방향과 광복 후의 건국 강령을 발표한 매우 중요한 의미를 갖는다.

(김항수, 「유주와 대한민국임시정부 - 임시정부 유적지의 현황과 실태 -」, 『한국민족운동사연구』 78, 한국민족운동사
학회, 2014)

아는만큼 보인다 용성중학

용성중학(龍城中學)은 1935년에 고천기(高天驥) 등이 설립한 사립학교인데, 용성중학에도 요
뢰의 자취가 깊이 배어있다.

1935년 용성중학이 설립될 때 부지, 경비, 건물 등 확보에 많은 어려움이 있었는데, 학교 운영
회(董事會)에서 요뢰를 운영회장으로 청하자 요뢰는 쾌히 승락하고 아울러 명예교장을 겸임하
였다. 그래서 요뢰의 영향력으로 경비, 교사, 설비 등의 잘 갖출 수 있었다고 한다.

2년 후 용성중학의 교사가 만당로에서 낙성됨에 그의 공적을 기념하여 새로 지은 강당을
"연당(燕堂)"이라고 명명했으니, 요뢰의 자(字)인 연농(燕農)에서 따온 이름이다. 1939년 7월 15
일 일본기의 공습으로 학교 건물이 상당부분 파괴되었을 때 요뢰는 안휘성에서 이 소식을 듣고
1000원을 기부하여 교사를 수리했으며, 1942년 교사를 확장할 때도 요뢰의 부인인 호혜가 많
은 경비를 출연했다고 한다.

중공 정권 수립 후 용성중학은 공립중학이 되고 1952년 유주고등학교와 합쳐지는 등 수차례 합
병 분리를 하다가 1981년에 용성중학의 교명을 완전히 회복하여 현재에 이른다. 1940년대에는 중
국공산당 지하조직인 중공유주특별지부가 있어서 1996년 애국주의교육기지로 지정되었다.

용성중학을 찾아갔다. 그런데 벽면에 "유주고등의 원래 터(柳州高等原址)"라는 팻말이 붙어있
다. 여기저기 알아보니, 이곳에는 1907년 공립학교로 개교한 유주고등이 있었는데, 유주고등이
다른 곳으로 옮겨가고 2006년에 용성중학이 옮겨왔다고 한다. 용성중학이 있던 원래 자리에
는 공원로소학교(公園路小學校)가 들어섰다고 한다.

다시 정리하자면, 삼일운동20주년기념대회가 열렸던 용성중학은 원래 유주공원 감향정 맞
은편의 만당로(灣塘路) 24호였다. 2006년 유주고등 자리(東台路 44호)로 옮겨 현재에 이르고, 당시

용성중학이 있던 곳에는 현재 공원로소학교가 있다.

(김향수, 「유주와 대한민국임시정부 - 임시정부 유적지의 현황과 실태 -」, 『한국민족운동사연구』, 78, 한국민족운동사학회, 2014)

`아는만큼 보인다` 『제시의 일기』를 통해 본 유주

『제시의 일기』는 독립운동가 양우조, 최선화 부부가 딸 제시의 성장사를 다룬 육아일기이다. 이 글에서 유주에 대한 일본기의 공습을 찾아볼 수 있다. 일본기의 유주 공습은 1938년 1월 10일부터 시작되었는데 1939년에 들어와서는 공습의 횟수와 강도가 더 심해졌다고 한다.

1938년 12월 5일 오전 10시쯤 공습 경보가 났다. 유주시를 북으로 하고 흘러가는 강의 남쪽엔 병풍 모양으로 길게 산이 연결되어 있는데, 천연동굴이 99개나 뚫어져 있다고 한다. 이곳이 임시 방공호로 이용되는 굴이다. 동굴에 들어가자마자 일본 비행기가 작탄을 수없이 떨어뜨리는 모양이었다. 석굴이 심히 흔들리며 당장 무너질 듯하고, 동굴 안의 상태는 천둥 번개치듯 불빛이 번쩍이며, 천장이 내려앉는 듯 작은 돌 부스러기가 자꾸 떨어졌다. 몇십 분이 지나자 폭파하는 소리가 끊어지더니 십여 분 후 경보가 해제되었다. 겁에 질린 일행이 머뭇거리며 굴 밖으로 나왔더니 처참한 광경이었다. 우리가 들어있었던 집 앞뒤 오른쪽 왼쪽이 불바다를 이루고 있었고, 동굴문 밖의 넓은 밭에는 작탄이 떨어져 패인 웅덩이가 헤아릴 수 없이 많았고, 참혹하게 된 시신도 많이 눈에 띄었다.(제시의 일기)

1938년 12월 27일 아침 11시경에 경보가 울렸다. 우리는 공동묘지 무덤가 양옆으로 바짝 몸을 붙여 누웠다. 나무 밑에 숨어있던 사람들이 기관총 세례를 받았다기에, 우리는 무덤 옆에 제시를 웅크리게 하고 그 위에서 엄마가 제시 몸을 감싸 안은 자세로 몸을 숨겼다. 그렇게 우리처럼 무덤 옆에 숨어있는 사람, 숲 사이에 숨어있는 사람, 피난민들은 들판의 여기저기에 숨죽이며 엎드려 있었다. 이때가 가장 숨막히는 순간이다. 어느 누가 폭격의 희생물이 될 지 모른다. 공습기가 저공비행을 하고 포탄을 쏘면 그대로 죽을 수도 있기 때문이다.(제시의 일기)

구술로 듣다 　한국광복진선청년공작대원 오희옥의 구술

구술자: 오희옥
면담자: 박 환

[참고] 오희옥(吳姬玉) 경기도 용인(龍仁) 사람이다. 독립 운동가 오광선(吳光鮮)의 차녀이다. 1939년 4월 중국 유주(柳州)에서 한국광복진선청년공작대(韓國光復陣線靑年工作隊)에 입대하여 일본군의 정보수집, 초모(招募)와 연극·무용 등을 통한 한국인 사병에 대한 위무(慰撫) 활동에 종사하면서 1941년 1월 1일 광복군(光復軍) 제5지대(第5支隊)로 편입될 때까지 활동하였다. 1944년 한국독립당(韓國獨立黨)의 당원으로 활동하였다. 정부에서는 그의 공훈을 기리어 1990년에 건국훈장 애족장을 수여하였다.

오희옥(1926. 5. 7~
현재, 건국훈장 애족장)

면담자: 장사에 사실 때 특별히 기억나시는 일은

구술자: 중국집에 하나씩 세 들었어요. 청년단이 따로 있었구요. 젊은 청년들이 따로 있구요.

면담자: 장사에 좀 계시다가 광동에 가시구요

구술자: 호텔을 하나 빌려서 방방이 살림을 했어요. 광동은 열대 지방이어서 광동에 사는 여자들이 모두 수영을 잘해요. 수영장에 가면 여자들이 모두 수영을 해요. 그리고 게들이 많아요

면담자: 바다 게들이요

구술자: 예. 많아요. 열대지방이라 바나나 등 과일이 많아요. 맛있는 것이 무척 많아요 거기서도 학교는 못 다니구요

면담자: 광주에 계시다가 1938년 11월에 유주에 도착한 것으로 되어 있는데요

구술자: 광주서 유주로 가고, 다시 기강으로 갔지요

면담자: 유주에서는 어디 사셨나요

구술자: 2층이 바로 청년단이예요. 우리는 아래층에 살았어요. 우리 한 집만 아래
층에 살았어요.

면담자: 1938년 11월에 유주에 도착했을 때 선생님 나이가 13-4세인데 그때 유
주에서 한국광복진선청년공작대가 만들어졌다고 하던데, 그때 선생님이
거기에 참여하였다고. 군복입고 찍으신 사진도 있으시지요

구술자: 거기에는 없어요. 우리는 없어요. 남자애들만 둘 군복을 입혔어요. 이윤
철(李允哲, 1926-)이라고 이광씨의 둘째아들, 김석동(金奭東, 1922-
1983)은 아버지는 돌아가시고 김익환의 형님의 아들이었어요. 김익환의
손에서 자랐어요. 조실부모했어요.

면담자: 1938년 11월에 도착해서 1939년 2월에 청년공작대 만들어졌지요.

면담자: 1938년 11월에 청년전시공작대를 만들었을 때, 나이 13-4세에도 가입
하나요

구술자: 유년부도 있지요. 가두 선전, 무용, 노래 등도 했지요. 돈이 없으니까 합
작해서 반공하는 것 연출하고, 춤도 추고.

면담자: 유년부셨군요. 누가 또 유년부지요

구술자: 제가 나이가 제일 많았어요.

면담자: 선생님보다 어린 사람은 누가 있었나요

구술자: 나말고는 별로 없지요. 조그만 아이들도 있었지요. 김자동이도 있었지
요. 무용하러 한두번 들어왔지요. 푸른 하늘 은하수, 하얀 쪽배에 계수나
무 한나무 노래하고, 우리가 배를 젓고. 난 또 엄기선, 엄항섭의 큰 딸,
나보다 2-3세 아래에요. 3년전에 돌아가셨지요. 내동생도 그해에 돌아
가고요. 유녀부에서 합창도 하고 같이 했어요. 광복군에 돈을 조달하는
일이지요. 그때는 시초예요. 그 후로는 기강, 토교로 갔는데, 그분들은
광복군 창립할 때 중경, 서안 등에 갔지요.

면담자: 그때 같이 있던 분들 좀 기억나세요

구술자: 예. 노복선(盧福善, 1912-), 이해평(李海平) 등

면담자: 이해평이 이재현이지요

구술자: 예

면담자: 그래요

구술자: 노복선씨가 제일 가까웠어요. 우리가 오빠 오빠 했어요. 노복선은 이북 출신이고, 기독교를 믿고 착실했어요. 해방 후에 우리 보다 먼저 나와 아 버지도 찾아뵙고.

면담자: 노복선씨 말고는

구술자: 황민씨로 알려진 김승곤씨. 중국서 이름이 황민이지요.

면담자: 그분도 청년공작대를 같이 하셨나요. 저희가 조사한 명단에는 없던데

구술자: 없으면 없는 것이지요

면담자: 단장인 고운기씨는

구술자: 기억이 잘 안나요

면담자: 특별히 이름이 기억나는 분은. 맹조화라는 분은 여자분 아니세요

구술자: 한국사람 아니에요. 중국여자 일거에요.

면담자: 중국 여자도 같이 했나요

구술자: 예

면담자: 그리고 또

구술자: 지복영, 신순호(申順浩 1922 -), 김정숙(金貞淑, 1916 -)도 같이 했어요. 신순호는 박영준 장군의 부인이 되었구요. 조계림(趙桂林, 1925 - 1965) 은 조소앙 선생님의 둘째부인 따님이지요. 조계림은 지복영과 단짝이예 요. 우리 언니는 신순호와 단짝이고. 신순호가 우리 언니보다 3살 위고. 엄항섭 부인이 연미당이고. 그때는 엄기선(嚴基善, 1929 -)과 내가 유주 공작대에 참여했지요.

면담자: 김동수, 박영준, 이재현, 진춘호, 이하유 등도 같이 했지요

구술자: 예

면담자: 이분들에 대하여 특별히 해주실 말씀은

구술자: 예

면담자: 마초군은

구술자: 모르겠어요

면담자: 지달수는

구술자: 지달수는 지복영의 오빠예요. 지청천의 소실 아들이 지정기. 그애가 여
수순천 토벌시 조정필하고 같이 죽었어요. 아까워요. 키도 크고 잘 생겼
어요. 민현구도 민필호씨의 큰 조카. 민영완(閔泳琬, 1911 - 1976)은 둘째
고. 민영완은 중국사회에 많이 가 있었어요. 이우송은 정신병자가 되었
다고 해요. 우리가 기강에 있을 때 삥삥 도는 그 사람 같아요.

김구선생 가족은 기강에서 같이 살았어요. 김인은 남경서 1년동안 모셨
어요. 김인, 김신, 김구선생 어머니, 유평파(劉平波, 1910 - 1947)는 이북
사람이고, 부인은 중국사람이예요. 조시제는 조소앙의 아들이고, 조시제
는 중국에서 돌아가셨는데 그림을 잘 그렸어요. 조시제, 조인제. 김원영
은 남한사람 같고. 김진헌은 조소앙선생의 누이 동생의 아들이예요. 한
쪽 팔이 없어요. 수영도 잘하고, 대학교수가 되었는데 죽었어요. 김석동
은 김익환씨 조카이고, 김자동씨의 형이예요. 이윤장은 이광씨의 큰 아
들이고, 이윤철은 작은 아들이고, 지정계는 지달수(池達洙, 1909 - 1969)
의 동생, 지청천의 작은 아들이고, 지복영의 남동생이에요.

면담자: 지청천 장군 가족은 모두 독립운동을 했네요

구술자: 예

면담자: 방순희(方順熙, 1904 - 1965)는 누구지요

구술자: 남편이 현익철, 현묵관이지요. 김구 선생 그때 당했지요. 장사에서. 방순
희씨가 저와 엄항섭씨 딸에게 러시아춤을 가르쳐 주어 큰 인기였어요

면담자: 김효숙(金孝淑, 1915 -)은

구술자: 남편은 국방부 정보과 있다가 죽었어요. 김효숙을 끌고 가서 고문해서 남
편이 있는 곳을 가르쳐주어서 죽었어요. 남편 이름은 송명수예요. 김효숙

이 누구 딸인지 잘 모르겠어요. 김효숙, 김정숙, 김동목이 3형제예요.

면담자: 오광심(吳光心, 1910 - 1976)은

구술자: 제3지대 김학규씨 부인이예요. 이국영(李國英, 1921 - 1956)은 이광씨의 맏딸이구요. 이윤철, 이윤정의 누나예요. 그리고 민영구의 처예요. 우리 모두 토교에서 같이 살아서 잘 알아요. 민영수는 민영주(閔泳珠, 1923 -), 민영애의 오빠예요. 키가 작아서 아버지 민필호씨 닮았어요. 토교에서 우리 옆집에 살았어요. 하얀 집들이 있는데 지금은 모두 철거되었어요. 앞에 2집 살고, 뒤에 2집 살고.

면담자: 어린 시절의 활동이 주로 연극 활동이네요.

구술자: 가두 선전도 했지요. 길에 나가서 선전하지요.

면담자: 유주에는 조선 사람들이 거의 살지 않지요.

구술자: 예. 모두 독립운동가들이예요. 가두 선전은 중국 사람들에게 일본의 만행을 선전하지요.

면담자: 그 당시의 선전 활동 중 특별히 기억나는 것 있으세요.

구술자: 선전활동을 하면 모두 듣지요. 그런가 하고.

면담자: 말은 모두 중국어로 합니까.

구술자: 학교에서 모두 중국어를 배우니까요. 집에서는 한국말을 하지요. 양말은 우리는 깨졌다고 해요. 파(破)자를 쓰니까요.

면담자: 공부는

구술자: 방학 때는 임정요인들이 와서. 이시영선생이 와서 역사를 강의해 주시지요. 젊은 청년분들이 수학도 가르쳐주고. 토교에는 교회가 있었어요. 한필동씨가 목사하시고, 영문과 나왔고, 유해덕, 유관순의 4촌 언니의 아들이지요. 유관순의 조카이지요.

면담자: 연극가운데서 특별히 기억나시는 것은

구술자: 중국 사람들이 연극 할 때 우리가 한번 지나가는 것도 있어요. 합창도 하고, 거기서는 그렇게 하고.

면담자: 유주에 사실 때 13 – 4살 이니까 기억이 많이 나시지요. 식사는

구술자: 주로 밥해 먹었어요.

면담자: 옷은

구술자: 중국 옷을 입었어요. 그래야 한국사람 티가 나지 않지요.

면담자: 경제적으로 어려우셨지요.

구술자: 임시정부 승인한 다음에 장개석 정부에서 우리를 도와주었어요. 우리 형
부도 중국군에서 소령으로 있다가 광복군으로 왔지요.

이동녕의 서거지 기강

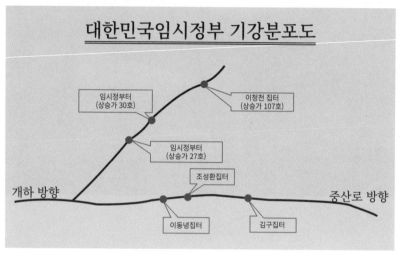

대한민국임시정부 기강분포도

임시정부터
(상승가 30호)

이청천 집터
(상승가 107호)

임시정부터
(상승가 27호)

조성환집터

개하 방향

중산로 방향

이동녕집터

김구집터

기강 지도

독립기념관 해설

대한민국임시정부는 1939년 4월 유주(柳州)를 떠나 1939년 5월 기강(綦江)에 자리 잡았다. 기강에 도착한 임시정부는 이곳에 임시판공처를 설치하였다. 임시판공처는 1940년 9월 기강에서 중경으로 청사가 이전하기 전까지 사용되었다. 「임시의정원문서」에 임시의정원 회의가 임강가(臨江街) 43호에서 개최되었다는 문헌자료가 존재하나 임시정부 청사의 위치에 대한 관련 자료는 여전히 발굴되지 않고 있다.

기강시는 임시정부 청사로 추정되는 장소를 상승가(上升街) 27번지로 비정하고 200년 6월 이곳에 "임시정부 기강청사"라는 표지판을 설치하였다. 기강시가 상승가 27번지를 비정한 근거는 기강 시기부터 중경 시기까지 임시정부 요인들을 도와주었던 중국인 왕청의 증언 이었다. 대한민국임시정부 중경 연화지 청사의 전 부관장 역시 상승가 27번지가 임시정부

기강 초입

청사로 사용되었다는 왕청을 구술을 청취한 바 있다고 증언하였다. 상승가 27번지 건물은 1939년 당시 목조 단층집이었다. 1955년 개축된 이래 1960년대 문화혁명 시기 3층 건물로 변모되었다. 목조건물에서 벽돌 건물로 바뀌면서 원래의 모습을 완전히 잃게 되었다.

상승가 27번지는 현재 치장구 인민의원 2루(樓) 외과 건물이 들어서 있다. 27번지의 위치는 인민의원 2루와 병원 본관 1루 지차장 1호로 들어가는 도로변이었다. 상승가 27번인 바로 옆 타만(沱灣) 8호가 임시정부 기강 청사라는 독립운동가 신순호(申順浩)의 증언이 있었다. 2007년 「기강현제일구성진외교조사」(1939년)의 기록에 따르면 1939년 신순호의 거주지는 상승가 30호로 확인되었다.

기강지역에 임시정부 청사가 설치되었다는 사실은 사료를 통해 확인된다. 다만 상승가와 타만에 위치했다는 내용은 증언을 통해 확인되었다. 향후 문헌자료 및 현장조사를 통해 청사의 위치를 명확하게 파악할 필요성이 있다. 더불어 원래 타만과 상승가는 하나의 길로 이어져 있었다. 명칭만 타만과 상승가로 나뉘어져 있는 것으로 보인다. 이를 통해 볼 때 길을 중심으로 전체를 비정하는 방법이 바람직할 것으로 판단된다

기강 타만

현장을 가다

2015년 7월 16일, 아침 식사를 하고 우리 일행은 먼저 2시간 정도 떨어져 있는 기강으로 향하였다. 이곳에 임시정부가 1939년 3월 15일 – 1940년 8월까지 있었기 때문이었다. 먼저 우리 일행은 기강박물관 3층에 대한민국임시정부전시관을 방문하였다. 그곳에는 기강에 살고 있는 요인들의 거주지가 입체적으로 표현되어 있고, 그곳에 살던 한인들의 명단 등이 상세히 기록되어 있었다. 이동녕, 조소앙, 홍진, 이청천 등 여러 저명한 독립운동가들을 접해볼 수 있었다.

이어서 우리 일행은 강가에 있었던 임시정부요인들이 살던 집들을 답사하였다. 임정요인들이 살던 집들은 이미 허물어지고, 새로이 병원을 신축하고 있어 재개발 도중에 있었다. 『제시의 일기』에 따르면, 임정요인들과 가족 100여 명은 태자상(台子上)이라는 관공서 건물이었던 곳에 주로 거주했다고 한다. 그곳에 조그마한 방들이 많이 있었기 때문이다. 한편 조소앙, 홍진, 양우조 세가구는 신가자(新街子)라는 양자강 건너 기강 맞은편의 중국집을 얻어서 살았다고 한다.

사진으로 보다

기강박물관

기강박물관 전시실

임정요인 거주지 모형들

한국독립당 1차중앙집행위원 및 중앙감찰위원 기념사진(1940. 5. 16)
1열 왼쪽부터 김붕준, 지청천, 송병조, 조완구, 이시영, 김구, 유동열, 조소앙, 차리석
2열 왼쪽부터 엄항섭, 김의한, 조경한, 양우조, 조시원, 김학규, 고운기, 박찬익, 최동오

기강 임시정부 유적지들

기강 한인거주지 타만

기강 대한민국임시정부 주석 이동녕 거주지

대한민국임시정부가 기강으로 이동한 뒤 이동녕(李東寧)이 거주했던 집이다. 이동녕은 1919년 상해에서 초대 대한민국 임시의정원 의장으로 대한민국임시정부 수립에 커다란 역할을 담당했다. 이후 임시정부 내무총장과 임시의정원 의장, 그리고 국무회의 주석을 역임하면서 김구(金九)와 함께 임시정부를 실질적으로 이끌었다. 특히 1939년 10월 재차 국무회의 주석으로 선임된 이후 김구와 함께 전시 내각을 구성하고 서안(西安)에 군사특파단(軍事特派團)을 파견하였다. 하지만 지병과 과로로 1940년 3월 13일 치장 임시정부 청사에서 영면했다.

이동녕은 기강 타만에 거주했다. 집은 경사진 면에 지어진 1층 벽돌 건물이었다. 좌우 2채로 보이지만, 사실상 한 동의 건물이며 정면에서 볼 때 좌측 앞쪽 방은 후대에 덧붙여진 것이다. 현재 좌우측에 있었던 건물들은 모두 철거된 상태이다. 건물 입구의 한 칸이 없어지거나 덧붙여진 상태이다. 건물에 표지판이 철거되었다가, 2019년 11월 30일에 기강시에서 다시 부착하였다.

현장을 가다

2016년 7월 22일 오전 8시 30분 기강으로 향하였다. 중경에서는 70Km 정도 남으로 떨어진 곳이다. 강과 산들이 많이 있어 구릉지대 같은 느낌이 들었다. 먼저 기강박물관 2층에 전시되어 있는 기강시대 임시정부에 대하여 살펴보았다.

'기강 시기' 임정요인사진, 기강에 살고 있던 우리 한인들의 주소록, 남녀 연령 등이 파악되어 있는 사료, 개발되기 이전의 이동녕, 김구, 조성환 등의 거주지 사진, 임시정부 청사 사진 등이 있었다. 다만 안타까운 것은 입체적으로 만들어 놓은 임정요인들의 숙소와 임시정부 등 모습이 불이 들어오지 않아 제대로 모형을 볼 수 없었다는 점이다. 답사단 이외에 찾는 이들이 없다보니 관리 역시 효과적으로 이루어지지 않는 것 같았다.

기강 박물관을 나와 우리 일행은 중산로(中山路)로 향하였다. 중산로에서 다리를 지나 다리 아래에 조그마한 건물이 이동녕 선생 주거지라고 한다. 중경시 기강현 고남진(古南鎮) 타만 (沱灣) 8호. 길을 돌아 현장에 가보니 가옥은 현재 건물이고, 다만 담벼락 표지판에 2000년 이 지역 문물관리소에서 이곳이 이동녕 거주지였음을 알려주고 있었다. 당시 이동녕은 대한민국임시정부 주석이었다. 그런 그가 살던 집터를 그대로 방치해두고 있다는 것은 문제가 있는 것이라는 생각이 들었다. 이동녕 집에서 멀리 산을 바라보니 望月亭이 보였다. 그리고 집 앞으로는 강이 흐르고 있었다. 흐르는 강을 바라보니 이시영, 이동녕 등 노혁명가의 서글픈 마음이 전해지는 듯하였다. 특히 이동녕은 1940년 3월 13일 순국하였다. 병석에 있던 이동녕은 이 강을 바라보면서 무슨 생각을 했을까? 70여세의 나이에 순국한 이동녕을 바라보면서 그의 장례식 사진이 떠올랐다. 해방후 이동녕의 유골을 국내로 봉환되었다. 『제시의 일기』에서 이동녕의 서거에 대한 기록을 단편적으로 살펴볼 수 있다.

> 1940년 3월 14일 목요일 사천성 기강
> 이동녕선생님께서 어제 오후에 작고하셨다. 임시정부의 재일 웃어른이신 분이 가심으로 한교들은 충격이 컸다. 돌아가시면서도 한교들의 화합을 유언으로 남기셨다고 한다.
> 우리 샌전에 독립을 볼수 있게 될지 모르는 일이지만, 애써 오셨던 이동녕선생님께서 독립의 서광이라도 보고 돌아가셨으면 좋았으리란 안타까움이 남는다

한편 이동녕 거주지 근처에는 조성환, 김구 등의 거처가 강변을 따라 존재하였다고 하나 그 흔적은 찾아볼 수 없었다. 아울러 상승가 107호 등에 임시정부 청사 및 가족 거주지들이 있었다고 하나 그 흔적 또한 도시의 개발로 모두 파괴되고 말았다.

이동녕 주거지

아는만큼 보인다 이동녕(1869-1940)

일제강점기 신흥무관학교 소장, 대한민국임시정부 주석, 한국국민당 이사 등을 역임한 독립운동가, 정치인, 행정가. 본관은 연안(延安). 자는 봉소(鳳所), 호는 석오(石吾, 石五, 石梧)·암산(巖山). 충청남도 천원(天原 : 지금의 천안시) 출신. 아버지는 영해군수를 지낸 이병옥(李炳鋈)이고, 어머니는 광주안씨이다.

고향 서당에서 전통 교육을 받고 10세 때 충청북도 청원군 문의면 후곡리의 할아버지 이석구(李錫九)의 집에서 소년시절을 보냈다. 1885년 일가가 상경, 서울 종로 봉익동에 정착하였다. 다음 해 아버지를 따라 경상북도 영해읍으로 갔으며, 1888년 평양으로 갔다.

1892년 응제진사시(應製進士試)에 합격하였다. 다음 해 아버지를 따라 원산으로 가서 육영사업에 조력하였다. 1896년 독립협회에 가담, 개화 민권의 기수로 구국운동을 전개하였다.

다음 해 독립협회 주최로 서울 종로 네거리에서 만민공동회(萬民共同會)가 열렸을 때 잘못된 정치를 탄핵하고 상소하며 국민운동 일선에 나섰다. 이로 인해 이준(李儁)·이승만(李承晚)과 함께 옥고를 치렀다.

1898년 7개월 간의 옥고를 치르고 출옥한 뒤 이종일(李鍾一)이 창간해 경영하는 『제국신문(帝國新聞)』에 사설을 집필하면서, 이종일의 가르침을 받아서 본격적으로 민족의식과 사상 정립을 위해 수련하였다. 『제국신문』 논설위원으로 개화 논설 수십 편을 집필하였다.

이동녕장례식(기강, 1940. 3. 17)

1903년 이상재(李商在)·전덕기(全德基)목사 등 종교인과 손잡고 YMCA운동을 전개하였다. 1904년 한일협약이 강제 체결되자 서울 상동교회(尙洞敎會)에서 전덕기·양기탁(梁起鐸)·신채호(申采浩)·조성환(曺成煥) 등과 같이 청년회를 조직해 국권회복운동을 전개하면서 김구(金九)·이회영(李會榮) 등과 교유하기 시작하였다.

1905년 을사조약이 일제의 강압으로 체결되자 동지들과 결사대를 조직하였다. 이 조약이 체결된 덕수궁 대한문(大漢門) 앞에서 연좌시위를 벌이면서 조약의 무효와 파기를 선언했다가 일본 헌병에 잡혀 2개월 간 고문을 받았다.

1906년 만주 북간도 용정촌(龍井村)으로 망명, 이상설(李相卨)·여준(呂準) 등과 같이 서전평야에 서전의숙(瑞甸義塾)을 설립, 한국 동포와 2세의 민족교육을 본격적으로 실시해 독립운동의 기수들을 길러냈다.

1907년 이준·이상설·이위종(李瑋鍾)이 헤이그특사로 헤이그만국평화회의에 가자 귀국하였다. 귀국 후 안창호(安昌浩)·전덕기·양기탁·이동휘(李東輝)·이갑(李甲)·노백린(盧伯麟)·유동열(柳東說) 등과 신민회(新民會)를 조직하였다.

또 안창호·이회영과 협력해, 전국에 교육단을 조직하고 『대한매일신보(大韓每日申報)』 발행을 지원하였다. 대성학교(大成學校)와 오산학교(五山學校) 설립에도 조력했으며, 상동학교(尙洞學校)를 설립·교사로 재직하기도 하였다.

1910년 나라를 일제에 빼앗긴 뒤 만주 서간도 유하현(柳河縣) 삼원보(三源堡)에 망명하였다. 이석영(李石榮)·이철영(李哲榮)·이회영·이시영(李始榮)·이상룡(李相龍) 등과 함께 한국인 자치기관인 경학사(耕學社)를 설립해 교포들의 신분 보장과 독립정신 고취에 앞장섰다.

곧이어 신흥학교(新興學校)를 설립하고 초대 소장으로 취임하였다. 이 학교는 1919년 신흥무관학교로 확장, 개편되어 항일독립군 양성의 중추기관이 되었다. 1913년 노령 블라디보스토크로 떠났으며, 대종교에 입교하였다.

2년 뒤 이상설의 알선으로 시베리아총독 보스타빈이 약속한 한국군관학교(韓國軍官學校) 설립을 추진하다가 발각되어 3개월 간 투옥되었다. 1911년 독립운동가의 사업기관으로 권업회(勸業會)를 조직하는 데 참여하여 『권업신문(勸業新聞)』을 발행·보급하였다. 1914년 이상설·이동휘 등과 함께 대한광복군정부를 수립하였다.

1918년 길림성(吉林省)에서 대종교 김교헌(金敎獻) 외에 조소앙(趙素昻)·조완구(趙琬九)·김좌진(金佐鎭)·여준 등 민족 대표 39명이 「대한독립선언서」, (이칭: 「무오독립선언서」)를 작성할 때 참여하여 연서하였다. 1919년 2월 1일 「대한독립선언서」를 내외에 선포할 때 대종교 서도본사(西道本司)

의 포교책으로 활약하였다.

그해 2월 블라디보스토크와 니콜리스크에서 상해로 건너가 정부 조직을 모색하였다. 국내에서 3·1운동이 일어나자 4월 11일 임시의정원(臨時議政院)의 초대 의장으로 선임되어 대한민국임시정부의 탄생을 주선하였다. 4월 13일 28명의 동지들과 임시정부 수립을 내외에 선포하고 얼마 뒤 국무총리로 취임하였다.

그해 9월 국내·노령·중국 3갈래의 임시정부가 통합되고, 헌법이 대통령 중심제로 바뀌면서 내무총장(內務總長)이 되었다. 1921년 이승만 대통령이 미국에서 돌아와 국무총리로 지명하자 사양하다가, 이동휘 일파가 대한민국임시정부에서 사퇴한 뒤 국무총리대리를 맡아 위기를 극복하였다. 그 뒤 국민대표회(國民代表會)의 소집 등 대한민국임시정부 불신이 표면화되었다. 이에 이동녕은 안창호·여운형·조소앙·이시영차리석(車利錫)·홍진(洪震)·노백린(盧伯麟) 등과 시사책진회(時事策進會)를 조직, 대동단결을 호소하였다.

진강(鎭江)에서 요양 중 상해로 와서 1924년 국무총리로 정식 취임했고, 군무총장(軍務總長)도 겸임하였다. 이승만 대통령이 장기 궐석으로 직무수행이 어렵게 되자 대통령 직권을 대행하였다.

1925년에 두 번째로 의정원의장[11대]이 되었다. 1926년 대한민국임시정부의 헌법이 대통령 중심제에서 국무령 제도로 개정되자 잠시 국무령(國務領)이 되었으며, 법무총장도 겸임하였다. 다음 해에는 대한민국임시정부의 주석(主席)이 되어 약화된 대한민국임시정부를 튼튼한 반석 위에 올려놓았다.

1930년 김구 등과 한국독립당(韓國獨立黨)을 조직, 이사장에 추대되었고, 당기관지 『한보(韓報)』, 『한성(韓聲)』을 발행하였다. 1929년 10월 세번째로 의정원의장[13대]이 되어 존폐의 위기를 극복하였다. 그리고 두 번째의 대한민국임시정부 주석(1930~1932)이 되는 중책을 짊어졌다.

1932년 이봉창(李奉昌)·윤봉길(尹奉吉) 의거를 김구·이유필(李裕弼) 등과 지도, 윤봉길의 쾌거를 이룩하였다. 이로 인해 대한민국임시정부 요인과 같이 절강성(浙江省) 가흥(嘉興) 수륜사창(秀綸紗廠)으로 피신하였다.

1935년 세 번째로 대한민국임시정부의 주석(1935~1939)이 되었다. 이때 양우조(楊宇朝)·엄항섭(嚴恒燮)·이시영·조성환·차이석·송병조(宋秉祚) 등과 함께 한국국민당(韓國國民黨)을 조직해 이사에 선임되었다.

1937년 한국국민당 대표로 대한광복진선(大韓光復陣線)을 결속하고 진로를 모색하였다. 1939년 대한민국임시정부의 네 번째 주석(1939~1940)이 되어 김구와 합심해 전시 내각을 구성, 서안(西安)에 군사특파단을 파견하였다. 그 뒤 급성폐렴으로 사천성(四川省)기강(綦江)에서 죽었다. (출처: 한국민족문화대백과사전, 이동녕)

한국독립당 1차중앙집행위원 및 중앙감찰위원 기념사진(1940. 5. 16)
1열 왼쪽부터 김붕준, 지청천, 송병조, 조완구, 이시영, 김구, 유동열, 조소앙, 차리석
2열 왼쪽부터 엄항섭, 김의한, 조경한, 양우조, 조시원, 김학규, 고운기, 박찬익, 최동오

한국혁명여성동맹창립(1940. 6. 17)

희망과 투쟁의 도시, 중경 　　　　　　　》 》 》 》

　　중경은 사천성(四川省)에 있는 도시. 양자강(揚子江)과 가릉강(嘉陵江)의 합류
지점에 위치하고 있다. 송나라 이후에 중경부(重慶府)에 속했다. 12세기 말
남송(南宋)의 광종(光宗)이 이곳의 왕으로 있다가 후에 황제가 되어, 이중으로
경사가 났다는 의미에서 지명이 붙여졌다. 중·일 전쟁 때 장개석(蔣介石)의
국민당 정부가 옮겨 온 적이 있었으며, 대한민국임시정부도 이곳으로 옮겨
왔었다. 수상 교통과 철도 교통이 발달한 물자의 집산지이다.

　　이곳 중경에 임시정부가 1940년 9월부터 1945년 11월까지 있었다. 그러
므로 연화지청사, 오사야항 청사 등 임시정부 청사 및 광복군 총사령부 성
립지, 한인들이 주로 살던 토교촌, 한인들이 묻힌 화상산 등 다양한 유적들
이 있다. 다만 그중 연화지청사와 총사령부 유적지 등만이 복원되어 당시를
기억할 수 있다.

중경독립운동 사적지

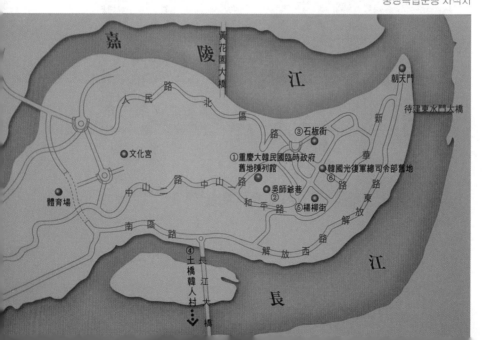

중경모습

중경해방탑

중경의 상징 계단

연화지청사, 광복군총사령부, 토교

독립기념관 해설

연화지청사

연화지 청사는 중경시기 1945년 1월부터 임시정부가 있었던 마지막 청사, 해방을 맞이했던 장소, 현재까지 청사의 원형이 유지된 건물로 역사적으로 매우 의미 있는 장소이다. 청사 건물은 1929년 건립되어 호텔로 사용되었다. 이후 장개석(蔣介石)의 도움으로 1944년 하반기부터 임시정부가 이곳을 사용했다. 청사건물은 해방 이후 여관·학교·주택 등으로 사용되었고, 이에 따라 부분적인 변형과 증개축이 이루어졌다. 1994년 6월 독립기념관과 중경시 대외인민우호협회가 중경 대한민국임시정부 청사 복원협정을 체결하였다. 1995년 8월 11일 복원을 완료하고 '중경 대한민국 임시정부구지진열관'을 개관했다. 이후 독립기념관은 중경시 정부와 협조하여 2000년과 2009년에 각각 건물에 대한 보수와 전시 보완을 실시하였다. 2019년에는 '중경대한민국 임시정부구지진열관' 자체적으로 전시내용을 대대적으로 교체했다. 청사는 임시정부를 비롯한 한국독립운동사와 관련된 전시관으로서 역할을 하고 있다.

복원전의 연화지청사

연화지청사(1992)

중경청사정면

복원기념비

88주년기념식(2007.4)

사진으로 보다

大韓民國臨時政府返國紀念
大韓民國二十七年十一月三日

대한민국임시정부환국기념(1945. 11. 3)

환국기념(1945. 9)

환국기념서명포

재건대한애국부인회(1943)

1943년 4월 중경의 자유한인대회(정면 김규식 윤기섭과 딸)

한국광복군총사령부 건물

한국광복군총사령부가 사용했던 건물로, 중경시 유중구 추용로 37호이다.

한국광복군총사령부는 1991년 '광복군 유적조사단'에 의해 발견되어 학계에 보고되었다. 총사령부 건물이 위치한 신생로 45호는 1943년 9월 18일 청년로(靑年路)와 추용로(鄒容路) 사이가 개수되면서 신생로가 추용로로 편입되었고, 그 과정에서 신생로 45번지는 현재의 추용로 37번지로 지번이 변동되었다. 1999년 총사령부 건물의 중요성을 감안하여 표지석 설치를 추진했고 독립기념관은 2003년 총사령부 건물 훼손을 대비하여 정밀 실측을 실시 하였다. 2013년 12월 중경시는 총사령부 건물 주변에 금융가 개발을 결정했다. 2014년 한 국 측의 요청과 한중관계를 고려하여 총사령부 건물의 원형을 보존하기로 결정했으나 안 전상의 문제로 2015년 철거하였다. 이후 중국측과 지속적인 협의를 통해 2018년 3월 총사 령부 건물 복원이 결정되었다. 그 결과 2019년 봄에 복원개관하였다. 총 3층으로 구성되어 있으며 1층은 전시실, 2층은 광복군 사무실을 복원해 놓았다. 2018년 중경시유중구문물보 호단위로 지정되었다.

새로이 개관된 광복군총사령부 건물(독립기념관 제공)

새로이 개관된 광복군총사령부 건물(독립기념관 제공)

한인거주지 토교마을

토교마을에서의 필자(1992)

대한민국임시정부는 1945년 중국 중경으로 이전한 뒤 임시정부 요인들과 가족들의 거처를 마련하였다. 임시정부는 중경으로 옮겨온 뒤 중국진재위원회(中國振災委員會)로부터 6만원의 원조를 받아 중경시에서 남쪽으로 20km정도 떨어져 있는 화계촌(花溪村) 토교(土橋)에 거처를 세웠다. 원조금을 토대로 토교 주변을 15년 기한으로 5천원을 내고 2천여 평의 땅을 구입했다. 이후 토교 동감폭포 위에 기와집 3채를 건립하고 길가의 2층 기와집을 사서 100여 명이 이곳에 거주했다고 한다.

토교에는 임시정부 요인과 가족들을 포함하여 토교대 대원들이 함께 거주하였다. 토교대는 한국광복군 편제상의 조직은 아니었다. 임시정부가 중경으로 이전하자 그곳으로 일본군을 탈출한 탈출병과 중국군에 포로가 된 한적사병 등 한인 청년들이 모여들었다. 이에 중경으로 집결하는 한인청년들을 대체로 토교에 집단수용하였다. 이들은 일정기간 수용되어 한국광복군총사령부로부터 교육과 훈련을 받은 후 한국광복군에 배치되었다.

토교 한인촌은 중국 철강유한공사 변전실 옆 벽면을 지나 10m 위에 위치해 있다. 당시 거주했던 건물은 모두 헐리고 자취를 찾아볼 수 없다. 현재 철강유한공사 변전실 앞에 2006년에 건립된 "한인거주옛터"라는 표지석이 있다. 토교 한인촌을 방문하기 위해서는 철강유한공사의 허락이 필요하다. 철강유한공사는 현재 다른 곳으로 이전을 계획 중이며, 향후 중경시 정부에서 이곳을 공원화할 예정이라는 정보를 중한문화협회 이선자 고문으로부터 확인하였다.

현장을 가다 1992년

중경도착

1992년 8월 23일 저녁 7시 20분 중경(重慶)에 도착했다. 이곳 중경은 대한민국임시정부가 1940년 9월부터 1945년 11월까지 있던 곳일 뿐만 아니라 광복군의 결성장소인 가릉빈관, 광복군 총사령부 건물, 광복군 제1지대의 본부, 그리고 임정요인들의 가족들이 모여 살던 토교대가 있던 곳이라 독립운동사를 연구하는 필자로서는 꼭 한번 방문하고 싶었던 곳이다. 더구나 필자와 동행한 윤경빈(尹慶彬, 1919년생)씨는 중경에서 1945년 1월부터 동년 11월까지 중경 임시정부의 경위대장으로, 광복군총사령부의 요원으로 활동한 인물이었으므로 임정 당시의 중경에 대하여 누구보다도 잘 알고 있었다. 그와의 동행은 필자에게는 큰 행운이었다.

중경공항은 생각보다 크고 잘 정돈되어 있었다. 안내원의 말에 따르면 중경은 산성(山城)도시로서 양자강과 가릉강(嘉陵江)이 만나는 곳에 위치하고 있다고 한다. 인구는 천 4백만으로 인구상으로는 중국 최대의 도시라고 한다. 연간 평균 기온은 18도이며, 여름에는 28도, 겨울에는 8도이다. 겨울에도 따뜻하고 눈이 없으며, 1년 중 바람이 거의 없는 도시이다. 면적은 2만 2천 평방 킬로미터이며, 남북이 230키로, 동서가 220키로이다. 이곳에 살고 있는 조선족은 2명이다. 이들은 독립운동가인 이달(李達)선생의

이달의 딸 이소심여사(1992)

아들과 딸이다. 이달은 1920년대 후반 만주에서 김좌진 장군과 함께 한족총연합회에서 활동하였으며, 1930년대에는 상해에서 무정부주의단체인 남화한인청년연맹에서, 그 후 민족혁명당, 조선의용대. 광복군제1지대 등에서 활동하다 1943년 6월 폐병으로 사망한 민족혁명가이다. 이달의 딸 이소심(李素心) 여사는 의사로서 우리 일행의 길 안내를 맡아 주었다. 그녀의 모습에는 독립운동가 후손다운 면모가 그대로 남아 보였다.

중경공항에서 우리 일행은 숙소인 인민빈관으로 향하였다. 공항으로부터는 버스로 약 25분 정도가 소요되었다. 가는 길목은 서울의 교외 거리를 달리는 듯하였다. 도시는 잘 발달되어 있었다. 생각 밖이었다. 왜냐하면 항일전 당시 중경은 중소도시에 불과하였기 때문이었다. 더불어 중경시가에서 받은 특이한 인상은 자전거의 물결을 거의 찾아 볼 수 없었다는 사실이다. 중국의 북경, 상해, 심양 등 어느 도시에서나 발견할 수 있는 것은 자전거였다. 안내원에 따르면 중경은 평지가 아니고 언덕길이 많아 지형상 자전거를 탈 수 없다고 하였다.

중경-한국광복군 징모 제3분처 위원환송기념(1941. 3. 6)

해방 후 다시 찾은 연화지청사의 감동: 광복군 윤경빈

연화지청사

연화지청사 안내문

대한민국임시정부는 1940년 9월 중국 중경으로 청사를 옮겼다. 청사는 정부 각료들이 모여 국가의 대소사를 협의·논의하고 독립운동을 총괄하는 상징적인 장소였다. 중경 지역에 임시정부의 첫 번째 청사는 양류가(楊柳街)에 있었다. 양류가에 소재했던 임시정부 청사는 일제의 폭격 등 여러 이유로 석판가(石板街)와 오사야항(吳師爺巷)으로 옮겨갔다. 이중 오사야항은 전형적인 2층 목조가옥으로 70여 칸의 큰 규모였다. 이곳은 김구(金九)가 『백범일지』 하권을 저술한 장소이기도 하다. 1944년 하반기 임시정부는 청사를 연화지(蓮花池) 4호로 옮겼다. 김구를 비롯한 임시정부 요인들은 1945년 8월 일제가 패망하기까지 이곳에서 활발한 항일투쟁을 전개하였다.

중경 지역에서 임시정부 청사의 원형을 유지하고 있는 곳은 연화지가 유일하다. 양류가와 석판가에 위치한 청사는 일제의 폭격으로 파괴되었다. 오사야항 청사는 1995년 당시 원형이 변형된 상태로 남아 있었다. 1995년 중경시 문화국에서는 청사 건물 입구에 "대한민국임시정부 구지"라는 표지석을 설치하였고, 건물의 노후에 따라 독립기념관에서 청사의 실측을 진행하기도 했다. 2012년 중국 정부에서 주변을 정화하고 건물을 복원하기로 결정했으나, 현재 오사야항 청사는 철거되었고 그 자리에는 아파트 건립 공사가 진행 중임을 확인하였다.

8월 24일 우리 일행은 중산1로(中山1路) 연화지(蓮花池) 38호에 위치한 임시정부 청사로 향하였다. 이곳은 임시정부가 중경에서 4번째로 정착했던 청사로서 1944년부터 환국할 때까지 있었던 곳이다. 처음에는 양유가(楊柳街)에, 두 번째는 석판가(石版街)에, 세 번째는 오사야항(吳師爺港) 6호에 각각 청사를 두었던 것이다. 그중 앞의 두 청사는 일본군의 공습으로 파괴되었다.

연화지청사는 모두 4채이며 2층 건물로서 지금도 그 일부는 그대로 잘 보전되어 있으며, 현재는 중국인들이 살고 있었다. 이곳에서 활동했던 윤경빈선생은 옛 추억이 생각나는지 눈시울을 붉히며 당시의 상황을 우리 일행들에게 생생하게 설명하여 주었다. "임시정부의 건물 앞에는 당시에는 큰 도로가 있었습니다. 그러나 지금은 그 도로가 보이지 않는군요. 임정 건물 입구문에는 광복군 초병이 두 사람 서 있었으며 쇠로 만든 문에는 철판으로 대한민국임시정부청사라고 쓰여져 있었습니다. 우측의 첫 번째 건물은 새로 지었군요, 당시에는 2층이었은데 3층 새 건물로 변모하였습니다. 좌측의 첫 번째 2층 건물은 당시 건물 그대로입니다. 우측 두 번째 건물에는 김구 선생, 조소앙 선생, 신익희 선생 등이 계시던 방입니다. 조소앙 선생은 삼균주의 연구소를 두고 우리들에게 항상 삼균주의에 대하여 말씀하시곤 하셨습니다. 그리고 그 옆에 방이 제가 거쳐 하던 곳입니다. 그리고 맞은 편 방이 이시영 선생이 거처하시던 방입니다. 이시영 선생은 조그마한 풍모로 항상 혼자 밥을 친히 지어 잡수셨습니다. 그분께서는 조국이 광복하는 날까지 그렇게 하시겠노라고 하셨지요"

연화지청사에는 지금도 임정요인들과 광복군 인사들이 독립의 의지를 불태우고 있는 것 같았다. 문득 그들이 문을 열고 박선생하고 부를 것 같은 착각에 쌓이기도 하였다. 이역만리 이곳 중경에서 조선의 독립을 위하여 애쓰신 선열들의 고귀하신 투쟁에 그저 고개가 숙여질 뿐이었다. 항일투쟁을 얼마나 많이 했건 말았건 그것이 중요한 문제가 아니었다. 조국 강산을 등지고 독립을 달성하겠다는 일념으로 중국의 오지 사천성(四川省) 중경까지 왔다는 사실 자체만으로도 그저 존경스러울 뿐이었다. 그들은 안량미 밥을 쪄서 콩나물국에 소금을 타서 하루 세끼를 연명하였다. 그러는 가운데 80여 명이 잘 먹지 못하여 폐병으로 사망하였다고 하니 더욱 가슴이 저려 왔다. 김구 선생의 장남 김인 선생도 포함되어 있었다. 독립운동가들의 체취가 아직까지 서려 있는 연화지 청사가 중경시의 재개발 계획의 일환으로 조만간 헐린다는 소식이었다. 국가적인 차원에서, 그리고 범국민적인 차원에서 이 건물만은 꼭 보존했으면 하는 마음 간절하였다.

광복군총사령부 건물

우리 일행은 연화지 청사를 뒤로하고 광복군사령부가 있었던 추용로(鄒容路) 37호로 향하였다. 창군 당시 사령관은 이청천, 참모장은 이범석, 총무처장은 최용덕, 참모처장은 채형세, 부관처장은 황학수, 경리처장 및 정훈처장은 안훈, 훈련처장은 송호, 군무처장은 유진동 등이 담당하였다. 광복군 총사령부 건물은 미원(味苑)이라는 음식점으로 변해 있었으며, 이 건물 역시 재개발 계획에 따라 헐릴 예정이었다. 내부에 들어가보니 광복군을 총지휘하던 이청천 장군이 반갑게 맞이해 줄 것 같은 착각에 사로잡혔다.

다음 우리 일행은 광복군의 성립 전례식이 거행되었던 가릉빈관을 향하였다. 차는 가릉강의 언덕을 따라 계속 달리었다. 광복군은 1940년 9월 17일 오전 가릉강이 내려다보이는 이곳에서 중국국민당의 손과, 오철성, 중국공산당의 주은래, 그리고 임정의 요인 등 100여 명의 인사들이 참석한 가운데 창설되었다. 광복군은 임시정부의 무장세력으로서 중국지역에서 선전활동과 초모활동 등을 적극 전개하였으며, 해방후 그 일부가 국군에 가담하였다. 지금 가릉빈관은 온데 간데 없고 그 자리에는 가릉(嘉陵) 신촌(新村) 18호의 아파트들이 들어서 있었다. 2015년 7월 우리는 다시 걸어서 1940년 9월 17일 광복군총사령부가 가릉빈관에서 창설식을 거행한후 1942년말 정도까지 광복군사령부가 있던 건물로 가보았으나 모두 헐리고 없었다.

광복군사령부 건물

한국광복군성립전례식(1940. 9. 17)

성립전례식후 한중대표
(1940. 9. 17)

지청천과 김구(1940. 9. 17)

한인거주지 중경 근교 토교마을

한국광복군 초모활동지(남천집중영-포로수용소)전경

토교: 1992년 답사

다음에는 임정요인들 가족의 거주지이며 광복군들의 훈련장이었던 토교(土橋)로 향하였다. 토교는 중경 양자강 대교를 지나 기강을 향하여 30분 정도 거리(15km)에 위치하고 있었다. 행정구역상으로는 구룡파구(九龍坡區) 화계향(花溪鄕) 화계촌(花溪村)이었다. 화계촌에 도착한 우리 일행은 이곳에서 활동하였던 윤경빈 선생의 안내를 받았다.

『제시의 일기』에서 토교의 모습을 단편적으로 그려볼 수 있다.

1941년 9월 17일 수요일

토교는 중경애서 배를 타고 두세시간 걸려서 가게 되는 시골 한적한 곳으로 20년 동안 조차된 토지다. 그곳에 몇동 집을 지어 우리 교민들이 살고 있다.

1944년 3월 11일 토요일

토교 한인촌은 마을 전체가 대나무밭으로 둘러 싸여있고, 시내도 흐르고 그 주위

광복군이 훈련받던 연병장 동감폭포 아래부분(1992)

로 사철나무가 우거져 있어 무척 아름다운 풍경을 자아내고 있었다. 언덕에 있는
YMCA회관과 민가에서는 아이들을 모아 한국말과 한국노래를 가르치고 있어,
그 앞을 지날 때면 고향에 온 느낌이 들곤 했다.

1945년 3월 28일
토교 동감 제일 높은 언덕위에 청년회관(YMCA), 그위에 반공(半空)에 펄펄 날리
고 있는 택극기!. 그 무엇을 애원하는 듯한 태극기를 향해 경계를 하고 떠나왔다.

화계촌 언덕길을 따라가니 그 우측에는 물이 흐르고 있었으며 그 위에는 200여미터 정도 되
어 보이는 폭포가 있었다. 이 폭포가 바로 동감(東坎)폭포, 화계 폭포라고 하는 것이었다. 이
폭포의 아래에는 일정 크기의 운동장이 있었는데 이곳에서 광복군들이 사격 연습을 하였
다고 한다. 그리고 폭포 위 좌측에는 여러 채의 집들이 보였다. 대부분 당시의 모습을 그대
로 유지하고 있었다. 이 집들은 장개석 정부에서 우리 임정요인의 가족들을 위하여 지어준
것이었다. 그 집에는 이광, 민필호, 최동오, 박영준, 차리석, 유진동(의사) 등 독립운동가들이

살고 있었다. 그리고 그 집들의 옆에는 미국 선교사들이 지어준 신한교회가 있었다고 하나 현재는 그 흔적을 찾아볼 수 없었다. 윤경빈씨의 말에 따르면 이 교회에 100여명의 광복군들이 숙식을 해결하며 군사훈련을 받았다고 한다.

중경에는 이 밖에도 광복군 제1지대의 근거지가 탄자석(彈子石) 주보촌 예가원자에 있었다. 그러나 일정 관계상 우리는 이곳은 답사하지 못하고 중경 공항으로 향하였다.

토교 동감폭포(1992)

토교마을

토교:2015년, 2016년

2015년 토교는 현재 이곳은 중경시 巴南區 新溪村으로, "중경철강집단 강관유한책임공사"라는 회사가 들어서 있었고, 회사 안에 '한인거주지'였음을 보여주는 표지석이 있었으나 찾기가 여간 힘들지 않았다. 중국인의 안내로 현장을 확인할 수 있었다. 표지석 뒤편에는 담장이 쳐있어 토교의 현장을 제대로 확인할 수 없었다. 현재에도 토교 뒤 동강폭포가 있던 물길을

토교마을 표지석(2016)

그대로 흐르고 있었다. 몇 년 전 토교에 남아있던 마지막 집 한 채가 헐리게 되자 임시방편으로 위치를 파악하기 위해 임의로 표지석을 해두었다고 한다.

2016년 7월 22일 기강을 뒤로하고 우리 일행은 중경 방향으로 1시간 정도 달려 토교마을에 도착하였다. 1941년 1월 장개석 정부가 이곳에 한인독립운동가 가족들의 거처로 집 3채

를 지어주었다고 한다. 현재에는 重鋼集
團鋼管有限責任公司라는 철강회사로
바뀌어 있었다. 토교 마을의 옛집들은 사
라지고 <한인거주 옛터>라는 표석만이
남아있었다. 표석 옆에 있는 APT는 완전
히 폐허가 되어 사람이 살고 있지 않았다.
APT 뒤로 나가보니 아래는 개천과 조그
마한 폭포가 있었다. 그리고 물이 고여 있
었다. 토교에 살았던 사람들에게 유일한
빨래터 겸 놀이터였다고 이 지역에 살던
지사들 및 가족들은 이야기한다. 폭포아
래 연방장에서 광복군들이 훈련을 받았
다고 하던 윤경빈(尹慶彬) 애국지사의 말
이 떠올랐다. 아울러 토교한인촌의 3·1 유
치원 추계 개학기념 사진(1941년 10월 10일)
이 눈에 떠올랐다.

토교 동감폭포(2016)

차리석회갑기념 우리촌(1941. 9. 18)

유치원 가을개학기념 우리촌(1941. 10. 10)

윤경빈의 회고

윤경빈 지사와 필자(1992)

2015년 7월 15일 우리는 임정요인의 가족들이 살던 토교(土橋)로 향하였다. 토교에 대하여 당시 광복군토교대에서 활동한 윤경빈은 다음과 같이 증언하고 있다(국가보훈처 발행, 『독립유공자증언록』1).

면담자(이현주): 김구 주석을 모실 기회는 없으셨나요?

구술자: 아니 모시고 있었죠. 제가 직접 모시는 거예요. 말하자면 임시정부의 경위대장은 주석선생님을 경호하는 것이 주요 임무입니다. 그래 지금으로 얘기하게 되면 기구는 작지만 청와대 말하자면 경호실, 경호실의 임무를 거기서 우리가 했지요. 그뿐만 아니고 경위대에서는 중경에 거주하는 우리 교민들, 가족들을 보호하고 또 중경 시내에도 왜놈의 밀정들이 많이 들어와 있었어요. 그 사람들을 색출하고 또 방위하는 그런 경비업무도 했고, 그래서 중경 시내에 그때 당시에 우리

교민이 한 350명 있었습니다. 우리 독립운동자 가족, 독립운동자 합해서 300한 50명이 중경 시내에 있었어요.

면담자: 그러면 교민들이 임시정부 청사 가까운 곳에 살고 있었습니까?

구술자: 구술자:가까운 데도 있었고 먼데도 있고….

면담자: 멀리 있는 경우는 어떤 곳이었나요?

구술자: 멀리 있는 경우는 토교라는 부락에 우리 교민들이 살았는데, 우리 독립 운동자 가족들이 살았지요. 그래서 그 국무위원이라든가, 부장이라든가 뭐 차장이라든가 과장이라든가 이런 사람들이 시내 임시정부에서 근무 를 하고 그분들의 가족은 토교라는 데에, 중경에서 한 30리 정도 떨어진 데지요. 거기서 인제 거주를 했지요.

면담자: 그분들의 생활근거는 무엇이었습니까? 전적으로 다 중국 정부에서 받은 것으로 생활을 했는지요.

구술자: 그렇지요. 그렇습니다. 거기서 생업이 있을 수가 없거든. 왜 있을 수가 없느냐 하면, 우리나라 사람들이 본시 중경에 살던 사람들이 아니고 전 수(全數)가 전원이 상해 임시정부에 있다가 전쟁이나니까, 중국군대가 자꾸 후퇴해서 오지로 내려가니까 왜놈이 자꾸 쳐들어와서 점령을 하니 까 할 수 없이 중국정부하고 같이 중경으로 피난을 간 거지요. 그렇기 때 문에 피난을 가서 우리 더더욱 외국사람이 할게 있어요? 생업이 있을 수 없단 말이에요. 그러니까 할 수 없이 중국 측에 지원을 받지 않을 수 없지 요. 지원을 받아서 생활을 했고… 그게 사실이죠.

면담자: 그렇다면 아무래도 좋은 뜻으로 도움을 준다고 해도 그렇게 전적으로 지 원을 받아서 생활을 했다면, 알게 모르게 통제나 간섭 같은 것이 있었겠 지요?

구술자: 물론 이제 그게 그렇지 않습니까? 도와주는 게 중국에서 일체를 다 도와 주는 거예요. 먹는 것, 입는 것, 또 우리가 광복군으로서 대적 활동을 하 는 것, 일체를 다 중국의 지원 없이는 이루어지지 않죠. 그러니까 거기에

대해서 어느 정도 그네들 중국사람들의 지도, 지도라고 할까, 감독이라
고 할까, 그런 것을 우리가 어느 정도는 받아들여야겠지요.

그때 우리 독립운동자들은 다, 그런 면에 있어서는 시원했습니다. 우리
할 것 다하고. 그렇게 하면서도 우리 할 것 다했습니다.

토교 표지석 촬영

오사야항 청사

　2015년 7월 다음에는 중경으로 임정청사를 이전한 후 세 번째 청사인 오사야항 청사로 향하였다. 이곳은 현재 아무 흔적도 없고 주차장으로 변해 있었다. 2016년에도 연화지 청사에서 10분정도 떨어진 폐허가 된 오사야항 청사에 가보았다. 아직 주차장으로 변해있는 상황이었다. 다시 그곳에서 20분정도 이동하여 광복군총사령부가 있던 곳으로 가보았다. 지금은 큰 건축공사로 아무 흔적도 찾아볼 수 없었다.

오사야항청사

오사야항 표지석

중경 조선의용대 본부 터 (손가화원)

독립기념관 해설

조선민족혁명당과 조선의용대 본부가 있었던 곳으로 중경시 남안구 탄자석 묘배타 81호이다. 조선민족혁명당과 조선의용대 본부가 거주하고 훈련하던 터가 바로 중국인의 별장인 손가화원이다. 현재 옛 건물의 자취는 찾아볼 수 없고, 그 자리에 사천성 물자관리국이 자리 잡고 있으며, 본관에서 100m 정도 아래에 기와집 네 채가 남아 있다. 이 집들 가운데 한 곳이 김구 선생의 모친이 살던 곳이라 전해지지만, 현재 보급창고로 이용되고 있어 민간인들의 출입이 통제되고 있다. 현재 중국공산당 사천저비물자관리국 435처 위원회에서 사용하고 있다.

현장을 가다

2016년 7월 조천문(朝天門) 다리가 나타났다. 이곳은 양자강과 가릉강이 만나는 곳이었다. 양자강 건너편을 남안구(南岸區)라고 한다. 그곳 탄자석(彈子石)에 김원봉, 김규식 등 민족혁명당 계열의 거주지가 있었다고 한다. 김원봉의 거주지는 남안구 탄자석 대불단정가(大佛段正街) 172호, 조선민족혁명당과 조선의용대 본부터는 탄자석 묘배타(苗背沱) 81호라고 한다. 김구 중심의 세력과 김규식, 김원봉 세력이 강을 사이에 두고 각각 거주하고 있었던 것이다. 현재는 다리가 있으나 예전에는 배로 이동하였다고 한다. 아! 소통에 문제가 있었겠구나 하는 생각이 저절로 들었다.

대한민국임시정부 요인 모택동 회담지 (계원)

독립기념관 해설

계원(2015)

1945년 9월 3일 임시정부 요인과 모택동이 접견한 장소로 중경시 유중구 중산사로 65호 이다.

대한민국임시정부는 해방 직후 자주적이고 독립적인 국가를 수립하기 위해 노력했다. 1945년 8월 일제가 항복을 선언했다. 임시정부는 해방을 맞아 삼균주의(三均主義)에 기초 한 「대한민국건국강령(大韓民國建國綱領)」의 민족국가 건설 방향과 노선을 계승한 환국방 침과 「당면정책」을 발표하고 정부로서 환국하여 국내에 과도정권을 수립한 뒤 그 법통과 직능을 국민에게 봉환한다는 계획을 수립하였다. 이를 위해 먼저 중국과 미국 측에 '승인외 교'활동과 환국과 관련된 교섭을 진행했다. 환국교섭과 함께 중국 내 동포들의 생명과 재산 보호 및 안전한 귀국, 그리고 독립국가 수립에 필요한 군대를 조직하기 위한 외교와 군사 활 동을 전개하였다.

임시정부는 중국공산당의 지도자 모택동(毛澤東)도 만났다. 모택동은 장개석(蔣介石)과 일련의 협의를 위해 1945년 8월 전시수도인 중경으로 왔다. 두 지도자는 1945년 8월 29일부터 10월 10일까지 항일전쟁 승리 이후 대립과 내전을 피하기 위한 '중경담판(重慶談判)'을 진행했다. '담판'이 진행되는 과정에서 임시정부 요인들은 1945년 9월 3일 오후 5시경 마오쩌둥과 회담을 나누었다. 장소는 국민정부(國民政府) 군사위원회(軍事委員會) 정치부장 장치중(張治中)의 관저였던 계원(桂園)이었다. 회의는 1시간 정도 진행되었다. 다만 어떠한 이야기가 오고 갔는지는 자료의 한계로 알 수 없다.

계원

건물은 원형이 잘 유지되어 있다. 중경시 유중구(渝中區) 중산서로(中山四路) 65호에 위치해 있으며 2001년 6월 25일 중국 전국중점문물보호단위로 지정되어 현재 기념관으로 운영 중이다.

현장을 가다

우리 일행은 '계원 桂園'을 답사하였다. 1945년 8월 해방이후 국공합작의 담판을 위해 중경에 온 모택동을 9월 3일 우리 임시정부 요인들이 방문한 것으로 기록되어 있었다. 연화지 청사 1층 전시실에도 계원의 사건이 걸려 있는 것을 확인할 수 있었다. 안개의 도시, 화로의 도시 중경을 뒤로 하고, 중경의 별미인 "샤브샤브"로 저녁 식사를 했다.

대한민국임시정부 요인 묘지 터 (화상산)

독립기념관 해설

독립운동가 및 그 가족들의 묘지가 있던 자리로, 현재는 중경시 남안구 탄자석 인가만 종합처리장이다. 대한민국임시정부 요인이었던 송병조(1877~1942)·차리석(1881~1954)·이달(?~1942)·손일민(1884~1940), 그리고 김구의 가족인 곽낙원(1859~1939, 김구의 모친)·김인(1917~1945, 김구의 장남) 등의 묘지가 있었던 곳이다. 곽낙원·김인의 유해는 1948년 환국하였다. 이들 외에 10~20명의 조선의용대 대원들 묘지도 있었다고 하는데, 지금은 전혀 그 흔적을 찾아볼 수 없다.

낮은 야산에 자리 잡은 묘지들은 인근에 담배공장창고와 쓰레기 처리장이 있어 폐기물이 흘러내리고, 경사가 심하고 토사가 빗물에 많이 깎여 내려가 그 흔적을 찾을 수 없다.

곽낙원여사장례식(1939. 4. 26)

화상산묘지터

현장을 가다

안타까운 역사의 현장이다. 중경은 공기가 나빠 젊은이들 조차 폐병으로 다수 사망하였다고 한다. 제대로 먹지도 못하였기 때문에 더욱 그러한 현상들이 나타났던 것이다. 아울러 식수 또한 좋지 않았던 것이다. 『제시의 일기』의 다음의 기록을 통해서도 짐작해 볼 수 있다.

> 전등, 수도가 시설되지 못한 강북이라 물은 가릉강물 한지게에 일 원 남짓 주고 사
> 서 먹는데, 그 물도 그저 먹을 수 있는 것이 아니라, 물을 독에 가득 붓고는 백반을
> 휘둘러 놓아두면 그제서야 흙물이 맑게 된다. 맑게 된 물을 끓여 식혀서 비로소 음
> 료수로 사용하게 되므로 무더운 여름에는 음료수 때문에 고통이 심하다. 중국 땅 물
> 이 거의 다 흐린 물로, 우리 고국강산에 흐르는 물과는 너무도 대조가 된다.

멀리 보이는 산. 과거에는 무덤이었지만 지금은 쓰레기하차장이다. 바로 그곳에 우리의 독립운동가들이 묻혀 있다니 통곡한 일이다. 주요 독립운동가들의 유해는 국내로 봉환하면서 하는 말이 바로 입에서 나온다. 멀리서나마 선열들에게 묵념을 올린다. 추모비라도 하나 세웠으면 하는 아쉬움은 나만의 일일까.

화상산에 모셔진 차리석 장례식(1945. 9. 12)

주은래 기념관

우리 일행은 팔로군 중경 판사처(주은래기념
관)이 있던 중산로 4가를 답사하였다. 주은
래는 '안중근'을 높이 평가한 바 있다. 겸손
한 그리고 검소하고 청빈한 그의 모습을 사
무실, 숙소를 통해서 살펴볼 수 있었다.

주은래 기념관 표지석

아는만큼 보인다 기억과 기념

2007년 4월 13일 오전 11시 중경에 있는 인터콘티넨탈호텔 그랜드볼룸(11층)에서 국가보훈처 주최로 제88주년 대한민국임시정부 수립 기념식이 개최되었다. 이번 기념식은 처음으로 중경에서 개최되는 것이라 더욱 뜻깊은 행사였으며, 중경에 거주하는 교민 350명 가운데 270명이 참여했을 정도로 대성황을 이루었다. 특히 젊은 청년들이 많이 참여한 것은 대단히 인상적이었다. 모두가 주최 측과 중경시 한인회의 노력의 결과가 아닌가 생각되었다.

국가보훈처장을 대신하여 장충식씨가 정부대표단장으로서 기념사를 대독하였다. 이어서 광복회 왕의선 부회장의 대한민국임시정부에 대한 약사보고가 있었다. 생존지사들과 유족으로 참여한 김행식, 나중화, 김자동, 노영택, 김명철, 강영위, 신영연, 이성실 선생님들의 감개무량해 하시는 모습을 보며 임시정부 수립의 중요성을 다시 한번 가슴에 새기게 되었다. 경건한 가운데 기념식을 마치고, 이어서 중국지역에서 항일운동을 전개했던 유자명과 이달선생의 후손들에게 선물증정식이 거행되었다. 만세 삼창을 하며, 기념식에 휘날리는 태극기를 보며 조국에 대한 자긍심을 더욱 갖게 되었다. 다만 연구자로서 아쉬운 점이 있다면, 참여한 생존지사들의 예우와 역할 문제, 임정 참여 후손들의 소개 등에 대하여는 보다 깊은 성찰이 있어야 할 것으로 판단되었다.

이번 중경 행사에 윤경빈 전 광복회 회장과의 동행은 큰 행운이었다. 윤경빈씨는 연화지 임시정부 청사를 방문하여 당시를 생생히 기억하며 우리 일행들에게 설명해 주었다. "이방에 김구 선생이 계셨구요, 이방에는 이시영선생이, 이곳에는 신익희선생이 그리고 이곳에는 제가 있던 방입니다." 필자와 광복회 임종선 의전부장, 고광남 총무과장, 국가보훈처 왕우연, 보훈병원 김경주 간호사 등은 큰 감명을 받았다.

대한민국건국강령

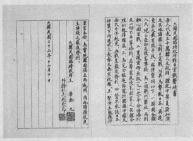
대일선전성명서

구술로 듣다 중경 생활: 오희옥(오광선장군 딸, 2004년 면담록)

[유주에서 기강으로]

면담자(박환): 그러면 유주에서 1년간 보내고 다음에 기강으로 가셨나요

구술자: 그래요

면담자: 기강에는 어떻게 오셨나요

구술자: 기강 올 때는 나와 엄기선은 청년공작대와 함께 버스타고 왔어요

면담자: 기강에서는 주로 무엇을 하셨나요

구술자: 청년단체를 해체하고, 청년단은 산위 집에서 살고, 우리는 놀러가고, 나 중에 어디어디로 간다고 하고. 각자 헤어졌어요. 노복선씨가 멀리 간다 고 해요.

면담자: 노복선씨는 제가 조사한 바에 따르면 고운기, 지달수 등과 함께 군사파 견단을 조직해서 서안으로 간 것으로 되어 있습니다.

구술자: 그런 것 같아요

면담자: 김인, 이해평, 이하유 등은 중경으로 가서 청년전지공작대에 갔다고 하 더라구요

구술자:예

면담자: 기강에서는 무엇을 하셔나요

구술자: 우리는 기강에서 2년 동안 초등학교를 다녔어요. 민영주, 신순호, 지복 영, 조계림 등은 중경가서 중등학교 다녔어요

[중경 토교로]

면담자: 중경 토교에는 언제 가셨나요

구술자: 5학년 다니다가 토교에 갔어요. 10 여리 길을 북으로 간 최동오의 작은 딸 과 김자동(김가진의 손자 – 필자) 등이 함께 기강에서 학교 다녔어요. 토교 에서는 청화중학교 다녔어요, 정규 코스를 밟지 못하고 껑충껑충 뛰었어 요. 청화중학교 다니다가 그만두고 1944년에 한국독립당에 가담했어요.

면담자: 한국독립당에 가담한 것은

구술자: 만 18세가 되면 한국독립당에 가담할 수 있어요.

면담자: 한국독립당에서는 무슨 일을 하셨어요

구술자: 무슨 행사때 참석하고, 3·1절에 참석하고 노래하고 합창했지요.

면담자: 토교에는 얼마나 살았나요

구술자: 6-7년 살았어요. 노인들은 일본놈들이 쳐들어오니까 더 이상 갈 곳이 없다고 걱정했어요. 조금 더 있었으면 우리 광복군이 참전했을 터인데

구술자: 광복군은 자기의 희망이지요. 우리는 그때 나이는 다 먹었어요.

면담자: 예. 그렇군요

구술자: 참 중경에서 김인은 중앙대학 다녔어요. 김구선생의 아들인 김인씨 부인도 대학 다녔어요. 안정근의 딸, 안미생이라든가. 안공근은 남경 있을 때, 우리 아버지가 파견 나갔을 때 그분이 우리 생활비 대어 주기로 했어요. 우리 어머니를 호텔에서 만나서 돈을 주었어요. 그 후 전쟁이 나서 피난가게 되어 못 만나서 우리 생활이 어렵게 되었거든요. 우리는 돈을 못타니까, 배급 쌀만 타니까 고생 많이 했어요.

면담자: 해방은 토교에서 맞으셨어요?. 그때 느낌이 어떠셨어요

구술자: 그때요. 글쎄요

면담자: 어떻게 소식을 접하셨어요

구술자: 노인분들이 일본이 투항한다는 말이 들린데요. 우리도 학교를 그만 두었어요. 1년 있다가 서울로 왔어요. 독립운동하신 한분이 우리는 모두 일장춘몽이래요. 무대에 올라왔다 내려온 거래요. 원남동 살 때 그러더라구요.

면담자: 귀국은 어떻게 하셨어요

구술자: 토교에서 중경오고, 하루자고 비행기타고 항구에서 내려서 기차 하루 동안 타고, 상해와서 하루자고, 상해에서 배타고 부산에 왔어요. 호열자가 있다고 해서. 1946년 2월 7일 인가 그래요. 광복군 이범석 장군하고 같이 왔어요. 들어올 때 어머니, 형부, 언니, 엄항섭씨 가족들과 함께 왔어요.

[학교 교육]

구술자: 어머니가 우리 3남매를 데리고 무척 고생했어요. 제가 토교중학교 다닌 것도 토교초등학교 졸업하고 한 1년 동안 놀았어요. 5학년 다닐 때 토교에서 약 20리 떨어진 곳에 중학교가 있었어요. 거기서 검정고시에 합격했어요. 남온촌 중학교에요. 거기서 20리 배를 타고 가야데요. 김자동이는 사비로 먼저 다니고요. 우리는 돈이 있어야 학교 다니지. 6학년 1년 다니고 돈이 없어서 학교 다닐 수 없었어요. 6학년 졸업할 때, 또 합격했어요. 매일 울고 또 울었어요. 공부 못하면 사람이 될 것 같지 않다고. 남들은 아버지가 있어서 자비로 학교를 보냈는데 나중에 임시정부에서 도와주어서 학교를 다니게 되었어요. 기숙사 등 일체 모두 면제되었어요. 신순호, 민영주 등 언니들도 모두 학교에 다니고 있었어요. 민영주는 김준엽씨 부인이 되었지요. 우리는 늦게 수속을 했나보아요. 모두 이미 학교에 다니고 있었어요. 임시정부에서는 우리 모두 중경 국립학교에 다니도록 교섭했어요. 중경에 청목관에 학교가 있었어요. 우리가 중경에서 시험을 받아요. 합격했어요. 400리길을 갔는데 2달을 배우고 있다가 또 시험 보았어요. 400리길은 버스타고 갔어요. 침대가 모두 군대침대 같은 2층 침대예요. 촛불을 키면 빈대가 매우 많아요. 그것을 매일. 죽이느라고 선잠을 자요. 새벽에 깨면 군대처럼 기상나팔을 불어요. 5시 넘어서 일어나면 집의 어머니 생각이 나서 울어요. 동생이 5−6세예요. 동내 아이들이 때리면 울고. 순해서 반항도 못해요. 어머니는 우리에게 용돈을 부치기 위해 길거리에서 병아리를 팔았어요. 동생이 유평파 부인 아이하고 놀다가 싸우니까 그 부인이 애를 데리고 와서 우리 동생을 막 때린다고 해요. 제가 청화중학교 다니다가 집에 올 때예요. 부인이 어떻게 애를 때려요. 지금도 분해요. 우리를 무시한 거예요. 나를 막 때리는데 옆에 민영애 등이 막았어요. 어떻게 분한지. 저녁때 어머니가 오시는데 어머니가 유평파형님 부인에게 이야기하니까 같이 가서 유평파 부인에게 애

들 싸움을 말리지 왜 그랬느냐고 했어요.

면담자: 그 다음에는요

구술자: 청목관에서 중학교 2개월을 다니고 시험을 다시 보아서 전국공립학교로 배치되는데, 엄항섭씨가 말해서 사립 청화중학교를 다녔어요. 그 당시는 중고등학교에요.

면담자: 몇년동안 다니셨지요

구술자: 3년 동안 다녔어요

면담자: 중국어 수업을 듣는 거네요

구술자: 조선 사람은 6-7명이 있었어요

면담자: 이름 기억나는 사람들이 있으세요

구술자: 민영애, 민영의 등 민필호씨 둘째, 셋째 딸. 오방섭씨 큰 딸, 엄기선, 김자동, 저 등이 있었어요.

면담자: 공부는 제대로 했겠네요

구술자: 지금 실력이 그때 실력이예요.

면담자: 중국학교에서 조선 사람을 괄시하고 무시한 것은 없었나요

구술자: 학생들이나 선생님들 사이에서도 그런 일은 없었어요. 잘하면 칭찬도 받고. 학교에서는 국어도 90점 이상 받고요. 집안 이야기를 했더니 선생님이 중국의 사범학교에 가겠느냐고 묻기도 했어요.

면담자: 1940년대 초반의 이야기이지요. 민영애. 민영의는 나중에 어떻게 되었습니까

구술자: 해방이 된 후 민필호씨가 주화대표단에 있어서 중국에 남아 있다가 나중에 대만으로 갔다가 들어왔지요

면담자: 청화중학교 다닐 때 학비는 없었습니까

구술자: 엄항섭씨가 임시정부 선전부장으로 있어서 배려해 주었어요.

면담자: 독립운동가 가족분들께 임시정부에서 민족의식을 고취시키는 학습을 하였나요

구술자: 노인이나 젊은이들이 방학 때 학습을 시켰어요. 수학, 지리, 역사. 해마

다 3 · 1절 때 행사를 크게 거행하였구요.

[토교에서의 생활]

면담자: 토교에서 집은 어땠나요

구술자: 3동인데, 지금은 모두 철거되었어요. 하얀 집이 3동 있었어요. 그냥 돌인 데 그 위에 하얀 칠을 했어요.

면담자: 임정 가족들이 모두 3채에 살았나요

구술자: 일부는 중경에서 살았어요. 조소앙 부인, 신익희 부인 등은 중경에서 살 았어요.

면담자: 토교에는 누가 살았나요

구술자: 최동오는 윗동, 우리는 가운데, 김자동은 아래에 살았어요. 엄항섭, 민필 호, 김자동, 최동오, 이광씨 가족이 살았어요. 유평파와 유평파 형님도. 유평파 형님인 유진동씨는 의사예요. 부인은 산부인과인데 이화전문 나 오고. 유진동씨는 중경에 병원을 차렸어요.

면담자: 중경에는 폐병 환자들이 많다던데

구술자: 그래요. 유진동은 중국부인도 있었어요. 한국부인 사이에 유수란이란 딸 이 하나 있었어요. 해방 후 모녀가 이북에 갔다던데 소식이 없어요.

면담자: 토교에 임정 가족이 또

구술자: 신건식(申健植, 1889-1963, 신순호의 부친)씨도 살았어요.

면담자: 선생님 또래는

구술자: 민영애, 민영의, 엄기선 등이지요.

면담자: 놀 때는 무엇을 하고 놀았나요

구술자: 꼭꼭 숨어라 머리카락 보일라 등 하고.

면담자: 한국에서도 하는데

구술자: 그래요. 그때 그랬어요. 엄마들이 가르쳤나 보아요.

면담자: 토교에는 학병으로 왔다가 포로되었다가 온 사람도 있나요

구술자: 거기서 몇 십리가면, 포로수용소가 있어요. 우리가 1달에 1번 면회갔어

요. 일본 포로, 조선포로도 있어요. 일본인들은 모두 살찌고 뚱뚱해요. 우리 한국사람은 뚱뚱한 사람이 적어요. 일본 사람들은 훈도시차고 장기 두고 했어요

면담자: 식사는

구술자: 밥하고 김치하고. 중국반찬 사다가 복았어요. 들기름을 우리는 몰랐어요. 참기름도 어쩌다 한번. 중국 사람들은 돼지기름을 주로 써요. 중국식 야채를 사다가 하고, 된장은 못 담구니까 안 먹고, 오이지 하나씩 먹고. 물 말아서 먹으면 얼마나 맛이 있던지.

면담자: 임정에서 식비는 주나요

구술자: 우리는 어렵지요. 우리는 배급 쌀 먹고. 어머니가 밭을 매고, 야채 심어서 먹고.

면담자: 그러구요

구술자: 유진동씨댁에 가서 어머니가 일해주고 한달에 5만원 받았어요. 병아리 몇 마리 키워서 팔고.

면담자: 신발은

구술자: 헝겊을 잘라서 풀로 붙이고, 노끈을 꼬아서 송곳을 뚫어서 누벼서 신발 바닥을 만들고. 또 헝겊을 붙여서 꿰메면 헝겁신발이 되요. 한 두달 신으면 다시 만들어야 해요. 청목관 학교 다닐 때 어머니가 한 벌 해 보내주셨어요. 용돈도 보내주시고.

면담자: 토교에서 6 - 7년 사셨으니까 기억이 많이 나시지요

구술자: 생활은 어렵지만 저희가 공부를 잘하니까 어머니가 좋아하셨어요. 학교에서는 제가 예체능을 잘했어요. 수영도 잘하고 그림도 잘 그리고 노래도 잘했어요. 어려울 때 공부시키는데 재미있어 했어요. 언니는 그때 중경가서 중학교 다녔고, 그후에는 부양가서 제3지대에 입대했고 내가 어머니와 동생하고 살았지요

면담자: 당시 임정사람들 생활수준은 비슷했지요

구술자: 우리가 특히 어려웠어요. 다른 사람들은 운동화도 사신고

면담자: 선생님 댁은 아버지가 안 계셔서

구술자: 예. 그래요

면담자: 제가 오여사님께 특별히 더 여쭙고 싶은 것은 여자분들이 독립운동 한 것과 생활하신 것들이 별로 안 알려져 있어요

구술자: 남편들 시종하고 다닌 사람들은 남편이 숨어 다니니까 정신적인 스트레스를 많이 받았지요. 자꾸 이사하고, 가족들을 돌 볼 수 없으니까. 가족들이 고통을 받은 것이지요. 같이 가족과 함께 있는 분은 그래도 그런데. 우리는 아버지가 만주에 계시니까 더욱 그렇지요. 쌀 배급만 주고 수당이 없으니까요. 돼지 한 마리 키워서 팔기도 하고.

면담자: 지금까지 토교에서의 학창시절을 전반적으로 말씀해 주셨습니다. 선생님은 생존해 계신 몇 안되는 여성 독립운동가이십니다. 지복영여사님과 같이. 여성으로서 독립운동, 선전운동 등을 하셨는데 이분 외에 기억나시는 분 계세요. 여성독립운동가들은 주로 어떤 활동을 하셨나요

구술자: 광복군은 군대생활이니까. 후방에서도 그렇고, 광복군 사령부에서도 사무보고.

[남기고 싶은 독립운동의 이모저모]

면담자: 여성들이 숫자가 적었지요

구술자: 그렇지요

면담자: 선생님 당시 나이가 10대 후반인데, 독립운동가들을 보면 기분이 어떠셨어요. 김구, 엄항섭, 이광, 최동오 선생님들을 여러 번 뵈웠을 것 아닙니까. 기억에 남는 분은. 젊은 사람들이 존경하는 사람들은 어떤 분이 계셨나요

구술자: 중경에 가서 일하시니까. 토교에는 없었어요. 주말에만 오시고. 조소앙 선생의 딸이 저와 동갑내기가 있었어요. 조필제라구. 아버지가 데리고 오고 갔지요. 중경에 갔는데 우리 둘을 데리고 가서 불고기탕을 사주셨어요. 중국인들은 소고기를 안 먹어요. 순 돼지고기예요.

면담자: 조소앙선생님은 삼균주의를 주창하셨지요

구술자: 거기서는 독립운동을 주로 했기 때문에 삼균주의는 별로 주장한 것 같지 않아요

면담자: 더 기억나시는 분은

구술자: 이시영 선생님을 할아버지라고 했지요. 한의시지요. 우리가 아프면 약을 지어 주셨어요. 제가 황달 걸렸었어요.

면담자: 이시영 선생님 성품은 어떠세요

구술자: 조용하세요. 6형제가 독립운동을 했다지요. 국내재산을 모두 팔아서 신흥무관학교도 만들고.

면담자: 아버님이 신흥무관학교를 졸업허시고 교관도 하셨으니까 이시영 선생님이 선생님을 특별히 좋아하셨겠군요

구술자: 모두 이뻐해 주셨어요. 체육대회 때 제가 수영부를 신청했어요. 제가 청화중학교에서 1등하고, 엄기선이 2등했어요. 중경가서 대회에 나가서 4등했지요. 200미터 했는데 동메달 2개 탔어요. 우리는 뛰는 스타트가 늦어요. 토교 폭포수에서 수영을 배웠어요. 1500미터를 왔다갔다 했어요. 한국청년들이 제가 황소갔다고 했어요. 토교 앞에 큰 강이 있었어요. 지금은 막았지만 더럽지요. 이시영선생님이 신문을 보고, 4등 했구나 하고 칭찬했어요.

면담자: 다른 기억에 남는 어르신은

구술자: 김구선생님이요 내가 학교 안 다닐 때 매일 서예를 하니까 김구선생님이 "희야" 붓을 팔꿈치에 대지 말고 둘구 쓰라고 가르쳐 주셨어요. 우리들이 귀여워서 지팡이로 우리 목을 끌구 그러셨어요. 김구선생님은 남경에서 우리가 1년 모셨기 때문에 가까웠어요. 김신 오빠보다 내가 5살 아래에요. 소꿉 장난기구도 그 오빠가 사오고.

면담자: 엄항섭씨는

구술자: 자기 내 아이들이 있으니까 바쁘시고

면담자: 토교에서 임정 3·1절 행사에 가셨나요

구술자: 토교에서도, 중경에서도 했어요. 우리는 참석해서 독립군가. 민요 등을 했어요.

면담자: 민요는

구술자: 박연폭포를 불렀어요. 에헤할 때 내가 한마디하고, 모두 좋아했어요. 산도 높고 골도 깊다. 그늘마다 - -3절인데. 3·1절 때는 3·1절 노래가 없었지요.

면담자: 그때 어떤 노래를 불렀어요

구술자: 많이 잊어 버렸어요. 그때는 " 오너라 동무야 강산에 다시 되돌아 꽃이 피네, 새우는 이 봄을 노래하자. 강산에 동무들아 모두 다 모여라. 춤을 추며 봄노래 부르자"(노래)

면담자: 이 노래는 언제 불렀나요

구술자: 토교에서 친구들 하고 놀 때.

면담자: 그밖에 어떤 노래

구술자: 두만강

면담자: 어떻게 하지요

구술자: 두만강 푸른에 노젓는 배사공 - -(노래). 여러가지 많이 불렀어요. 금강산 타령 등은 청년들이 불렀어요. 두만강은 때때로 모여서 불렀어요. 어머니한테 배웠어요. 엄항섭씨 부인 염미당이 노래를 잘했어요. 우리 옛날 노래 많이 알아요. 애수의 소야곡 등. 인성학교를 상해에서 다닌 사람들은 노래 잘 해요. 보훈복지타운 105동 408호에 김홍일 장군 며느리가 살아요. 인성학교 나왔어요. 잘 알아요.

면담자: 애들은 애들 노래가 있지 않나요

구술자: 기억이 잘 안나요

면담자: 독립군가 가운데 아시는 노래는

구술자: " 신대한의 독립군아 백만용사야 조국의 부르심을 내가 아느냐"(노래) 등

이 있지요

면담자: 오여사님은 3대가 독립운동을 하셨는데 독립운동가 집안에서 태어나셔서 느낀 점이 많으셨을 터인데, 후학들에게 한 말씀

구술자: 무슨 말을 해야 하나.

면담자: 혹시 후회스러운 점이 있나요

구술자: 후회스러운 점은 없어요. 나라가 없으니 조국을 찾기위한 운동을 해야지요. 물론 첫째 나라가 편안할 때에도 나라를 생각해야지요. 나라가 있어야 우리의 삶도 있지요. 우리가 중국에 있을 때 우리를 중국인들이 "까오리방즈"라고 욕해요. 나라없는 슬픔이 커요. 정직하고 비리없이 살아야지요.

면담자: 할아버지, 아버지가 독립운동을 하시지 않았다면 용인 원삼면에서 편안하게 사시지 않았을 까요

구술자: 그렇지 않아요

면담자: 조금 고생하셨더라도 자부심이 있으시지요

구술자: 그렇지요

면담자: 철이 드신 다음에 공산주의, 아나키즘 등에 대하여 어떻게 생각하셨나요

구술자: 학교 다닐 때, 도덕 시간에 공산주의는 옳은 길이 아니라고 배웠어요. 과연 살아보니까 공산주의는 안 좋아요. 발전성이 없어요

면담자: 토교와 중경 사실 때 공산주의 한 사람들이 있었나요

구술자: 중경 남안에 살았지요. 왔다 갔다 했지요. 신익희 선생 따님이 살았어요. 김호곤씨. 나중에는 중경 이쪽으로 이사 왔어요.

면담자: 별로 교류는 없으셨네요

구술자: 그랬어요

면담자: 아나키스트 이하유, 이해평씨 등과는

구술자: 몰랐어요. 서언에서 달라졌다고. 나월한이 암살당했다고 들었어요

면담자: 나월한씨는 보신 적이 있나요

구술자: 뚱뚱하고

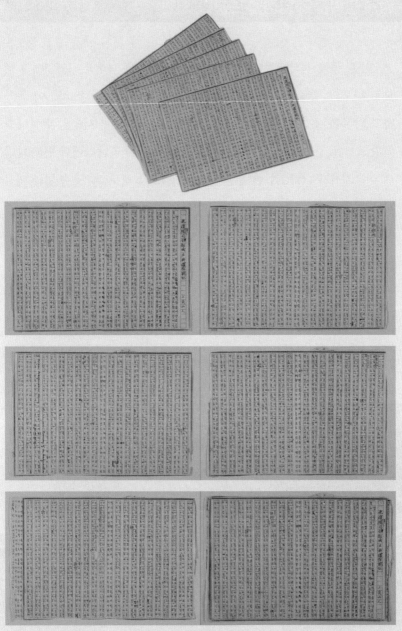

광복군 총사령부 성립전례 배관기

청년 광복군의 열정을 느끼다, 서안

　서안은 중국 섬서(陝西)성의 성도이며, 행정구역은 11개의 구와 2개의 현으로 나뉜다. 관중분지(關中盆地)의 중앙부, 북쪽으로 위하강(渭河江)이 동류하고 남쪽에 종남산(終南山)이 솟아 있는 곳에 위치한다. 서안은 주(周)나라 무왕(武王)이 세운 호경(鎬京)에서 비롯되며, 그뒤 한(漢)나라에서 당(唐)나라에 이르기까지 1,000여 년 동안 단속적이었으나 국도(國都)로 번영한 역사적 도시로 그동안 장안(長安)이라는 이름으로 불려왔다. 1943년에 시(市)가 설치되었다.

　서안에서 우리는 광복군 유적과 만나게 된다. 제2지대, 제5지대 등이 그것이다. 아울러 한국청년전지공작대 본부 자리도 찾아볼 수 있다. 다만 서안의 도시화로 도시에 있는 것은 찾아볼 수 없고 농촌에 있던 훈련장만 그 터를 확인할 수 있다.

광복군총사령부 옛터(현 이항 옷가게)

일명 광복군거리(이부가거리)

서안에서는 진시황릉, 서안사변 유적, 성터 등 다양한 유적을 보았고 교자만두도 맛있게 먹었다. 그런데 우리가 찾은 큰 대로, 시내 한복판, 광복군의 아무런 흔적도 남아 있지 않았다. 철기 이범석 등 광복군에서 활동했던 그 모습을 얼마나 보고 싶어 했던가. 골목안으로 들어가니 한국청년전지공작대가 있었던 터만이 역시 덩그러니 남아 있었다.

서안 한국광복군 제2지대 본부터는 2004년 장준하 대장정시 처음으로 방문하였다. 이어서 2014년 5월 29일 두곡진 한국광복군 본부터에 광복군 제2지대 표지석 기념공원이 건립된 후 다시 방문하였다.

광복군총사령부터

서안 한국광복군 총사령부 본부

독립기념관 해설

1941년 초부터 1942년 9월까지 한
국광복군의 총사령부가 있었던 곳으
로, 섬서성 서안시 북대가 2부가 4호
이다.

1940년 9월 창설된 한국광복군은
대일전쟁을 전개하기 위해 11월 서안
에 전방사령부를 설치하였다. 적은
인원으로 하향식 부대편제를 구성한
한국광복군으로서는 병력 확보가 시

마지막 한청반인 제3기졸업식(1942. 10. 1)

급한 문제였다. 한국광복군은 적극적인 모병활동을 전개하기 위해 총사령부를 서안으로 이
전하였다. 서안은 화북이나 동북방면으로 나가는 전략적 요충지대로 적 후방에 대한 공작
및 작전지점으로 적합했다. 당시 서안에는 호종남을 총사령관으로 하는 제2전구 전신인 제
34집단군 군사위원회의 행영이 주둔한 곳이기도 하다. 또한, 중일전쟁 이후 한반도에서 많

은 한인이 화북지방에 이주하여 거
주하고 있었는데, 광복군으로서는
서안이 이들 한인에 대한 초모, 선전
활동을 전개하기가 적합한 곳이었다.
임시정부는 이미 1년 전 이곳에 군사
특파단을 파견하여 초모, 선전활동
을 전개하면서 서안에 군사기지를
구축하고 있었다. 이에 따라 국무회
의에서 서안으로의 총사령부 이전을

한국광복군제5지대성립기념(1941. 1. 1)

결정한 것이었고, 부관처장 황학수를 총사령 대리로 한 서안총사령부 잠정부서가 편성되

었다. 이 잠정부서는 중경의 총사령부 인원과 서안의 군사특파단 인원을 합쳐서 편성된 것이었다. 서안총사령부는 전방사령부와 전선사령부의 성격이 강했다. 서안의 전방사령부는 처음에 통제방에 사령부를 설치하였다가, 늦어도 1941년 초에는 이곳에서 300여 미터 떨어진 이부가 4호로 옮겼다. 본래 목조 2층 건물이었으나, 1995년경 북대가 도로확장 당시 도로에 편입되어 현재는 건물이 남아있지 않다.

서안 한국광복군총사령부 총무처직원들(1940. 12. 26)

한국광복군 총사령부 서언 판사처직원일동(1940. 12. 22)

서안 한국청년전지공작대 본부 터

독립기념관 해설

1930년대 말 한국청년전지공작대의 본부가 있었던 곳으로 섬서성 서안시 북대가 이부가 29호이다.

한국청년전지공작대는 1939년 11월 대장 나월환, 부대장 김동수, 군사조장 박기성, 정치조 장 이하유, 선전조장 이해평 등 30여 명의 무정부주의 계열 청년들이 중심이 되어 중경에 서 조직되었다. 전지공작대는 결성과정에서 김구의 승인을 받았지만, 대한민국임시정부와 는 별도의 독자적 조직체였다.

한국청년전지공작대는 결성 직후 이름 그대로 전지공작을 위하여 16명이 먼저 중국군 제

한국청년전지공작대가 서안으로 떠나기 직전 중경에서 임정요인들과 함께(1939. 11. 17)

1열 왼쪽부터 박영준, 엄항섭, 박찬익, 김구, 유진동, 김인
2열 왼쪽부터 김동수, 박기성, 송영집, 하상기, ○, 김작생, 엄익근, 나월환
3열 왼쪽부터 맹조화, 이하유, 평지성, 김원영, 조시제, 현이평, 이재현, 주지

10전구 사령부가 있는 서안으로 이동하여 이부가 29호에 자리를 잡았다. 전지공작대는 이곳의 중국군 제34집단군 사령관 호종남과 교섭하여 사령부 소속 전시 간부 훈련단에 한국청년훈련반을 설치하였다. 그들은 태항산 남쪽 기슭, 일본군 36사단이 주둔하고 있는 노성·능천·초작·신행 등지에서 초모공작을 전개하여 47명의 병력을 보충할 수 있었다.

한국청년전지공작대1주년기념(1940. 11. 11, 중경)

초모된 한인청년들은 서안의 한국 청년훈련반에 입교하여 훈련을 마친 뒤 전지공작대원으로 편입되면서 60여 명의 부대로 성장하였다. 이와 같이 전지공작대의 명성이 올라가자

한국청년전지공작대 옛터(현재 서안시 중급인민법원)

대한민국임시정부와 조선의용대는 경쟁적으로 포섭공작을 벌였다. 1940년 초 대한민국 임시정부는 군사특파단을 서안에 파견했으며, 같은 무렵에 조선의용대도 김학무를 서안에 파견하였다. 이에 무정부주의자로 이뤄진 전지공작대는 강소성 상요에 있는 무정부주의자 정화암·유수인 등과 논의하여 독자적인 활동을 전개하기로 하였다. 그러다가 1941년 1월 1일에 대한민국임시정부 한국광복군의 제5지대로 편입하였다.

한국청년전지공작대 본부가 사용했던 건물의 원형은 없어지고, 현재 중급인민법원이 들어서 있다.

서안 한국광복군 제2지대 본부 터

독립기념관 해설

한국광복군 제2지대(지대장 이범석)가 주둔했던 곳으로 섬서성 서안시 장안현 두곡진 두곡 양참이다.

한국광복군 창설 초기 제2지대는 중경(重慶)에서 서안(西安)으로 이동하였던 총사령부 인원을 중심으로 편성되었다. 당시 지대장은 공진원, 간부는 나태섭·고시복·지달수·유해준 등이었으며, 이들은 제2지대의 창설요원이었다. 그 후 조선의용대의 일부가 한국광복군에 편입되면서 제2지대는 새롭게 조직을 일신하였다. 즉 제2지대는 1942년 4월 22일, 초기에 편성되었던 광복군 1지대(산서성(山西省)), 2지대(수원성(綏遠省) 포두(包頭)), 5지대(서안)가 통합되면서 창설되었다.

제2지대는 이범석 지대장을 중심으로 대원 30여 명으로 구성되었다. 지대편제는 본부격인 총무조와 정훈조로 크게 나뉘고, 그 산하에 3개 구대가 설치되었으며, 각 구대는 3개 분대로 이뤄졌다. 제2지대는 창설 직후 서안 시내 이부가 4호에 있던 광복군총사령부와 함께 주둔하고 있다가, 1942년 9월 광복군총사령부가 중경으로 이전한 뒤로는 주둔지를 서안시 외곽에 있는 두곡진으로 옮겼다. 1945년 9월 당시 제2지대 인원은 2500여 명이었다.

당시의 건물은 없어지고 현재 양곡창고가 되어 있으며, 당시의 현황을 알 수 있는 건물 자리가 양곡창 서쪽에서 동향으로 약간 경사진 형태로 양곡창고 마당 내에 존재한다. 2014년 5월 29일 두곡진 한국광복군 본부터에 광복군 제2지대 표지석 기념공원이 건립되었다.

광복군2지대 신년경축대회(1941. 1. 1)

광복군 2지대본부(서안 두곡)

종남사터

한지성, 역사에 묻힌 인도 미얀마 파견전구공작대 》 》 》 》

인도 미얀마 파견전구공작대

한국광복군은 중국 각지에서 중국군과 협력하여 일본군과 싸웠으며, 멀리 인도와 미얀마(버마) 전선에까지 나아가 영국군과 함께 대일 전투에 참여하였다. 9명의 인면공작대는 1943년 8월 29일 인도로 파견되었다. 이들은 그해 연말까지 콜카타와 델리에서 특수공작전 훈련을 받았다. 그뒤 대원들은 인도와 미얀마의 국경지대인 임팔(Imphal), 디마푸르(Dimapur), 캉글라통비(Kanglatongbi), 우크룰(Ukhrul), 비센푸르(Bishenpur), 티딤(Tiddim) 등지에서 활동하였다. 인면공작대는 이들 지역에서 대적방송을 비롯하여 문서해독, 포로심문, 선전잡지 발행 등의 특수공작전을 수행하였다. 대원들은 1945년 미얀마의 만달레이와 양곤전투에 참전한 것을 끝으로 임무를 종료하고 귀환하였다. 요컨대, 인면공작대는 1943년 중경에서 파견되어 1945년 해방 직후 중경으로 귀환하였다. 이 부대는 영국군과 공동으로 특수 공작전을 전개하여 상당한 전과를 올렸다. 이들의 성원은 모두 9명이었고, 파견기간은 2년이었다. 그럼에도 불구하고, 이들의 활동이 갖는 역사적 의의는 매우 크다. 인면공작대는 임시정부가 2차 대전에 참전하기 위해 편성한 한국광복군의 임무를 최전선에서 구현했던 '유일한' 부대였기 때문이다.(박민영, 「광복군의 인면전지공작대연구」, 『한국독립운동사연구』 33, 2009)

인도 미얀마전지공작대 대장 한지성

한지성은 경북 성주 출신의 독립운동가다. 1931년 대구상고를 졸업하고 바로 양친에게 독립운동의 뜻을 밝히고 중국으로 떠났다. 곧바로 중국 국민당의 인재양성 학교인 중앙정치학교를 4년 수학했다. 이 학교의 교장은 국민정부 주석인 장제스가 겸임했다. 훗날 한지성의 중국어 실력이 수준급에 이르게 된 것도 이 덕분이었다. 이후 한지성은 약산 김원봉이 1938년에 의열단을 해산하고 만든 조선의용대에 합류해 정치조 선전주임과 외교주임 등을 지냈다.

서른살이 되던 해인 1942년에는 김원봉 등과 함께 임시정부 의정원 경상도 지역 의원으로 선출됐다. 이어 1943년 8월부터 2년간 한국광복군에서 영국군 요청으로 인도와 미얀마 대일 전선에 파견한 인면전구공작대(대원 9명) 대장으로 활약했다. 영국군을 도와 일본군에 대한 대적선전·포로심문·문건번역 등과 같은 작전을 펼친 공작대는 광복군이 연합군과 함께 대일 군사작전을 펼친 대표적인 사례로 꼽힌다.

특히 한지성이 임시정부에서 함께 독립운동을 하다 결혼한 아내 안금생은 안중근 의사 동생 안공근의 둘째 딸이다. 1946년 귀국한 한지성은 해방 공간에서 김원봉과 정치 행보를 같이 하다 1948년 조국 분단을 막기 위해 평양에서 열린 남북 협상에 참석한 후 북에 머물렀다.

1943년 11월경 인도 델리 근교로 추정되는 곳에서 인면전구공작대 대원, 영국군 R.C. Bacon대위와 함께 찍은 사진. 앞줄 왼쪽 둘째가 한지성이다.
1열 왼쪽부터 김성호, 한지성, 베이컨, 송철
2열 왼쪽부터 문응국, 김상준, 박영진, 최봉진, 나동규

남경에서 학우와 함께(1934. 1. 1)

정치대학 졸업사진(1936. 8. 24)

광복군인면전구 공작대
1열 왼쪽부터 나동규, 김성호 2열 왼쪽부터 김상준, 문응국, 박영진, 한지성, 베이컨(Roland C. Bacon)

한지성 대장(뒤 오른쪽 세번째)이 인면전구공작대원 및 영국군과 함께 찍은 사진

사진으로 보다

조선의용대 확대간부회의 참석자 사진 (1940.11, 후열 오른쪽 2번째)

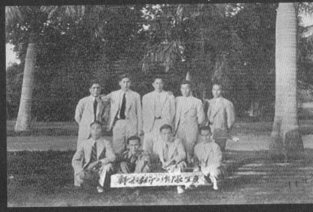

공작대 동지 전원이 사복으로 함께 (1945, 중국귀환 직전으로 추정, 뒷줄 중앙)

1945년 인도 콜카타에서 찍은 한지성 대장(맨 오른쪽)과 부인 안금생(오른쪽 세째) 사진

PART
02

대한민국임시정부의

광복군-구국장정 6천리, 아! 장준하

현장을 가다

장준하, 독립운동과 민주화의 화신

2004년 장준하기념사업회 주최 대장정 10기 단장으로 대학생들과 함께 중국관내 주요 항일유적지를 답사하였다. 그때의 감동을 역사의 기록으로 남겨 독자들과 함께 하고자 한다. 식민지시대 열혈청년 장준하의 발길은 여러분께 깊은 감동을 선사할 것이다. 이준영선생님을 비롯한 기념사업회분들께 깊은 감사를 드린다.

일제강점기 한국광복군 제2지대에 배속되어 활동한 독립운동가. 언론인, 정치인, 민주화운동가.

평안북도 삭주 출생. 아버지는 장로교 목사인 장석인(張錫仁)이다.

일본 동양대학 예과를 거쳐 도쿄의 일본신학교에서 수학하던 중 1944년 일본군 학도병에 강제 징집되었다. 이후 중국 서주(徐州) 지구에 배속되었

장준하(1918~1975)

으나, 6개월 만에 탈출에 성공하여 김준엽(金俊燁)의 도움으로 중국의 중국중앙군관학교(中國中央軍官學校) 임천(臨泉) 분교 한국광복군간부훈련반(약칭 한광반)에 입대했다. 이곳에서 훈련을 받으면서 여가를 이용해 잡지 『등불』을 발간했다. 한광반의 훈련에 한계를 느끼고 중경에 있는 대한민국임시정부에 합류하기로 계획했다. 2개월간 혹한, 배고픔과 사투를 벌인 끝에 1945년 1월 30일 중경의 대한민국임시정부에 도착했다. 도착 후 서안(西安)의 한국광복군 제2지대 이범석(李範奭) 휘하에 배속되었고, 유엔군 중국전구사령부(中國戰區司令部) 웨드마이어(Wedemeyer, A. C.) 휘하에서 미국 전략정보국이 주관하는 한미합작 특별군사훈련을 받았다. 특

히 국내의 후방에 침투할 목적으로 조직된 국내정진군(國內挺進軍)에 자원해 수송기를 타고 작전에 투입되었으나, 일본 항복 소식을 듣고 귀환했다.

광복 이후 잡지『사상계』를 간행하였고, 민주화운동에 활발하게 나섰다. 이 과정에서 여러 차례 투옥되었으나, 옥중 당선으로 제7대 국회의원이 되었다. 유신체제 반대운동을 주도하던 중 1975년 의문의 등산 사고로 사망했다. 저서로『돌베개』가 있다.

1962년 한국인으로는 최초로 막사이사이상(언론부문상)을 수상했다. 정부에서는 1991년 건국훈장 애국장, 1999년 금관문화훈장을 추서했다. 1999년 그의 독립운동·민주화운동의 정신을 계승하기 위해 사단법인 장준하기념사업회가 설립되어 매년 1~2회 전국의 대학생들과 함께 그의 독립운동 행적을 따라가는 '아! 장준하 구국장정 6천리' 행사를 열고 있다.

묘소는 본래 경기도 파주시 광탄면 소재 나사렛 천주교 공동묘지에 있었으나, 2012년 8월 파주시가 추모공원으로 조성한 통일공원으로 옮겨졌다.

1945년 한반도 침투작전을 준비하던 한국광복군(오른쪽 끝이 장준하)

상해로의 출발과 다짐

    2004년 2월 7일, 오늘은 장준하 구국장정을 가는 날이다. 새벽 3시 40분에 기상하여 준비하고 5시 15분 분당 서현역을 출발하여 6시 20분 인천국제공항에 도착하였다. 벌써 장준하기념사업회 이준영 사무국장 등 여러 단원이 나와 있었다.

    7시 30분 공항 1번 출입구 근처에서 구국장정 출정식이 거행되었다. 김도현, 유광현 선생님 등 기념사업회 관계자분들의 축사 및 격려사가 이어졌고, 10차 단장인 필자의 인사말이 있었다. 우리 일행은 모두 80명으로 9차까지 각기수 마다 50명이었던 것에 비하면 대부대였다.

    강인영(서강대 신방과)양의 출정 선언문이 낭독되었다.

> 우리 청년등불 대원 일동은 광복군의 정신을 되살려 7천만 겨레의 앞길을 비추는 등불이 되고자 대륙횡단의 출정을 선언한다.(중략) 청년등불 대원 한 사람 한 사람은 각자가 모두 민족혼의 체현자요, 민족통일의 역군임을 명심하라

    9시 50분 인천발 상해행 아시아나 항공기에 올랐다. OZ 363편이었다. 조류독감 때문에 좀 걱정은 되었으나 중국 상해 공항당국에서도 별 긴장감은 없었고, 간단한 건강 설문지만을 제출하였다. 비행기는 출발한 지 1시간 40 여분만인 11시 43분(현지시각 10시 34분)에 상해 포동국제공항에 도착하였다. 이 공항은 새로 건설된 공항으로 인천국제공항보다 큰 공항이라고 우리의 안내자인 양선생(조선족, 흑룡강성 계동출신)은 말하였다. 공항은 크게 현대식으로 잘 건축되어 있었다. 공항에서 동방명주 건물로 향하는 도중 상해

노신동상   노신묘

가 자랑하는 자기부상열차가 중국의 발전을 뽐내는 듯 손살같이 지나갔다.

우리 일행은 홍자계 식당에서 상해식으로 점심을 먹고, 윤봉길의사 의거가 있었던 노신공원(당시 홍구공원)으로 출발하였다. 노신공원에서는 윤봉길의사를 기념하여 지은 매정(梅亭)을 보고, 이어서 매정 안에 전시되어 있는 윤봉길의사의 일생과 의거, 처형에 이르는 일대기를 살펴볼 수 있었다. 아울러 매정 앞에 있는 윤봉길의거 현장 비석을 살펴보고, 1932년 4월 일왕의 생일인 천장절에 전승기념 행사가 있었던 잔디밭 현장도 살펴볼 수 있었다. 잔디밭 옆에는 노신의 좌상과 노신의 묘가 있어 참배하는 시간을 가졌다. 특히 노신의 경우 중국의 대문호일 뿐만 아니라 한국의 아나키스트들과도 인연이 많은 인물이라 더욱 관심이 갔다.

매정   윤의사의거 현장

　　우리 일행은 노신공원을 뒤로 하고 상해 임시정부 청사로 향하였다. 이 곳은 1926년부터 1932년까지 임시정부청사가 있던 곳으로 현재 한국인이 주로 찾는 명소가 된 곳이다. 임시정부에 관한 비디오를 보고, 임정청사를 둘러보았다. 시간상 학생들에게 충분한 설명이 이루어지지 못해 못내 아쉬운 마음이 들었다.

　　다시 일행은 1920년-30년대 상해의 옛 모습을 살펴볼 수 있는 외탄으로 향하였다. 외탄에 즐비한 옛 서양식 건물들을 바라보며 서양 및 일본 등 제국주의국가들에 의해 침략당했던 중국의 근대사를 연상해 볼 수 있었다. 외탄의 건너편에는 동방명주탑의 웅장함이 상해의 발전을 상징해주고 있었다. 외탄 부두를 바라보며, 1930년대 관동군사령관을 죽이기 위해 노구를 이끌고 만주 대련으로 향했던 이회영의 모습이 떠올랐다. 아울러 일본의 다나카(田中義)를 처단하기 위해 나섰던 오성륜의 모습도 눈에 선하다.

　　혁명의 도시, 항일의 도시, 상해의 밤은 점점 깊어 갔다. 상해성에서 저녁을 먹고, 원양호텔에 투숙하여 밤을 보냈다.

임시정부청사

임시정부청사

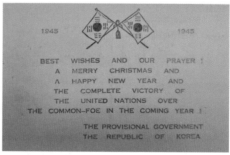

임시정부 연하장

강소성 서주 불노하에서 올린 무명애국열사 진혼제 》 》 》 》

불노하

2월 8일, 오전 5시 30분 원양호텔에서 식사를 하고 6시에 홍개공항으로 출발하였다. 이 공항은 예전에는 국제공항이었으나 포동공항이 만들어진 이후 국내선이 주로 뜨고 있었다. 우리는 7시 15분 탑승을 하여 서주(徐州)로 행하였다. 서주까지는 비행기로 약 1시간 정도 소요되었다.

서주공항은 시골 공항치고는 꽤 큰 편이었다. 우리들은 8대의 차량에 분승하여 각 조를 이루었다. 우리 조는 2조였으며, 구성원은 백승민 팀장이하 오민영, 백정희, 이영래, 박준환, 김민호, 강성신, 김정원, 이우 등이었다.

쓰가다부대(서주)   불노하 진혼제

　15인승 정도의 중국 버스를 타고 1시간 정도 이동하니 과거 장준하가 탈
출하였던 쓰가다 부대가 나타났다. 장준하는 이곳에서 1944년 7월 7일 동
지인 김영록, 윤경빈, 홍석훈 등과 함께 탈출하였다.

　1944년 7월 7일 밤 장준하는 당시의 긴박했던 탈출상황을 다음과 같이
묘사하고 있다.

　　따따따땅하고 총소리가 나의 심장을 뒤에서부터 뚫어오는 듯한 착각의 그 순간.
　　나의 몸이 훌쩍 기울어진 철조망 위로 굴렀다. 바른쪽 손목이 비틀리면서 왼손이
　　철조망가시를 함께 잡았다. 놓치면 그대로 굴러 떨어지는 것이다. 아무런 감각도
　　없이 나는 왼손의 힘으로 철조망에 잠시 매달렸다. 이윽고 바른발을 철조망에 걸
　　고 몸을 솟구쳐 뛰어내렸다. 내가 배운 철조망 추월법은 응용이 되었는지 안되었
　　는지 전연 모르겠다(『돌베개』, 30쪽)

　쓰가다부대는 지금은 중국의 공정병지휘학원으로 이용되고 있었다. 부

대에서는 군사시설이라는 이유로 부대 입구 안으로의 입장을 허용하지 않았다. 부대 앞에서 정면을 바라보니 일본식 건물이 그대로 남아 있었다. 본부같이 보였다.

쓰카다 부대는 현재 중국의 몽전(蒙田) 부대가 들어서 있었다. 그러나 과거 장준하 등이 탈출하여 기어오르던 산 등의 모습을 전혀 찾아볼 수 없을 정도로 주변은 모두 평지로 변해 있었다. 장준하는 이 탈영을 위해 평양에서 생손을 앓고 있음에도 불구하고 중국행을 고집하는 열의를 보였으며, 쓰카다 부대에 입대한 후에는 주변 지리를 익히고 교관에게 중국군의 현황을 묻는 등 치밀한 준비를 하였다.

서주는 큰 도시였으며 역사적으로는 삼국지의 유비가 관리로 임명되었던 곳으로도 유명하다고 한다. 또한 이곳은 교통의 요지이기도 하며 전략적 요충지이기도 하다. 1938년에는 일본군과 중국군의 100만 대군의 대외전이 벌어졌던 곳이며, 1948년에는 중공군과 장개석 군대가 함께 전투를 전개한 곳이기도 하다.

서주의 쓰카다 부대를 답사한 후 우리 일행은 차로 30분 정도 달려 서주시 고휘구(賈匯區) 대호진(大戸鎮)에 있는 불노하(不老河)를 찾았다. 조그마한 농촌 마을에 흐르는 폭 20m 정도 되는 하천이었다. 이곳에서 장준하는 동료들과 만나서 서주를 탈출하여 목욕하고, 조국이 있는 동북지역을 향하여 묵념을 올렸다. 아울러 전통적 스타일의 애국가도 목 놓아 합창하였다. 또한 생전 그려보지 못한 태극기도 그려보았다. 당시의 감격을 장준하를 통해 들어보자(돌베개, 77-78쪽)

불노하에서의 필자   추모제

중국의 아침 햇살이 우리들 눈방울 마다에서 빛났다. 한포기 풀잎의 이슬방울처럼 우리들의 순수가 눈방울 마다에 맺혔던 것이다. 지고의 순수는 우리를 그토록 감동시켜 주었다. 아직도 나는 그 불로하 강변의 숭고한 아름다움을 잊지 못한다. 가슴에 아로새겨진 그 조국애의 결의, 애국가의 힘이 그처럼 벅찬 것임은, 아직도 감격스러운 회상의 과제로 내 가슴에 남아있다. 내가 한반도의 자손임은 애국가를 부를 때마다 새삼스러워진다. 그 강변 선 이후부터

불노하에는 이미 우리가 온다는 소식을 듣고 대호진의 중국인민들이 많이 나와 환영해 주었다. 우리는 대호진 인민정부에 감사의 뜻을 전하였고, 기념패와 선물, 금일봉을 전달하였다. 아울러 무명애국열사들에 대한 진혼제도 올렸다. 필자는 축문을 올렸으며, 무명용사들에게 술잔 또한 올렸다. 아울러 무명애국지사들 앞에 새로운 우리들의 장정 시작을 고하였다. 불노하에서 태극기를 앞에 놓고 사진 촬영을 한 것은 나에게 가장 큰 추억거리가 될 것이다.

진혼제를 마친 우리 일행은 서주 시내에서 점심을 먹고 저녁 숙소인 부양(阜陽)으로 향하였다. 부양은 임시정부 광복군의 제 6참모처가 있던 곳이다. 이곳에서 활동했던 김우전, 김유길 등 광복회 인사들이 생각되었다.

서주를 출발하여 회북시(淮北市)-와양현(渦陽縣)을 지나 부양에 이르렀다. 약 4시간 정도 소요되었다. 와양현은 노자(老子)의 출생지라서 그런지 길가 로타리에 노자의 동상이 있어 보는 이의 마음을 더욱 친밀하게 하였다. 저녁 7시 부양에 도착하였다. 서주에서 부양 오는 길은 대체적으로 평지였으며, 주로 밭농사를 하고 있는 것 같았다. 7시 20분부터 1시간 30분 정도 필자의 강연이 있었다. 〈독립운동과 분단, 그리고 통일의 길〉이 그 주제였다.

아는만큼 보인다

김영록(金永祿)

평남 평양(平壤) 사람이다.

일본대학 경제학과를 졸업한 후 1944년 1월 20일 일본군에 징집되어 중지파견군 제7995부대에서 근무 중 탈출하여 광복군 제1지대에 입대하였다. 한광반(韓光班) 간부훈련을 수료하고 항일활동을 계속하다가 광복을 맞이하였다.

홍석훈(洪錫勳)

평남 평양(平壤) 사람이다.

1944년 일본 입교대학(立教大學) 재학중 학병으로 일군에 강제 징집되어 동년 2월 16일 중국 서주지구 치중대(輜重隊)에 배속되어 근무하던 중 7월 7일 장준하·윤경빈·김영록 등과 함께 일군을 탈출하여 8월 광복군에 입대하였다. 동년 10월 22일 중국 안휘성(安徽省) 임천(臨泉)에 소재한 중앙군관학교 분교 한국광복군간부훈련반(韓國光復軍幹部訓練班 : 韓光班) 제1기생으로 입교하여 소정의 훈련을 수료하였다. 그 후 대한민국임시정부에 참여하여 다방면으로 활동하였다.

윤경빈(尹慶彬)

평남 중화(中和) 사람이다. 광복회장 역임

1944년에 학도지원병(學徒志願兵) 일본군 부대에 강제 입대한 후, 탈출하여 부양현(阜陽縣) 임천(臨泉)에 주둔한 중앙육군군관학교 제10분교 간부훈련반에 설치된 한광반에서 군사교육훈련을 받고 제1기생으로 졸업하였다. 1945년 1월말 학병 탈출 동지 500여명과 함께 중경으로 왔으며, 임시정부와 중국측 인사들의 대대적인 환영을 받았다. 그리고 광복군 총사령부에 소속되어 광복군 부위(副尉)로서 판공실(辦公室)부관으로 복무하였다.

한광반의 중심지 임천 ⟫ ⟫ ⟫ ⟫

2월 9일. 오전 5시 30분에 일어나 6시에 식사를 하고 부양을 떠나 임천으로 향하였다. 사실 부양에는 김학규(金學奎) 장군이 이끄는 광복군 3지대 성립 장소가 있어 보고 싶었으나 일정이 허락하지 않았다.

광복군 3지대 성립 장소는 부양시 인민로 인민극장(현재 古樓區 仁里街 人民西 路 2호 맨하탄디스코장)이다. 이곳은 1945년 6월 30일 한국광복군 3지대가 성립 전례식을 거행하던 곳이었다. 이 극장에서 3지대원들은 "탈출기"라는

제목의 연극을 공연하기
도 하였다.

아침 이른 시간이라 부
양은 어두움에 묻혀 있
었다. 부양을 출발하여
장준하 등이 탈출하여
교육을 받았던 임천(臨泉)
으로 향하였다. 이곳에
는 임천 제 1중학교가 있
는데 이곳에서 한광반(한
국광복군청년훈련련반)이 교
육을 받고 숙소로 활용
하였던 것이다.

당시 임천에 도착한 장

한국광복군제3지대 1구대원원들(1945. 6. 30)부양

한국광복군훈련반 제1기졸업기념(1944. 10. 22)

준하 일행의 감격은 이루말 할 수 없었다. 그는 다음과 같이 언급하고 있다.

> 그것은 기대 밖의 환영이요 감격이었다. 물보다 진한 피의 응결성이요 한핏줄의
> 뜨거운 체온이었다. 또한 같은 설움 속에서 뛰쳐나와 같은 처지에 놓이게 된 동료
> 의식의 강렬한 작용이기도 하였으리라.(돌베개, 123쪽)

그러나 그곳에서의 생활은 장준하 등 애국심에 불타는 젊은이들에게 만족스럽지 못하였다. 하루의 일과는 중국국기 게양식, 하양식 거행참가와 한 두시간 도수교련, 김학규의 한국독립운동사 강의 청강 등이었다. 이에 장준하일행은 권태로운 일상과 자포자기 속의 일상을 타파하기 위하여 각자가 대학에서 공부한 내용을 동료들에게 알림으로써 지식의 폭을 넓히고자 하였다. 아울러『등불』이라는 잡지 제작을 통하여 일상에 활력소를 제공하고, 독립의지를 강건하게 하고자 하였다. 이 부분에 대하여 장준하는 『돌베개』(131쪽)에서 다음과 같이 언급하고 있다.

> 『등불』은 진정 우리들의 뜻대로, 등불로써 불을 밝히고, 앞장서 길을 밝히며, 꺼
> 지지 않는 등으로 이 민족 누구에게나 손에 손에 들게 만들어 주고 싶은 그때의
> 그 뜻을 스스로 짓밟고 싶지 않다. 그것은 가마니를 깔고 누워 받은 최초의 사명
> 감이었다.

1944년 11월 30일 오후 1시, 장준하는 3개월동안 임천 광복군훈련반에서 경험한 무료함과 중경 임시정부에 대한 부푼 기대감 때문에 김학규주임(광복군훈련반 주임)의 만류를 뿌리치고 중경을 향하여 떠난다. 당시 일행은 모두 53명으로, 임천에 남기로 한 13명을 제외한 전원이었으며, 여인 6명과

아이들 3명이 포함되어 있었다.

임천은 별로 크지 않은 도시였다. 임천 제1중학교 입구에 들어서니 과학관 건물이 웅장하게 서 있었다. 아울러 과학관 건물 좌·우 그리고 뒤에도 학교 건물이 서 있어 대단히 큰 규모의 학교로 여기어졌다. 이 학교는 과거 임천소학교가 변화, 발전한 곳으로 현재에는 그 모습을 전혀 찾아볼 수 없었다. 학교에는 임천현 정부에서 관계관들이 나와 우리의 도착을 환영해 주었다. 아울러 중국중앙군관학교 임천분교에서 교관으로 활동한 이빙영(李冰英)의 아들 이굉시(李宏是)가 나와 우리를 환영해 주었다. 이굉시의 경우 부친 이빙영이 재작년 사망시 유언으로 장준하 기념사업회의 분들이 오면 잘 대해 줄 것을 부탁하여 계속 일에 적극적으로 협조하고 있다.

우리는 다시 길을 옮겨 차로 한광반원들이 훈련받던 장소로 향하였다. 그곳은 임천 제1중학교와 가까운 위치에 있었다. 이곳은 현재 임천현 문무학교였다. 우리식 초등학교인데, 학생들이 일반교육도 받고 무술도 배운다고 한다.

교내에 들어가서 우측으로 들어가니 제3지대 광복군훈련반 장소 기념비가 한글, 중국어 등으로 적혀 있었다. 이 비는 2003년 6월 20일 광복회 회장 김우전과 안휘성 임천 상공회의소가 세운 것으로 되어 있었다. 학교의 학생들은 우리를 열혈이 환영해 주었으며, "무예시범"을 단체로 보여주기도 하였다.

임천을 떠나 우리 일행은 하남성(河南省) 주마점시(駐馬店市)로 향하였다. 이곳은 임천에서 3~4시간 정도 소요되었다. 가는 길마다 장이 서 중국의 풍물과 시장 모습을 잘 느껴볼 수 있었다.

우리는 임천현을 출발
하여 양부진(楊埠鎭), 평여
현(平與縣), 여남현(汝南縣)
을 지나 3~4시간 만에
주마점시에 도착하였다.
긴 여정이었다. 이곳 주
마점시는 진나라 통일에
기여한 이사(李斯), 그리고
동북항일연합군으로 참
가했던 양정우(楊靖宇)의
고향이라 더욱 친근감이
들었다. 현재 이곳에는
양정우의 구거(舊居)와 박
물관이 들어서 있다.

주마점 평한선 철길

주마점에서 점심을 먹
고 장준하 일행 53명이 죽음을 무릅쓰고 건넜던 평한선 철길로 우리일행
은 향하였다. 이 철도는 일본군이 1944년 5월부터 장악하고 있었다. 약
2km 지점부터 우리 일행은 독립군가를 부르며 철길까지 행군하였다. 철길
은 과거에는 평한선(平漢線)(북평(북경)→한구)이라고 하였으나 지금은 북경→
한구까지의 노선이라 경구선이라고 한다고 한다.

우리 일행은 철길을 건너기 위해 조바심을 태운 53명의 애국청년들을 상
기하게 되었다. 그들은 일본군이 지키고 있는 철길을 목숨을 무릅쓰고 건

주마점 시내　　　　　　　주마점

너 50리 길을 달리고 난 뒤에야 안심이 되었다고 한다.

　평한선을 넘을 당시의 상황을 장준하는 다음과 같이 묘사하고 있다.

　거의 직감으로 철도근방에 이르렀다고 생각하자, 갑자기 앞서가던 부대(중국
군 - 필자주)가 별안간에 구보로 달리기 시작하였다. 우리는 다소 놀라지 않을 수
없었다. 왜 이들이 별안간 뜀박질로 내달리는 것일까. 상황이 급박해진 것일까.
일군에게 발견된 것일까. 우리도 무의식 속에 구보를 시작했고, 무슨 힘에 끌려가
는 듯 뛰어갔다. 마침내 자갈 밟는 소리가 들렸다. 그러나 주위는 아직 그대로 고
요할 뿐이었다. 아마도 철도에 가까워져서는 뛰어넘기로 미리 명령이 내려져 있
었던 모양이었다. 이런 생각 속에 우리도 자갈을 밟았다. 레일이 걸리는 것을 의
식했다. 자갈소리가 유난히 크게 귀에 울렸다. 그 소리가 꼭 일본군을 깨워 부리
는 소리만 같았다. 그러나 일군초소나 불빛 같은 것은 전연 보이지도 않고 또 보
일 리도 만무한 것이었다. 죽는지 사는지 모르고 앞 사람의 뒤만을 따라 달렸다.
구보는 철도를 넘어서도 멎지를 아니했다. 숨이 턱밑에 걸려서 헐떡였지만, 그 뜀

박질의 대열에서 혼자 미끄러지기는 싫었다. 아마 안전지대까지 내리 오십여리
를 뛰는 듯 싶었다.(돌베개, 175쪽)

우리는 장준하 일행이 가슴 졸이며 넘었던 평한선을 넘어보고, 아울러
장준하 선생 등이 넘었던 높은 산이 있는 방향을 살펴보았다. 그러는 동안
에도 기차는 상/하행 방향으로 계속 달리고 있었다. 발전하고 있는 중국의
단면을 볼 수 있었다.

주마점에서 오후 3시경 다시 목적지를 향해 출발하였다. 남양(南陽)은 장
준하일행이 임천을 출발하여 27,28일만에 도착한 곳이었다. 주마점에서 남
양으로 가는 길은 시간이 오래 걸리고 도로도 좋지 않다고 한다. 남양으로
산, 그리고 옛 마을을 따라가는 길은 도로 공사 중이어서 우리 일행은 필양
현(沘陽縣), 당하현(唐河縣)을 거쳐 남양시에 8시간 30분경 도착하였다. 새벽
1~2시경 도착예정이었으나 생각보다 일찍 도착하여 안도하였다.

우리는 교통의 발달로 남양에 일찍 도착할 수 있었으나 장준하일행은 산

한국광복군 훈련반기념비   광복군 3지대훈련장

길로 오면서 무척 고생을 하였다. 그들의 식사는 말이 아니었고, 잠자리 또
한 그러하였다. 장준하는 당시 상황을 다음과 같이 언급하고 있다.

> 저녁 식사 뒤에, 겨우 바람막이의 울타리 역할을 하는 관 같은 방으로 분산되었
> 다. 맨바닥에 나뭇가지를 꺾어다놓고 하룻밤을 지내기로 하고, 맨바닥에 그냥 드
> 러누워 버리기도 하며 돼지, 소가 있는 헛간 한구석에서 자게까지도 되었다. 전
> 연, 방다운 방은 없었다. 그릇에 콩기름이나 돼지기름을 붓고 아무것이나 돌돌 말
> 아 심지로 세워놓고 불을 당기면 아주 훌륭한 등잔불이 되곤 하였다. 등잔불 밑에
> 서 우리는 전신에 가려운 몸을 뒤틀며 이 사냥을 벌이기도 했다. 이 어두컴컴한
> 등잔 밑에서나마 옴에 결려 고생하는 몇 동지들은 돼지기름에 유황을 끓인 그 고
> 약한 냄새나는 약을 훌랑 벗고 전신에 문지르고 있는 광경이 진기하기만 했다(돌
> 베개, 189쪽)

임천-한국광복군 훈련반 제1기생
(1944. 8. 1)

임천-한국광복군훈련반(1944. 9)

이종인과 남양전구사령부, 노하구

남양6전구사령부건물

　남양은 생각보다 훨씬 큰 도시였다. 이 도시는 진나라 때부터 남양이라고 불려 왔으며, 1948년 시(市)로 승격되었다고 한다. 남양시는 하남성 서남부에 위치하고 있으며, 북쪽은 복우산(伏牛山), 동쪽으로는 동백산(桐柏山), 서쪽은 진령(秦領), 남쪽은 한강(漢江)을 접하고 있다. 인구는 1,055만에 달하는 남양분지의 중심지이다. 남양시는 유구한 역사를 가진 도시로서, 전국시대에는 전국에서 유명한 야철의 중심지였다. 서한시대에는 6대 도회(都會) 가운데 하나이기도 하였다. 이곳 남양에서는 정치가, 군사가로 유명한 제갈공명이 탄생한 곳이기도 하다.

남양혁명열사기념비   남양 관아

   2월 10일, 9시에 호텔을 출발하여 남양에서 처음 방문한 곳은 중국 중앙
군 남양전구사령부 건물이었다. 이곳은 인민로 민주가에 있는 "남양지부
아문(南陽知府衙門)" 근처에 있었다. 중앙군 남양전구사령부는 현재 고등학교
에 해당되는 "남양경제무역학교"에 위치하고 있었다. 학교 안으로 들어가
니 이제 막 개학을 하여 학생들이 우리를 신기한 듯이 바라보았다. 학교 안
에는 청대찰원(淸代察院)이라고 하여 청나라 시대 건물이 한 채 있었다. 이
건물이 중국 중앙군 남양전구사령부 건물이었다고 한다. 이 건물은 현재
학생들의 도서관과 자료실로 이용되고 있었다. 바로 이곳 중국 중앙군 남
양전구사령부에 김준엽, 진경성 등이 찾아가서 중경으로 가기 위한 모금을
요청하였다.

   모금을 위해 장준하 등은 10 여일 이곳에 체류하였다. 장준하 등은 중국
중앙군 남양전구사령부의 요청을 받아 이곳 남양에서 10만학도종군운동
을 적극 돕고자 하였다. 그리하여 장준하 등은 임천의 한광반 졸업식 때 했

던 공연을 이곳에서 3차에 걸쳐 하였다. 고등학교, 시민회관, 공설운동장 등이 그곳이다. 이 공연은 중국인들의 민족의식 고취에 크게 기여하였으며, 10만학도종군운동에 공헌하였다. 이에 남양전구사령부에서는 장준하 등 중경으로 향하는 한국인들에게 식량과 동복과 노자를 지급하였다.

　오후에는 하남성 남양에 있는 제갈공명 사당인 무후사(武侯祠)를 답사하였다. 제갈량은 널리 알려진 바와 같이 중국의 촉한(A.D, 221~263/264)이 정치가이다. 그의 자는 공명(孔明)이며, 초인간적인 능력을 가진 인물로 자주 묘사되는 중국의 많은 연극과 소설에서 즐겨 다루어지는 인물이다. 전해오는 말에 의하면 당시 세력이 미미했던 유비가 제갈량의 지혜가 뛰어나다는 소문을 듣고 그가 은거하던 초막으로 3번씩이나 찾아가 자신을 도와달라고 청탁했다고 했는데, 이것을 삼고초려라고 한다. 그는 유비가 대규모 군대를 조직하고, 촉한을 창건하는데 크게 이바지했다. 제갈량의 사당인 무후사에서 우리는 유명한 출사표의 내용을 살펴볼 수 있었다. 죽어서까지 유비를 위하여 충성을 다했던 책략가인 제갈량의 충성심을 살펴볼 수 있는 대표적인 글이라고 할 수 있다.

남양 무후사

무후사에는 제갈량이 살았던 초옥을 볼 수 있었다. 아울러 그의 호인 와룡(臥龍)에서 딴 와룡택(臥龍澤), 제갈정(諸葛井) 등 제갈량을 기리는 많은 기념관들이 있었다. 제갈량의 사당을 보며, 지혜라는 것이 삶에 있어서 얼마나 중요한 것인가를 새삼 느낄 수 있었다. 이곳 남양에는 제갈량의 충성심을 기려서인지 그 옆에는 남양혁명열사능원이 있었다. 남양을 떠나 호북성 양번에 가니 제갈량의 동상과 제갈량 광장 등이 있어 그들의 제갈량에 대한 연모의 정을 새삼 더욱 느낄 수 있었다.

하남성 남양에서 점심식사를 하고, 장준하 등이 중경에 가기 위하여 갔던 노하구(老河口)로 향하였다. 등주(鄧州)를 거쳐 노하구에 도착하니 2시간 정도 소요되었다. 이곳은 옛부터 전략적 요충지로 널리 알려진 곳이다. 절벽 위에 만들어진 이 도시에는 한수(漢水 - 옛 이름 적벽강)가 흐르고 있다. 아울러 멀리 긴 산맥들이 보였는데 제일 높은 산은 대파산(大巴山)이며 해발 3천 미터이다. 이 산맥에 있는 파촉령은 제비도 넘기 어렵다고 하는 험준한 곳이었다.

장준하 등은 파촉령을 넘어 중경에 가기 위하여 이곳에 왔다. 이곳 노하구에는 이종인(李宗仁)이 지휘하는 중국 중앙군 제5전구 사령부가 있는 곳이었다. 장준하 등은 이곳 사령부에 협조 요청을 하여 중경으로 가기 위한 식량, 노자, 동복 등을 지원받고자 하였다. 이종인 사령부의 정훈참모부에서는 10만학도종군운동의 일환으로 시민회관에서 공연을 전개하였다. 공연 후 장준하가 과로로 졸도하여 노르웨이에서 지은 "복민병원"에 가서 치료를 받기도 하였다.

노하구에서 우선 우리는 노하구 중공당인민위원회로 사용되고 있는 "복

이종인사령부건물   이종인 표지석

민병원" 자리를 답사하였다. 이곳은 병원 이후 이 지역 공산당 간부 숙소로
이용되었다. 그러나 최근에는 거의 폐허화되어 사람들이 거의 살고 있는
것 같지 않았다.

　우리 일행은 그곳에서 조금 떨어진 곳에 있는 이종인(1891-1969) 역사박물
관을 견학하였다. 이곳은 과거 이종인이 이끄는 제5전구사령부가 사용하
던 건물이었다.

　이종인은 자는 덕린(德隣). 광서성(廣西省) 임계(臨桂 : 지금의 계림(桂林)) 사람이
다. 광서 육군 단기학교(單期學校)를 졸업하고 1910년 중국동맹회에 가입했
다. 1923~24년 광서 군관(軍官)인 황소(黃紹)·백숭희(白崇禧) 등과 함께 군벌을
축출하고 광서 지역을 통일하는 데 기여했다.

　그는 손문(孫文)의 군정부를 지지하여 국민당에 가입한 뒤 광시 치안책임
자로 임명되었다. 1925년 국민혁명군 제7군 대장을 맡고, 1926년 북벌에 참
여하여 손전방(孫傳芳) 주력군을 격퇴하고 안경(安慶)·합비(合肥)를 점령했다.

후에 제3로군의 총지휘를 맡아 서주(徐州)를 점령하고 산동(山東)으로 진격하는 공을 세웠다. 1927년 10월 군대를 이끌고 서부전선으로 원정을 가기도 했으며, 1928년 제4집단군의 총사령관 겸 무한(武漢) 정치지부 주임으로 임명되었다. 항일전쟁이 시작된 뒤 제5작전 지역의 지휘관 겸 안휘성(安徽省)의 주석으로 있었다. 1938년 쉬저우 전투를 지휘하여 대아장(臺兒莊)에서 일본군 사단에게 대승을 거두었다.

항일전쟁이 승리로 끝난 뒤 국민정부 주석 겸 북경 야전사령부 주임이 되었다. 1948년 부총통으로 임명되고, 1949년 장개석(蔣介石)이 총통직에서 물러난 뒤 총통의 권한을 이어받아 중국공산당과의 협상을 주재했다. 그는 이 회담에서 양자강(揚子江)을 경계로 분할통치할 것을 제안했으나 회담이 결렬되어 미국으로 망명했다. 1958~62년 사이의 경험을 기술한 〈이종인 회고록 李宗仁回憶錄〉을 썼다. 1965년 7월 20일 중국으로 돌아왔으나, 그 다음 해인 1969년 북경에서 병으로 사망했다.

이종인은 중경으로 가는 장준하 일행에게 일정한 도움을 주었다. 박물관은 초라하긴 하지만 많은 사진들이 있어 당시를 이해하는데 많은 도움을 주었다.

우리 일행은 이종인 박물관을 뒤로하고 1시간정도 차를 달려(78Km) 양번에 도착하였다. 양번은 제갈량이 유비를 만난 곳으로 이곳 입구에는 제갈량 동상과 광장 등이 있었다. 노하구는 장준하 등이 중경으로 가기 위해 갔던 곳이다. 그러므로 양자강으로 갈 수 있는 파촉령이 그 상징이라고 할 수 있다. 그러나 파촉령은 노하구에서 2시간 정도 떨어져 있다고 한다. 멀리 바라보이는 산맥을 보며 파촉령을 그려볼 수밖에 없었다. 파촉령은 고원지

이종인사령부건물   장준하가 치료받은 노하구 복민병원

대로 제비도 날아서 넘어가지 못한다는 고사가 있는 곳이다. 그런데 국민정
부가 중경으로 쫓겨간 이후 파촉령에 생긴 통로는 전후방을 연결하는 유일
한 전령로(傳令路)가 되었다. 이 험한 파촉령을 넘어 장준하 일행은 중경으로
향하였던 것이다.

노하구에는 광복군 제1지대 1구대가 파견되어 있었다. 1지대의 지대장은
김원봉이었다. 그리고 파견대장은 김준이었다. 장준하는 이들이 노하구에
서 체류해서 함께 투쟁하자는 논의를 거절하였다. 임시정부가 있는 사천선
중경으로 가고자 하는 마음이 급했기 때문이었다.

우리는 다시 양번으로 향하였다. 이곳은 양자강 최대의 지류인 한강이
경계를 지나며, 역대로 4개성의 인접지역으로 정치, 경제, 문화의 중심지이
기도 하다. 양번에는 풍부한 인문자원과 자연 경관이 있다. 이곳은 중화민
족의 시조인 염제(炎帝) 신농씨(神農氏)와 동한 광무제가 탄생한 곳이다. 또한
제갈량이 이곳 양번에서 몸소 밭을 10년 동안 갈았는데, 유비의 "삼고초
려"의 이야기가 이곳에서 나왔다고 한다.

장강삼협

　2월 11일. 7시 30분, 양번시를 떠나 의성시(宜城市), 형문시(荊門市)를 지나 4
시간 여만에 의창시에 도착하였다. 대부분은 평원지대였으나 형문시를 지
나면서부터는 산지들이 나타나기 시작하였다.

　의창시에 도착하여 점심 식사를 하고 장강(長江) 삼협댐을 보기 위하여 이
동하였다. 댐의 공사 현장까지는 약 1시간가량이 소요되었다. 안내자의 설
명에 따르면 장강 삼협댐은 1992년에 시작하여 2009년 완공 예정이라고
한다. 1차 기초사업은 1997년에 완성되었으며, 제2차 사업은 2003년에 완
성되었다고 한다. 3차 사업만이 2009년 완성을 남겨두고 있어서 그런지 댐

의 전체적인 모습은 거의 완공된 것처럼 보였다.

중국 정부에서 이곳에 댐을 건설하기로 한데에는 몇 가지 이유가 있었다. 첫째는 홍수방지를 위해서였다. 장강 주변들이 무안지구의 경우 2002년의 경우 200여 만명이 피난을 할 정도로 홍수에 시달리고 있다고 한다. 1953년 이 지역에 제일 큰 홍수의 경우 무려 185m의 수위를 보이기도 하였다고 한다. 이 홍수는 천년에 한번있을까 말까 하는 홍수사태였다. 이에 중국 정부에서는 185m 높이의 댐을 건설할 예정이라고 한다. 둘째는 주변도시에 전력을 공급하기 위해서였다. 더울 때 무한의 경우 40~45°의 찜통더위라고 한다. 셋째는 새로운 항로를 개설하기 위해서이다. 중국의 경우 목재의 대부분을 소홍안령산맥, 대홍안령산맥 등지에서 가져다 쓴다고 한다. 그 결과 황사현상도 발생하고 있다. 그러나 댐이 건설되면 중경에서 무한까지 1만톤급 배가 다닐 수 있어 목재 등 물류 수송에 크게 기여할 수 있다. 넷째는 환경 개선에도 도움을 줄 수 있다는 것이다. 즉, 수량이 풍부해지므로 기후조절에도 일익을 담당할 수 있을 것으로 보인다.

그러나 장강 삼협댐의 건설은 일정한 문제점도 보여주고 있다. 첫째는 전쟁이 발발하여 댐이 파괴될 경우 가져올 재앙은 이루 말할 수 없다는 것이다. 둘째는 생태계 균형을 파괴한다는 점이다. 기후변화 등으로 인하여 생물, 동물들의 서식에 큰 변화를 초래할 것이다. 셋째, 댐 공사로 인하여 수많은 마을들이 수몰당하였다. 660km에 걸쳐 120만의 인구가 거주지를 옮겼던 것이다. 이전은 중국의 토지가 국유이기 때문에 가능한 것이 아닌가 생각된다.

의창이 있는 이곳에 댐을 건설하는 이유는 양자강 6,300km 중 이 지방만이 모두 화강암 지역이며, 좁은 협곡지역이기 때문이다. 댐의 길이는 2,335m이며, 높이는 185m이다. 배는 3000톤급 이상과 이하로 나누어진다. 전자는 엘리베이터식으로 이동하는데, 총소요시간이 3~4시간이 소요된다고 한다.

장강 삼협댐의 웅장함을 바라보면서 날로 발전하는 중국의 모습을 몸소 체험해 볼 수 있었다. 자본주의적 발전을 통한 편리함의 추구가 결국 자연경관과 생태계를 파괴함으로써 가져올 수 있는 경고에 대하여 다시 한번 곰곰이 생각해 볼 때가 아닌가 한다.

장강 삼협댐을 바라보며, 의창까지 진출하여 중국을 지배했던 일본이 장강 삼협의 협곡으로 인하여 결국 의창에서 주저앉고 말 수밖에 없었으니 그 안타까움이 어떠하였을까. 장강 삼협의 깍아지른 듯한 절벽들을 바라보며, 일본군이 파동(巴東) 방면으로 올 경우를 대비해 매복해 있었을 중국군의 모습을 새삼 그려보게 된다. 중국군의 경우도 중경에서 출발하여 파동까지밖에 나아갈 수 없었다. 의창은 일본군의 점령지였던 것이다. 결국 의창에서 파동까지의 협곡이 바로 한국의 DMZ와 마찬가지였다고 할 수 있을 것 같다.

의창에서 중경으로 가는 배

장강삼협 기행　　　　　　　　　　　　≫ ≫ ≫ ≫

2월 12일. 5시에 기상하여 5시 30분 식사, 6시 장강 배 타는 곳을 향하여 출발하였다. 중경으로 가는 배는 삼협댐 위에 위치하고 있었으며, 약 1시간 정도 소요되었다.

배는 7시경 중경을 향하여 출발하였다. 중경에는 쾌속선으로 양자강 680km를 달려 약 오후 6시경 도착 예정이었다. 양자강에서 우리는 처음으로 삼협 중의 하나인 서릉협(西陵峽)을 접할 수 있었다. 계곡 사이로 가는 뱃길은 밝은 물에 절경 그 자체였다. 이번 여행을 함께 한 함광복(강원도민일보 논설위원)씨는 댐 공사로 인하여 기후 변화가 생겨 안개가 자주 끼며, 댐으로 인하여 수위가 높아져서 아름다운 경치가 모두 물에 잠기었다고 아쉬움을 토로하였다. 또한 양자강의 맑고 푸른 물을 보며 옛적에는 누런 황토물이었으나 댐을 막아 황토가 강바닥에 가라앉았다고 한다. 그 결과 서해 바다에 황토가 내려오지 않아 생태계에 많은 영향(적조현상)을 주고 있다고 지적하였다. 그는 적조 현상이 생길 경우 황토를 뿌려 문제를 해결함을 지적하며 앞으로 한국 바닷가(황해)에 미칠 영향을 우려하였다.

다음에는 무협(巫峽)을 지났고, 이어서 구당협(瞿塘峽)을 지나며 깎아지른 듯 높은 산들 사이에 서 있는 백제성(白帝城)을 볼 수 있었다. 이 성은 중국 사천성(四川省) 봉절현(奉節縣) 동쪽, 호북성(湖北省)의 경계 가까이, 백제산(白帝山) 기슭에 있는 옛 성이다.

중국 왕망(王莽) 때 이 땅에 있는 우물에서 흰 용(龍)이 나오는 것을 본 공손술(工孫述)이 한(漢)의 토덕(土德:땅의 신비한 음덕)을 자신이 이어받게 되었다고

하며 스스로 백제(白帝)라 선포한
뒤 성을 쌓기 시작했다. 삼국시대
촉(蜀)의 유비(劉備)는 오(吳)를 토벌
하기 위해 손수 원정에 나섰다가
패해 백제성으로 퇴각한 뒤, 이곳
의 이름을 영안(永安)으로 고쳤다.
유비는 이곳에서 죽었다. 가까이
에 공명팔진도(孔明八陣圖)의 유적
이 있다. 이백과 두보의 시에도 백
제성을 읊은 것이 있다.

유비가 죽은 백제성

한국에 돌아가면 <삼국지>를
다시 한번 읽을 기회를 가져야겠
다. 장강 삼협의 아름다운 협곡들을 가로지르며, 역사 속에 묻힌 영웅들의
모습을 그려보게 되었다. 아울러 중국인의 웅장함과 중국의 광활함을 다
시 한번 깊이 느낄 수 있었다.

장준하는 노하구에서 파촉령을 넘어 10여 일만에 흥산(興山)에 도착하였
다. 그곳에서 다시 배를 타고 파동(巴東)에 이르렀다. 파동은 서릉협을 지나
무협이 시작되기 전에 위치하고 있었다. 높은 산 밑에 있는 파동을 바라보
며, 장준하, 김준엽 등이 얼마나 고생하며 이곳 파동에 도착하였을 것인지
를 짐작해 보고도 남음이 있었다. 장준하는 파동에서 8일 동안의 식권을
무료로 받았다. 중경에서 파동까지 물결을 따라 내려오는 경우엔 3일이 걸
리지만, 파동에서 중경으로 물결을 거슬러 올라가는 경우에는 8일이나 걸

린다.

그리고 중경 도착 전에 무협과 구당협을 지나 봉절(奉節)-운양(云陽)-만현(萬縣)에서 한번 하차한 후 다시 중경에 도착하였던 것이다. 장준하 일행은 만현에서 거리를 돌아다니며 단 하루뿐이지만 유람객처럼 유쾌한 구경을 하기도 하였다.

중경으로 향하는 동안 계속 흐리고 비가 내렸다. 오후 6시경 드디어 목적지인 중경 조천문(朝天門) 선착장에 도착하였다. 우리 일행은 이곳에서 가까운 중경빈관에서 여정을 풀었다.

1992년 8월에 중경을 방문한 이후 약 12년만에 방문하는 중경은 너무나 변한 모습이었다. 날로 변화 발전하는 중국의 모습에 21C 한국의 나아갈 좌표를 바로 세울 필요가 있음을 절감하였다.

장강 삼협댐

중경 임시정부청사에서 부른 애국가

　2월 13일. 아침 일찍 중경빈관을 나와 홀로 빈관 맞은편에 있는 팔로군 신화일보 구지(舊址)를 방문하였다. 그곳에는 중경에 있을 당시 팔로군에서 간행한 『신화일보』, 『군중』 등이 전시되어 있었으나 너무 이른 시간이라 일일이 확인할 수 없어 안타까웠다.

　아침 식사를 한 후 일행들과 함께 중경빈관에서 도보로 5분 정도 위치해 있는 대한민국임시정부 청사를 찾았다. 이곳 임정청사에 도착한 장준하는 당시의 감격을 다음과 같이 회상했다.

> 　그렇다. 그것은 태극기였다. 나의 온몸은 마비되는 듯이 굳어졌는데, 몇몇 동지들은 태극기를 향해서 엄숙히 거수경례를 하고 있었다. 그러나 나는 끝까지 움직일 수가 없었던 것이 사실이다. 이 임정건물 위에 휘날리는 태극기가 나에게 점점 확대되어 보였다. 휘날리는 기폭마다 나의 뜨거운 숨결이 휩싸여 안겼다. 그리고 태극기의 기폭은 임정 청사가 아닌 조국의 강토를 뒤덮고 있었다. 물결치는 기폭 아래 두고 온 조국의 산하가 떠올랐다. 아니, 나의 조국에 지금 분명히 이 태극기가 휘날리고 있는 환상이었다. 그토록 경건한 기(旗)의 상념이, 거룩한 조국의 이미지위에 드높이 춤추고 있었다. 「조국의 땅 방방곡곡마다 이 태극기의 바람이 휩날리고 있었구나」 그 때서야 나의 손도 천천히 올라갔다(돌베개, 284쪽)

　1992년 8월에 방문하고 10여년 만에 처음이어서 그런지 옛 모습은 거의 없어지고 깔끔히 단장되어 있어 오히려 역사성을 찾아보기 어려웠다. 청사에서는 관장 및 부관장 이선자(조선족, 하얼빈 출신) 등이 일행들을 따뜻이 맞아 주었다.

우리는 1944년 장준하 일행이 임시정부청사를 방문했을 때의 감동을 재
현해 보고자 하였다. 우선 애국가 제창과 순국선열에 대한 묵념, 그리고 이
청천 장군과 김구 선생의 연설을 대신하여 필자의 격려사가 있었다. 필자는
격려사에서 다음과 같이 학생들과 더불어 다짐하였다.

> 우리는 장준하 일행이 걸어온 길을 걸어오면서 그들의 고뇌와 고통을 이해할 수
> 있었습니다. 그리고 오늘 이 자리에서 그 감동과 감격을 느끼고 있습니다. 여러
> 분! 자기 혁신 정신, 민주 정신과 통일 정신 등을 21C 청년등불이 가야할 좌표라
> 고 생각합니다. 우리 모두 함께 각자의 위치에서 최선을 다하는 청년등불이 되도
> 록 합시다.

행사 이후 임정전시관과 회의실, 내무부 건물 등 다양한 건물을 보았다.
이억만리에서 온갖 풍상을 겪으며, 오직 조국의 독립만을 위해 투쟁하였던
혁명가들의 모습이 눈에 선하였다.

환영식 뒤 임정청사에서 임정의 각료와 기타 직원등 약 50여명 그리고
광복군 총사령부의 간부들까지도 한자리에 모여 장준하 일행을 환영하는
모임이 베풀어졌다. 김구 주석의 환영사에 이어 장준하의 답사가 이어졌다.
그러나 답사는 끝을 맺지 못했다. 김구의 울음을 신호로 장내는 삽시간에
울음바다가 되어 버리고, 음식이 들어 왔지만 손을 대는 사람은 찾아볼 수
없었다. 그저 통곡만 있었을 뿐, 몇 시간 후 하나둘씩 처소로 돌아가고 환
영회는 끝나고 말았다.

이곳 연화지 청사는 1944년부터 임시정부가 환국할 당시까지 있었던 마
지막 청사였다. 연회지 청사에서 10분 정도 이동하니 임정의 3번째 청사인

연화지청사   오사부항청사

오사야항 청사가 나타났다. 도로변에 있는 이 청사는 거의 폐허화 되어있어, 보는 이들의 마음을 안타깝게 하였다. 앞으로 복원에 많은 노력이 필요할 것 같다. 폐허화된 청사 앞에는 "대한민국임시정부 오사야항-42"라고 하는 표식이 말없이 서 있었다.

우리 일행은 다시 태극기를 앞세우고 광복군총사령부 건물이 있었던 "미원(味苑)"이란 음식점으로 향하였다. 이 건물 2층에 광복군총사령부 건물이 있었던 것이다. 지금은 1992년에 왔을 때보다 잘 단장되어 있었다. 총사령부 건물이 있는 위치는 현재 중경에서 가장 번화한 "해방탑"(1945년 중경 해방)이 있는 곳이어서 앞으로 존폐여부가 걱정되기도 하였다. 총사령부에서 근무했던 이청천, 황학수, 이범석 장군 등이 나와 우리 일행을 따뜻이 맞아줄 것만 같았다.

중경에는 이밖에도 광복군 제1지대의 근거지가 탄자석(彈子石) 주보촌 예가원자에 있었다. 그러나 일정 관계상 이곳을 답사하지 못하여 안타까웠다.

점심을 중경 샤브샤브를 먹었는데 매워서 먹기에 고통?스러울 정도였다. 그러나 중국인들은 집에서는 더욱 맵게 먹는다고 한다. 점심 식사 후 우리 일행은 서안으로 가기 위해 중경 공항으로 향하였다. 이륙 후 1시간 정도 만에 서안 공항에 도착하였다.

서안은 주나라 때부터 당나라 때까지 중국의 수도인 지역이다. 한번은 꼭 방문하고 싶었다. 가이드의 설명에 따르면, 이곳은 4면이 산으로 둘러싸여 있고, 토지가 기름지며, 물이 풍부하여 역대 왕조에서 수도로 하였다고 한다. 저녁에는 한·중 친선의 밤이 개최되어 한 · 중 청년들 간의 우의를 돈독히 하는 기회가 되었다.

광복군총사령부(미원)

서안: 광복군 훈련기지를 찾아

광복군 서안두곡 제2지대본부

　장준하일행은 중경에서의 임시정부에 만족하지 못하였다. 이에 임시정부를 규탄하기 위해 청사를 찾아갔다. 이때 이들은 그곳에서 서안의 광복군 참모장 겸 제2지대장이었던 이범석장군을 만난다. 이범석 장군은 장준하일행에게 '미군 합작 한국 침투작전훈련'계획을 설명하고, 1945년 4월 29일 30여명의 대원과 함께 서안으로 이동한다. OSS는 미군의 일본상륙작전을 위한 예비공작을 맡은 전략 첩보대였다. 장준하일행은 1945년 5월 1일부터 미육군특전단 전술사관 20여명의 지도로 훈련을 받게되었다.

　장준하일행은 OSS 훈련 뒤 잠수함이나 낙하산으로 한국 국내에 투입되어 첩보활동, 정보송신, 유격대조직 및 군사시설 파괴공작을 실시하는 것을 주임무로 부여받았다. 특히 미군의 상륙시 국민군을 조직하여 후방교란을

비림   서안성

지휘하는 것이 최종 목표였다. 이는 사실상 죽음을 각오한 것이었다. 장준하는 자신의 죽음을 준비하기 위해 삭발을 하고 『등불』과 『제단』을 제외한 모든 자료를 불사르고 다음과 같이 유서를 남겼다.

> 내 영혼 저 노을처럼 번지리
> 겨레의 가슴마다 핏빛으로
> 내 영혼 영원히 헤엄치리
> 조국의 역사 속에 핏빛으로(돌베개, 289쪽)

2월 14일. 아침 8시 광복군 제2지대 숙소가 있었던 장안현(長安縣:현재 장안구로 변경) 두곡진(杜曲鎭)으로 향하였다. 이곳은 서안의 남쪽에 위치하고 있었으며 가는 길에는 서안사변의 두 주역 가운데 한 사람인 서북 군벌인 양호성 혁명열사능도 있었다. 가는 길은 거의 평지로 이루어져 있었다.

양호성(楊虎城, 1893. 11. 20~1949. 9. 17)은 서안 사건을 일으킨 사람 가운데 하

서안사변 현장   서안사변 옛터

나로 섬서성(陝西省) 보성[蒲城] 사람이다. 젊어서 신해혁명(辛亥革命)에 가담
했다. 1922년 산시 정국군(靖國軍) 제3로(路) 사령관을 지냈다. 1925년 국민군
제3군 제3사 사단장이 되어 공산당과의 합작에 참여했다. 1927년 국민연
합군 제10군 군사단장으로 있으면서 북벌(北伐)에 참가했다. 1930년 제17로
관 총지휘관, 산시성 정부주석을 역임했다. 1931년 서안 수정공서(綏靖公署 :
국정의 안정을 주임무로 하는 관청) 주임을 맡았다. 1933년 중국공농홍군(中國工農紅
軍) 제4방면군과 상호 불가침에 대한 약속을 성사시켰다. 1936년 12월 중국
공산당의 내전중지와 항일민족통일전선전략의 영향 아래서 장학량(張學良)과
함께 서안 사건을 일으켜 장개석(蔣介石)를 억류·구금했고, '핍장항일(逼蔣抗日
: 장개석을 핍박하여 항일로 나오도록 한다는 당시 공산당의 항일정책)' 정책을 썼다. 12월
25일 장개석이 풀려나 서안 사건이 평화적으로 해결된 후, 양후청은 장개석
을 억류시켰다고 하여 군을 떠나 외국으로 가야 했다. 항일전쟁이 일어난 후
귀국했으나 장개석의 국민정부가 그를 감금했다. 1949년 중경에서 국민당에

의해 비밀리에 살해되었다.

광복군 제2지대 숙소는 두곡초등
학교 맞은편에 위치하고 있으며, 현
재는 양곡창고로 이용되고 있었다.
중국 농민들이 곡식을 관리하는 모
습이 보였다. 이곳 양곡창고는 예전
에 광복군 제2지대 OSS 훈련을 받던
독립운동가들이 숙소로 이용했던 곳
이나 현재에는 아무런 흔적도 남아

서안사변 총탄흔적

있지 않았다. 다만 그 위치가 추정되고 있을 뿐이다.

이곳은 예전에 종남사터로 알려지고 있다. 학계에서는 이곳이 광복군 제
2지대 주둔지로 인식하고 있으나 장준하기념사업회 이준영씨에 의하면 이
곳은 훈련소 숙소이며, 서안방향에 있는 초등학교 자리가 본부 자리였다고
일러주었다. 우리는 양식창고가 과거에 종남사터임을 확인하기 위해 나섰
다. 서안의 반대방향으로 조금 내려가 다시 좌측 골목으로 들어가 다시 우
회전하니 바로 그곳에 종남사 입구 건물이 있었다고 한다. 종남사 입구 건
물은 바로 그 인근에 옮겨져 있었다. 두곡진 농촌 사람들은 광복군이 사용
하던 책, 걸상을 다른 이웃 부락에 팔아 사용하고 있다고 말했다. 항일 유
적지들의 위치 배정에 있어서 보다 신중한 조사가 요구되었다.

우리는 다시 서안 반대편으로 10분 정도 이동하여 흥교사(興敎寺)가 나타
났다. 흥교사는 산 중턱에 위치하고 있었다. 이곳은 장준하 등 OSS 훈련을
받던 병사들이 종종 들른 곳이라 더욱 의미 깊어 보였다. 절 안에는 한국

삼장법사탑   원측의 탑

에도 널리 알려진 삼장법사, 그의 제자인 신라 고승인 원측(圓測)의 탑 또한
있어 보는 이의 마음을 더욱 애틋하게 하였다. 한편, 옆에는 중국인 승려
규기의 탑 역시 삼장법사를 가운데 두고 나란히 있었다.

   흥교사를 떠나 남경시대 종루와 고루 옆에 있는 만두집에서 교자연을 먹
었다. 18가지 작은 만두가 나오는 별미였다. 오후에는 세계 8대 불가사의로
알려진 진시황의 묘소와 박물관 등을 견학하였다.

   다음에는 그곳에서 10분 정도 떨어진 양귀비가 당 현종과 노닐었던 화청
지를 가 보았다. 화청지 뒤 여산(麗山)에는 장개석이 숨어 있던 토굴이 산 정
상 중간 부분에 있었다. 지금은 정자로 변해 있었다. 화청지는 서안사변이
일어났던 역사적인 곳이다.

   서안사건(西安事件)은 중국 국민정부의 대원수 장개석(蔣介石)이 자신의 부
하 장학량(張學良)에 의해 서안에서 연금된 사건(1936. 12. 12~25)이다. 장학량은
중국 북서지방의 서안에 주둔하고 있던 동북군(東北軍 : 만주군)의 지휘관이

었다. 그는 장개석이 중국 북부를 침략한 일본군에 대항해 항일전을 전력
으로 수행하지 않고 반공(反共) 내전을 지속할 방침을 세우자, 이에 반대하
여 장개석을 연금했다. 장개석이 석방되고 제2차 국공합작(國共合作)이 이루
어지면서 이 사건은 끝났다. 1936년 12월 12일 장개석은 새로운 반공작전을
독려하기 위해 장학량의 사령부를 방문했을 때 장학량의 군대에 의해 체포
되었다. 일본군의 점령하에 있는 자신들의 고향 만주땅을 수복하려는 일념
에서 장학량의 부대는 장개석을 감금하고 국민당과 공산당 간의 내전정지,
항일을 위한 거국적인 통일전선 수립, 국민정부의 개각을 요구했다. 공산당
은 장쉐량 부대의 요구조건에 전적으로 동조했으며, 주은래(周恩來)가 대표
로 협상과정에 참여했다. 1936년 12월 25일 장개석은 이 제안에 대해 구두
(口頭)로 승락한 후 석방되었다. 장개석은 공산당과 제2차 국공합작을 하기
는 했지만, 장학량을 체포하여 항일전 기간 내내 연금상태에 두었다. 장학
량은 1949년 타이완으로 끌려간 뒤에도 오랫동안 가택연금 상태에 있었다.

화청지에는 5간문이 있는데 장개석이 유폐된 곳이었다. 5간문에는 장개
석이 사용하던 사무실, 회의실 등이 있으며 벽과 창문에 총알 흔적이 아직
도 남아 있어 당시의 모습을 보여주는 듯 하였다.

저녁 7시 동방 호텔에서 저녁 식사를 하고 9시 20분에 한단(邯鄲)행 기차
에 올랐다. 기차는 2층으로 이루어졌는데
필자는 조규태 박사와 1층 19호실 2인용실
에 투숙하였다. 기차는 깨끗하였으나 시베
리아 횡단열차에 비하면 여러 가지 부족
한 듯이 보였다.

흥교사 현판

태항산전경

조선의용군의 투쟁지 태항산 　　　　　》 》 》 》

2월 15일. 오전 7시 한단(邯鄲)역에 도착하였다. 이곳은 중국 하북성(河北省) 남부에 있는 도시로 화북 평원 서쪽의 다소 높은 대지 위에 있으며, 북경에서 하남성(河南省) 정주(鄭州)와 낙양(洛陽)으로 가는 중요한 남북간 노선상에 있다. 또 이곳에서 남북간 노선이 산동성(山東省) 제남(濟南)에서 산서성(山西省) 산지로 들어가는 오래된 노선과 교차한다.

기차역에는 한단시 중국국제여행사 총경리인 장국승(張國勝)과 한단시 여행국 형춘민(邢春民) 국장 등이 나와 우리 일행을 환영해 주었다. 역 앞에는 (춘추) 전국 시대의 조나라 왕의 말탄 모습의 동상이 서 있어 이곳의 옛 한단지몽의 고사가 있던 조나라의 수도였음을 실감할 수 있었다.

한단 시내에서 서쪽으로 2시간 정도 달리니 섭현이 나타났다. 이곳에서 조금 더 들어가니 하남점진(河南店鎭)이었다. 이곳 남장촌(南庄村)에 가니 조선의용군 군정학교와 사령부 건물이 있었다. 차량이 마을 안으로 들어가니

남장촌 조선의용군사령부　　　　　군정학교 내부

주민 100여명이 나와 우리 일행을 반가히 환영해 주었다. 군정학교 옆에는
모택동의 초상과 함께 상호간의 우의를 강조하는 글이 걸려 있었다. 아울
러 현재 유치원으로 이용되고 있는 군정학교에도 우리 일행을 환영하는 프
랜카드가 걸려 있었으며, 섭현 시내부터 계속 경찰차가 우리를 에스코트해
주었다. 새로 지은 유치원 안으로 들어가니 조선 기와로 되어있는 단층 건
물이 있었다. 안으로 들어가니 넓은 빈 교실과 칠판만이 덩그러니 있었다.
이곳이 1943년 9월 섭현현 조선의용군의 군정학교였다. 이 학교에서 300
여명의 조선의용군이 배출되었던 것이다.

우리 일행은 그곳에서 무정 장군의 경호를 맡았던 왕안순(王安順) 노인으
로부터 당시 상황 증언을 들을 수 있었다. 1945년 당시 16세였다고 했다. 건
물 벽면에는 1943년 4월 조선의용군총부와 조선독립동맹이 성립하였으며,
1943년 9월에는 군정학교가 만들어져 300명이 양성되었다고 기록되어 있
었다.

군정학교를 나와 광장을 지나니 역시 조선 기와집이 있었다. 이곳이 바
로 조선의용군 사령부가 있었던 곳이다. 다시 밖으로 나오니 주민 200여명
이 우리 일행을 바라보았
다. 어린이, 어른, 노인 등
마을 주민 모두가 나온 듯
하였다. 그들은 이념이 같
은 북한에서 찾아오지 않
고 어찌 남한 사람들이 이
곳을 먼저 찾아왔는가 하

조선의용군과 함께 활동한 중국인 농부

고 의아해하는 모습이었다고
이곳을 처음 방문한 이준영
사무국장은 말하였다.

주변 위치를 설명하는 이준영선생님

우리 일행은 다시 윤세주,
진광화 열사가 묻혀있는 태
항산(太行山)으로 향하였다.
20분 정도 차를 달리니 석문
촌(石門村)이 나타났다. 이곳
에서 하차하여 산 위로 30분가량 올라가니 먼저 팔로군 129사단 부 참모
장이었던 좌권(左權) 장군의 기념탑과 묘소를 만날 수 있었다. 좌권 장군 역
시 1942년 5월 28일부터 산서성 마전(麻田)전투에서 조선의용군과 함께 전
투하다 전사한 인물이었다. 좌권장군 기념탑에서 5분 정도 더 올라가니 우
측에 윤세주, 좌측에 진광화의 묘소가 나타났다. 사방은 태항산으로 둘러
싸여 있었고, 나무도 없는 가파른 민둥산들이었다.

석문촌 좌권장군묘지   석문촌 좌권장군 기념탑

　　1942년 5월 일본군의 공격에 팔로군과 조선의용군은 포위되어 힘든 전
투를 하게 되었다. 팔로군 제 129사단에서는 팔로군 부참모장 좌권에게 소
수 병력을 주고, 아울러 조선의용군으로 하여금 탈출로를 만들도록 하였
다. 이에 조선혁명군은 최선을 다해 전투하였으며, 그 과정에서 조선의용군
600여명이 전사하였다고 전해진다. 진광화는 적의 총을 맞고 낭떠러지에
서 떨어져 순국하였으며, 윤세주는 다리에 부상을 입은 후 희생당하였다.

　　사방이 산으로 둘러싸인 이곳, 음폐, 엄폐할 수 없는 깎아 지른 듯한 바
위산에서 자신을 노출하며 적과 싸웠을 윤세주, 진광화 등 조선의용군 용
사들의 모습을 생각하니 그 처절한 모습에 눈시울이 뜨거워졌다. 이역만리
이곳 태항산까지 와서 조국과 민족을 위해 투쟁했던 조선의 젊은이들, 그들
의 젊은 기억과 기상은 영원이 우리의 표상이 되어야 할 것이다. 못난 조상

군정학교 외경

군정학교방문 환영(한중친선)

이 되지 않기 위하여, 이 시대의 "등불"이 되기 위하여 노력해야 할 것이다.

장준하기념사업회의 주도로 이들에게 바쳐진 진혼제는 더욱 특별한 의미가 있었다. 남북 어디에서도 인정받지 못하는 그들의 투쟁의 역사는 보다 객관적으로 밝혀져야 할 것이다. 섭현 정부 당국자와 석문촌 촌장들과 함께 식수한 2그루의 나무는 불노하에서 식수한 나무와 함께 이역만리에서 투쟁한 용사들과 함께 영원하기를 기원해 본다. 함광복 단장과 젊은 단원들의 뜨거운 눈물이 더욱 필자의 가슴을 뜨겁게 한다.

아! 이제 나의 장정을 위해...

아는만큼 보인다 · 윤세주

윤세주

윤세주 (尹世胄, 1901-1942)는 경남 밀양출신으로 일명 소룡(小龍)·세수(世洙)·석정(石正 : 石井)·석생(石生)·석전(石田). 1919년 3·1운동 때 밀양 장터의 만세시위를 주동하고 중국으로 망명했다. 1919년 11월 길림(吉林)에서 결성된 의열단(義烈團)에 참가했다. 국내에 들어와 조선총독부·동양척식주식회사·경성일보사 중 한 곳의 파괴를 목표로 거사를 준비하다가 1920년 6월에 체포되어 7년형을 받았다. 1927년 2월 출옥 후 고향으로 내려가 그해 4월에 밀양청년회의 상무집행위원 겸 체육부위원으로 선임되었고, 1928년 7월에는 집행위원장이 되었다. 1927년 12월 신간회 밀양지회가 조직되자 총무간사로 선임되었다. 신간회가

해체된 뒤 중국 남경(南京)으로 건너가서, 1932년 10월 조선혁명간부학교에 1기생으로 입학했다. 졸업 후 간부학교의 교관으로 활동했고, 1934년 조선대일전선통일연맹 중앙집행위원회 상무위원으로 선출되었다. 1935년 조선대일전선통일연맹에 소속된 5개 단체가 조선민족혁명당을 결성하자, 당의 중앙위원으로 서기부에서 활동했다. 또한 한글판 기관지 <민족혁명>의 편집책임자로 활동했고, 또 다른 기관지 <전도(前途)>의 편집에도 참여했다. 1937년 1월에는 청년운동위원회 주임이 되었고, 9월에 상해(上海)에서 선전전에 참여했으며, 중국 중앙육군사관학교 성자분교(星子分校)에서 조선인을 대상으로 독립운동사를 강의했다. 1938년 10월 창립된 조선의용대의 훈련주임과 한글판 기관지의 주임을 역임한 후, 1941년 봄 조선의용대가 북상항일(北上抗日)의 길에 오르자 1·3혼성지대의 정치위원으로 활동했다. 그해 8월에는 화북조선청년혁명학교의 교사가 되었다. 1942년 6월 요현(遼縣) 마전(麻田)에서 일본군의 습격을 받아 전투 중 사망했다.

윤세주 묘 측면

윤세주 묘 정면

[아는만큼 보인다] 진광화

진광화(陳光華, 1911-1942)의 본명은 김창화(金昌華)이며, 평안남도 평양 출신이다. 1925년 평양 숭덕소학교를 졸업하고 이 학교의 중학부에 입학하였다. 재학 중 '독서회'에 가입해 진보적 학생들과 함께 사회과학을 공부하면서 식민지 조국의 현실문제에 관심을 갖게 되었다.

1929년 12월 광주학생운동이 전국적으로 확산되자 이에 적극 참가해 숭덕중학교의 동맹휴학을 주도하였다. 그러나 이 때문에 일제 경찰 당국의 추적을 받게 되자 동지들과 함께 중국 남경(南京)으로 망명하였다. 이 후 남경 오주(五州)중학교에 입학해 중국어 등을 수학하는 한편, 한국인 학생들의 비밀조직인 '사회과학연구회'에 가입해 활동하였다.

1933년 오주중학을 졸업하고 광주(廣州)의 중산대학 교육학과에 입학하였다. 대학 재학 중 한국인 학생단체인 '용진학회(勇進學會)'에 가입했고, 1933년 10월에는 이 학회의 집행위원으로 선출되어 중국내 항일운동과 반봉건운동을 주도하였다.

또 1935년 여름에는 중국공산당과 연계된 '중국청년항일동맹'에 가입해 중국 학생들의 항일운동에 동참하였다. 이해 12월 12일 중국 광주(廣州)의 중산대학 학생 3,000여명이 참가한 항일시위운동 '12.12학생운동'에 주요 지도자로 참여하였다. 같은 해 12월 중순과 하순에 전개된

윤세주·진광화묘

광주(廣州) 학생운동에도 주도적으로 참여하였다. 그러나 광동 군벌 진제당(陳濟棠)의 탄압으로 1937년 1월 중순 체포되어 잠시 옥고를 치렀다.

1936년 7월 중국공산당에 입당하였고 1937년 6월 중산대학을 졸업하였다. 대학 졸업 뒤 광주 교외 농촌의 소학교 교사로 일하면서 '광주청년항일선봉대' 등 항일조직을 건립해 항일운동의 기초를 닦았다. 같은 해 9월에는 중국공산당의 근거지 연안(延安)에 있는 중앙당학교에 가서 공산주의 사상과 이론을 학습하였다.

그 뒤 중국 관내지역의 한국인 독립운동 조직인 화북조선청년연합회(華北朝鮮靑年聯合會) 진기로예(晉冀魯豫) 변구(邊區) 당학교 교무과장과 조직과장 등을 맡아 독립운동에 적극적으로 참여하였다. 1941년 말에는 한국인들의 항일무장투쟁 조직인 조선의용대 화북지대 정치위원(또는 중앙특파원)과 화북조선청년연합회 진기로예 지회 지회장을 겸하며 중국 관내지역 한인 독립운동에 매진하였다.

1942년 1월에는 '조선혁명청년간부학교' 건립에 참여했으며, 이 학교의 부교장이 되어 독립운동가들의 교육에도 헌신하였다. 장기간의 독립운동에 따른 과로와 영양실조로 폐렴을 앓고 있었으나, 주위의 만류를 뿌리치고 조선의용대 화북지대의 항일전투에 동참하였다.

1942년 5월 일본군의 태항산(太行山) 일대 포위공격에 맞서 '반소탕전(反掃蕩戰)'을 전개하다 산서성(山西省) 마전(麻田)의 화왕산(花王山) 전투에서 장렬히 전사하였다. 중국 하북성(河北省) 한단시(邯鄲市) 혁명열사능원(革命烈士陵園)에 가묘가 있고, 하북성 섭현(涉縣) 석문촌(石門村) 뒷산에 묘와 기념비가 있다.

애국영렬 묘지석

사진으로 보다

조선의용대 성립(1938. 10. 10, 우한)

조선의용대 성립 1주년(1939. 10. 10, 계림)

조선의용대 성립 2주년(1940. 10. 10. 중경)

PART
03

대한민국임시정부의
혁명의 도시들
현장을 가다

계림: 조선의용대의 흔적을 찾아

계림전경

계림은 중국의 유명한 관광 도시인 동시에 역사 도시이다. 광서성 (廣西省) 동북부에 위치해 있고, 아열대 기후에 속해서 기온이 온화하며 연평균 기온은 19℃ 정도이고 인구는 약 50만 명이다. 계림이라는 명칭은 이곳이 옛부터 계수나무가 많은 지역으로 '계수나무 꽃이 흐드러지게 피는 곳'이라는 의미를 담고 있다.

2006년 1월 22일부터 26일까지 '중국 남부지역 항일독립운동 대학생 탐방단'을 이끌고 계림, 유주 등지를 방문했다. 이번 탐방단은 아세아경제신문의 후원으로 전국 각 대학 대학생 40여명 등이 참여했다.

중국 광서대학(廣西大學) 역사학부의 최봉춘(崔鳳春) 교수도 동행해 지금까지 국내에 소개되지 않은 계림지역 조선의용대 관련 항일 독립운동 유적지들을 처음으로 확인하는 성과를 올렸다. 조선의용대는 조선의용군의 전신으로, 중경에서 조직된 대한민국임시정부 한국광복군의 토대가 되는 항일 무장세력으로서 높이 평가되고 있다. 유적지의 발견은 조선의용대 연구 및 1930년대 후반 중국 남부지역에서 전개된 항일운동을 새로이 조망하는데 큰 기여를 할 것으로 보인다.

1938년 10월 김원봉(金元鳳) 등에 의해 한구(漢口)에서 창설된 조선의용대는 이 도시가 일본군에 의해 점령되자 중국군사위원회 서남행영(西南行營)의 소재지인 계림으로 이동했다. 조선의용대는 본부를 동령가(東靈街) 1호에 두었다가 일본군의 공습으로 본부가 피괴되자 시가원(施家園) 53호로 이동했다. 이번 탐방에서는 두 주소지에 대한 확인도 이뤄졌다. 동령가 1호는 현재 계림시 칠성공원안 화교(花橋) 건너 바로 동방 우측에 위치하고 있었다. 당시에는 80여채의 민가가 있었으나 현재는 공원으로 변해 옛 모습을 찾아볼 수 없었다. 1939년 4월 11일에 발간된 조선의용대의 기관지 『조선의용대통신』도 발간 장소가 동령가 1호임을 밝히고 있어, 이 곳이 조선의용대 총본부이면서 또한 『조선의용대통신』의 발간 장소임을 확인할 수 있었다.

조선의용대 본부 활동지

당시 주소는 계림 시가원(施家園) 53호이며, 칠성암 부근의 민가 두 채이다. 현재는 칠성공원이 들어서 있어 옛 흔적은 찾아볼 수 없었다. 다만 조선의용대 성립 1주년을 맞이하여 촬영한 사진을 바라보며 의용군의 의기와 혁명의식을 느껴보는데 만족해야 했다.

1938년 10월 한구에서 창설된 조선의용대는 한구가 일본군에 의해 점령되자 중국군사위원회 서남행영(西南行營)의 소재지인 계림으로 이동하였다. 시가원 53호에 위치한 조선의용대의 총대부는 조선청년전위동맹의 본부였으며, 『조선의용대통신』(창간호, 1939. 1.21)을 발간하여 항일선전활동을 전개하였다.

칠성공원

『동방전우』발행지 (시가원)

　독립운동가 이두산이 항일잡지 『동방전우』를 발행했던 곳이다. 당시주소는 시가원(施家園) 38호이다.

　동방전우사는 처음 계림 용성로(榕城路) 31호에 위치하였다가, 1939년 10월 경 적기공습으로 시가원 38호로 사무실을 옮겼다. 그리고 1940년 7월경에는 시가원 32-1호로 사무실을 옮겼다. 사무실이 있던 장소는 연립주택단지로 변하여 어디에 있었는지 정확한 위치 확인이 어렵다.

　이두산(李斗山)은 민족혁명당과 조선의용대의 간부였다. 『동방전우』는 조선의용대의 기관인 『조선의용대통신』보다 6일 먼저인 1939년 1월 15일에 창간되었다. 민족혁명당 간부였던 이두산이 특별히 『동방전우』의 발간에 노력한 것은 중국의 대일항전과 한국·대만·베트남 등 피압박 약소민족의 해방을 위해서였다.

　이두산은 『동방전우』를 통해 항일투쟁에서 한중공동연대를 제의하였으며, 동방약소 민족의 해방을 위한 아시아 전체의 공동투쟁을 강조하였다.
『동방전우』는 이러한 목적 하에 창간된 간행물이었으나, 이두산 개인의 힘
으로『동방전우』를 발간하는 일은 쉽지 않았다. 적기의 공습으로 사무실
을 여러 차례 이전해야 했고, 전시(戰時) 물가 앙등으로 인한 재정부족으로 간
행 시기를 지키지 못하는 경우
도 있었다. 이런 가운데도『동
방전우』는 "약소민족문제를
연구하는 유일한 간행물"이자,
피압박민족의 대변지를 자처
하며 꾸준하게 발간되었다.

『동방전우』는 중국의 대항
일전쟁 및 한국·대만·베트남
등 피압박민족의 운동 현황을
소개하고 국제연대를 주창하
는 글들과 일제침략 및 그 죄
상을 폭로하는 글, 조선의용대
의 활동과 근황을 알려주는
내용으로 채워졌다. 1939년 창
간되어 근 4년여 동안 발행되
던『동방전우』는 이두산이 중
경으로 이동하면서 1942년 종
간된 것으로 보인다.

계림 시가원 23호

아는만큼 보인다 유자명과 중국의 대문호 파금의 교류지(문화생활출판사 터)

　유자명이 중국의 작가 바진과 교류하며 항일투쟁을 전개했던 곳이다. 주소는 광서장족자치구 계림시 서하로 48호 일대이다. 문화생활출판사는 서하로 초입에 있었던 것으로 알려져 있으나, 도시계획으로 인하여 옛 지번을 확인하기 곤란하다.

　문화생활출판사는 1934년 상해(上海)에서 오랑서(吳朗西)와 오선(伍禪)에 의해 창립되었으나, 상해가 일제에 의해 점령되면서 계림(桂林)으로 옮겨오게 되었다. 오랑서는 일본에 가 있는 파금(巴金)에게 편지를 보내 편찬사업을 도와달라고 했고, 편지를 받은 파금이 일본에서 귀국한 후 문화생활출판사의 업무를 담당하게 된 것이다. 이때 파금은 『문화생활총서』, 『양우문학총서』, 『문학소총서』 등을 발간하였으며 계림에서 약 3년간 활동하였는데, 이때 유자명과 인연을 맺게 되었다.

　특히 1942년 유자명이 영조농장(靈東農場)을 운영하면서 바진의 문화생활출판사를 통해 항일공동투쟁을 지속적으로 전개하였다. 유자명은 파금과 함께 식민지 상태에 있던 조국의 상황과 국제연대의 중요성에 대하여 논의하면서 항일투쟁을 모색하였다. 이러한 인간적인 교류는 유자명의 항일투쟁기 뿐만 아니라 해방 이후에도 지속되었다.

　유자명의 수기에는 다음과 같은 그의 회고가 있다.

　　1942년 내가 계림 영조농장에서 일하고 있을 때에 파금과 그의 미혼처 소산은 계림 동강로 칠성암 부근에서 문화생활출판사를 열어 놓고 문예작품을 출판하고 있었다. 1942년 5월 칙충이 해산을 하게 되어 나는 칙충과 세 살 된 딸 득로를 데리고 문화생활출판사 부근에서 한동안 살았다. 5월 19일에 칙충은 칠성암 곁에 있는 광서의학원 부속병원에서 사내아이 전휘를 낳았다. 이 때부터 파금, 소산과 우리 사이의 관계는 더욱 친밀하게 되었다. 파금은 이 시기에 독자가 가장 많은 작가였으며, 선생이 가장 많은 학생이었다. 파금은 늘 나에게 프랑스의 루쏘, 유고, 졸라, 로멩 로랑, 러시아의 게르젠, 두르게네프, 톨스토이, 고리끼, 영국의 디켄스, 일본의 나쓰메 소세키(夏目漱石), 무사고지 미아쓰(武春小路實篤), 아리시마 다케오(有島武郎), 중국의 노신(魯迅) 등이 모두 다 그의 선생이라고 말했으며, 또 가장 중요한 선생은 생활이라고 말했다.

서하로 문화출판(추정)

연안: 가보고 싶었던 혁명가의 도시

연안가는 길 – 한위건을 추모하다

2018년 1월 19일부터 23일까지 중국 서안, 연안 등지를 다녀왔다. 비행기로 서안까진 인천에서 3시간 정도 소요되었다. 특히 이번 기행은 민속원(대표 홍종화)과 함께 한 답사라 더욱 의미가 깊었다. 서안은 광복군 답사로 몇 번 다녀온 기억이 있다. 이번에 필자가 관심을 기울인 곳은 서안에서 지척에 있는 곳임에도 불구하고 그동안 다녀오지 못한 연안이었다.

1월 20일 아침 서안의 건강호텔을 출발하여 혁명의 도시 연안으로 향하였다. 서안에서 연안까지는 고속기차를 타면 2시간 정도 소요되지만, 버스

청량산

현재의 고루모습   고루 옛 모습

로는 5시간 정도 걸린다고 한다. 가이드인 김귀정(32세)에 따르면, 연안은 황토고원이기 때문에 버스로 오랜 시간이 걸린다고 귀뜸해주었다.

　새벽 6시, 우리 일행은 어두움을 가르면서 연안으로 향하였다. 연안까지는 고속도로가 나 있다. 2번의 휴게소 정차 후에 연안에 도착하였다. 10시 30분이었다. 4시간 30분 정도 소요되었다. 연안으로 오는 길은 황토고원임을 실감할 수 있었다. 연안에서 이른 점심 식사를 하고 우선 연안의 상징인

연안보탑 옛 모습(1938)

보탑과 고루를 보았다. 연안 보탑은 높은 산정상에 위치하고 있으며, 이곳이 연안임을 상징적으로 보여주고 있었다. 인민폐 2원자리에도 보탑이 그려져 있을 정도로 보탑은 연안, 중국 혁명의 상징적 존재였다. 연안강 맞은편에는 연안의 또다른 상징인 고루가 있었는데, 이것은 전쟁에서 파괴된 것을

연안보탑

새로이 조성한 것이다. 위치도 원래 위치가 아니고 원래 위치에서 200-300 미터 정도 안쪽으로 떨어진 곳에 있었다. 연안의 옛 사진들을 보면, 보탑과 고루가 등장한다. 고루의 경우 파괴된 모습과 국공합작을 주장하는 사람들의 모습을 함께 볼수 있어 인상적이다.

아울러 청량산에 있는 한위건(리철부)의 묘소 또한 가보고 싶었으나 위치가 정확히 비정되지 않아 멀리서 바라볼 수밖에 없어 안타까웠다. 그는 3·1운동을 주도한 학생으로서도 널리 알려진 인물이다. 최근에는 3·1운동 100주년을 맞이하여 김승태 목사가 한위건에 대한 단독논문도 발표하였다.(김승태,「한위건의 생애와 민족독립운동」, 『한국민족운동사연구』 101, 2019)

한위건

한위건(韓偉健, 1896-1937).

가명은 이철악(李鐵岳)·이철부(李鐵夫)·이광우(李光宇)·이영식(李永植) 등 여러 가지를 사용했다. 함경남도 홍원 출신이다.

생애 및 활동사항

1914년 정주 오산학교에 입학했고, 1917년 경성의학전문학교에 입학했다. 1919년 1월 반일시위운동 학생 지도부에서 경성의전 대표로 참여해, 제1선의 학생대표가 체포될 때를 대비한 제2선의 대표가 되었다.

3월 1일 당일 파고다공원에서 학생대표로 독립선언문을 낭독했다(이 부분은 다른 견해도 있다, 필자) 4월 중국 상해로 건너가 대한민국임시정부 조직에 참여해 내무위원과 함경도 의원이 되었다. 이승만의 위임통치 청원 사건을 비판했으며, 10월 이후 『신대한』의 발간에 관여하면서 상해 임정에 대해 비판적이었다.

1920년 귀국한 즉시 일본으로 유학해 와세다대학 정치경제과에 입학했다. 일본유학시 조선유학생학우회 총무, 조선기독교청년회 이사를 지냈으며, 독립군 자금 모집 사건에 관련되어 일시 검거된 적도 있다. 1921년 11월 워싱턴회의 개최에 즈음해 조선유학생회 주최로 만세시위운동을 시도했다.

1923년 여름 조선유학생학우회 강연대의 일원으로 귀국해 순회 강연을 했으며, 9월 관동대지진이 발생하자 서울에서 일본유학생대회를 개최하고, 동경지방 이재 조선인구제회 발기인 및 위원으로 활동했다. 10월에 동경으로 가서 조선인 학살사건을 조사했고, 피살된 조선인 동포 추도회에 참가했다.

1924년 1월 『동아일보』에 이광수의 『민족적 경륜』이 발표되자 재동경 조선인대회를 개최해 동아일보사의 사죄 및 논설 취소를 요구했다. 1924년 가을 귀국했고, 10월 『시대일보』 이사가 되었다.

1925년 3월 동아일보사에 입사하고 가을에 이덕요(李德耀)와 결혼했다. 9월 구미 및 일본 유학생 출신의 학자와 언론인 중심으로 조직된 조선사정조사연구회에 참가해 총독부의 산미증식계획에 대해 조사 연구했다.

1926년 11월 정우회에 가입해 안광천과 함께 『정우회 선언』을 발표했다. 이와 병행해 제3차 조선공산당에 가입해 12월 선전부원이 되었다. 1927년 초 신간회 발기에 참여했으며, 2월의 창립총회에서 간사로 활동했다. 1927년 9월에는 제3차 조선공산당 선전부장이 되었다.

1928년 초까지 동아일보사 기자로 재직하면서 신간회 내에서 공산당의 세력 확대 작업을 추진하였다. 1928년 2월 일제의 검거로 제3차 조공이 궤멸되자, 제3차 전국대회 개최를 주도했고 중앙위원으로 선임되었다.

7월 제4차 조공 12회 중앙집행위원회에서 참석한 후, 가을에 일제의 검거를 피해 중국으로 망명했다. 1929년 코민테른 12월테제의 방침에 따라 당재건운동을 전개하면서, 잡지 『계급투쟁』을 발간해 당재건운동의 이론과 방침을 제시했다.

『계급투쟁』에 발표한 「조선 혁명의 특질과 노동계급 전위의 당면임무」 (1929.5), 「조선에 있어서 볼세비키당의 결성과정과 사회투기주의의 박멸」 · 「대중적 전투적 협동전선의 결성과 신간회 및 독립촉성회의 임무」 (1929.12), 「조선에 있어서 프롤레타리아운동의 방향전환기의 이론적 실천적 과오와 그 비판」 (1930.1) 등은 당재건운동기 서울상해파와 구화요파의 운동론을 비판하면서 엠엘파의 운동론을 체계적으로 밝히고 있는 문건이다.

1930년 1월 상해에서 민족주의자와 공동으로 광주학생운동 기념대회를 개최했다. 1930년 3월 이후 고경흠·김소익 등이 일본과 국내에서 전개한 당재건운동을 지도했다. 1930년경 북경에서 중국공산당에 입당했고, 이후 이철부라는 중국식 이름을 사용했다.

1931년 가을부터 북평반제동맹 내 당·공청 프랙션 서기로 활동했다. 1933년 중국국민당 정부 경찰에 체포되었다. 석방된 후 중국공산당 하북성위원회 선전부장이 되었다. 1933년 말 중국공산당 당원 장수암(張秀岩)과 결혼했다.

이 무렵 중공당 지도부의 좌경노선을 비판하기 위한 제7회 당대회 개최 의견서를 하북성위원회에 제출해, '우경취소주의'로 비판받았다. 이로 인해 중국공산당과의 관계가 일시 단절되었다. 이후 중화민족무장자위회와 천진(天津)각계구국회 등 항일단체 조직에 참여했다.

1935년 12월 천진에서 일본 제국주의의 침략에 반대하는 항일집회를 개최하고 항일시위운동을 지도했다. 1936년 봄 좌경노선이 청산되고 모택동(毛澤東) 노선이 확립되면서 유소기(劉少奇)가 북방국 서기로 천진으로 부임하자, 하북성위원회 서기 겸 천진시 위원회 서기가 되었다.

1937년 5월 연안에서 개최된 소비에트구역 당대표 대회에 국민당지구 대표로서 참석했다. 7월 대회 기간 중 건강상 문제로 섬감녕(陝甘寧) 서북국으로 배치되었다가, 대회가 끝난 후 연안의 요양소에서 사망했다. 저서로는 『朝鮮前衛黨 當面の問題』(左翼書房, 1930)이 있다.

상훈과 추모

1940년 '철부노선'의 정당성을 인정하는 중국공산당의 정식 결정이 내려졌다.

2005년에 건국훈장 독립장이 추서되었다.

아리랑의 주인공, 김산을 추억하며: 항일군정학교

독립기념관 해설   김산이 근무한 항일군정대학은 섬서성 연안시 이도가, 봉황빈관 뒤
편에 위치하고 있다. 중국항일군정대학은 1936년 6월 와요보에서 중국인민항일홍군대학
이라는 이름으로 개교한 학교이다(교장 임표, 정치주임 양상곤). 그 뒤 보안(현 지단)을 거쳐
1937년 연안성내 부아문중 현재 위치로 이전하면서 이름도 중국항일군정대학으로 바꾸
었으며, 1939년 7월 전방으로 이동하였다. 『아리랑』의 저자 김산이 1937년 님 웨일즈와 만
날 당시 일본경제와 물리, 화학을 강의했고, 1938년 10월 최창익의 지도를 받는 조선의용
대 제2지대의 조선청년전위동맹원 300여 명이 이곳에서 수학했다. 연안의 항일군정대학
건물은 1947년 국민당군의 포격으로 파괴되어 현재는 표지석만이 남아 있다.

현장을 가다

우리 일행은 보탑과 고루를 보고, 김산이 님웨일즈와 만나 자신의 일생
을 소개한 '중국항일군정대학터'를 찾아 나섰다. 지금은 기념관으로 이용
되고 있었다. 항일군정대학과 같은 양성소를 중국의 여러 지역에 다수 설치

항일군정대학

하였다고 한다. 항일군정대학 입구는 옛 모습 그대로였다. 기념관은 모두 2층으로 구성돼 있었는데, 1층 마지막 전시실에는 님 웨일즈의 사진만 전시되어 있었다. 이곳에서 그녀와 면담한 조선청년 김산의 모습을 찾아볼 수 없어 아쉬움을 더 하였다. 이국만리 연안에서 중국인과 더불어 투쟁하였던 조선청년 김산, 그의 위대함이 세삼더 그리워지는 순간이었다.

2만5천리 장정. 흙벽에 구망을 파 황토고원들에 만들어진 요동들. 그리고 연안을 찾아 자신의 혁명의 꿈을 실천하고자 한 젊은이들의 열정들. 수많은 산들로 둘러쌓인 조그마한 혁명의 도시 연안. 2만5천리 장정에 따라 나섰던 무정장군 등. 조선청년들. 부친께 어렸을 때부터 들은 '2만 5천리장정". 그 역사적 현장을 바라보니 더욱 감회가 무한하였다.

아는만큼 보인다 김산(金山, 1905년 ~ 1938)

본명 장지락(張志樂), 별명은 장명(張明)·이철암(李鐵岩)·한비종·
유종화. 평안북도 용천 출신.

김산

장로교 계통의 학교에 다니던 중 3.1운동이 일어나자 만세시
위운동에 참여하는 등 강한 민족의식을 지니고 있었다. 그러나
일본으로 건너가 동경제국대학(東京帝國大學) 입학을 준비할 때
일본 노동자와 재일조선인의 열악한 처지를 목격하면서 마르
크스주의와 무정부주의에 빠져들기 시작하였다.

1920년경 만주로 건너가 6개월간 신흥무관학교에서 군사학
을 배우고 상해(上海)로 간 뒤, 임시정부 기관지인 『독립신문(獨立
新聞)』의 교정원 및 인쇄공으로 일하였다. 이때부터 많은 독립운동가를 만나고 손문(孫文)의 글도
접하게 되면서 공산주의를 믿기 시작하였다. 황포군관학교(黃埔軍官學校) 교사로도 재직하였으
며, 1925년 7월 국민혁명의 중심지인 광주(廣州)로 가서 중국공산당에 입당하였다.

1926년부터 조선혁명청년연맹의 간부와 기관지 『혁명행동(革命行動)』의 부주필로 활동하는
한편, 중산대학(中山大學)에서 외국어·경제학·철학을 공부하다 북벌의 선봉대인 독립단에 참가하
였다. 해륙풍당학교(海陸豊黨學校)에서 국제공산주의운동사·노동운동 등도 가르쳤다.

1929년 중국공산당의 요청으로 북경시위원회 조직부장으로 있으면서 8월의 조선혁명청년
연맹 대표대회에 참가하는 등 적극적으로 만주와 화북 지방 한인들을 중국공산당에 가입시켰
다. 김산의 좌경방침이 실천되고 있던 1931년에는 장가구(張家口) 탄광에서 노동자로 일하기도
하였다.

이즈음 김산은 리린산(李林山)노선을 좌경적이라고 반대하였고, 이로 인해 당에서 배척을 받
았다. 그러나 이후 중국공산당은 김산의 비판이 정당하였음을 인정하였다. 또한, 1935년 9월 석
가장(石家莊)에서 일본어숙(日本語塾)을 운영하며 철도노동자를 중심으로 당사업을 전개하였다.

이곳에서 벌인 대중 사업이 성과를 거두어, 북경(北京)에서 12.9학생운동이 일어나자 석가장
(石家莊)에서 4,000여 학생이 참가한 대규모 시위를 지도하였다. 이 시위사건으로 1936년 1월
중국공산당 석가장위원회로 정식 인준을 받기에 이르렀다.

1936년 들어 중국공산당이 '내전정지'와 '일치항일'을 외치자, 상해에서 조선민족혁명가의 임무를 집필하였으며, 1936년 7월 조선민족해방동맹을 결성하여 이에 호응하였다.

1938년 8월 섬감녕(陝甘寧) 소비에트 지구에서 조선혁명가대표로 당선되어 활동하다. 당의 요청으로 연안(延安)의 항일군정대학(抗日軍政大學)에서 교편을 잡았다. 이때 미국의 언론인 웨일즈(Wales, N.)를 만나 자신의 생애를 구술하였으며, 웨일즈는 이를 토대로 『아리랑의 노래』(1941)를 출판하였다.

1938년 섬감녕변구보안처(陝甘寧邊區保安處)에 의해 반역자, 일본 스파이, 트로츠키주의자로 낙인찍혀 비밀리에 처형을 당하였다.

상훈과 추모

등소평(鄧小平) 등장 이후 중국공산당중앙조직부에 의해 1983년 1월 복권되었다. (한국민족문화대백과사전, 김산)

잊힌 혁명가들: 조선혁명군정학교 터 나가평촌

독립기념관 해설

화북 각지에 있던 의용군 대원들이 태항산을 떠나 연안으로 이동하여 군사간부 양성교육을 받았던 곳(1944. 9~1945. 9)으로 섬서성 연안시 교구진 나가평촌에 있다. 이곳은 연하와 남천이 만나는 보탑산 아래로부터 걸어서 30여 분쯤 비행장 쪽으로 내려가다가 다시 오른편으로 꺾는 길을 따라가면 연하 위에 놓인 시멘트 다리를 만나게 되는 데 위치하고 있다. 나가평은 연안 시내에서 동쪽으로 4km 떨어진 시골 마을로 화북조선독립동맹과 조선의용군의 연락중심지였다. 태항산에 머물고 있던 화북조선혁명청년학교 학생들은 1944년 1월 태항산을 떠났다. 대원들은 2천여 리를 행군한 끝에 1944년 4월 연안에 도착하였다. 이들을 기다렸던 것은 교육에 적합한 학교가 아니라 경제적 궁핍이었다. 학생들은 도착하자마자 먼저 먹을 것과 잘 곳을 마련하는 데 노력을 기울였다. 대원들은 대오를 나누어 식량 확보를 위해 황무지를 개간하고 씨앗을 뿌렸으며, 식당 마련을 위해 벽돌을 만들었고, 옷을 만들기 위해 물레를 저었다. 나가평의 조선혁명군정학교는 1944년 9월 중순 착공하여, 1944년 12월 10일 교사와 강당·숙소 등의 건물을 준공하고 1945년 2월 5일 정식으로 개교하였다.

나가평의 현재 모습　　　　　　　　　　　조선혁명군관학교 옛터

개교식에는 중국 팔로군 총사령 주덕과 섬감녕변구 주석 임백거 등도 참석하여 축하를 해
주었다. 미국인까지 참석하여 축하연설을 했다는 점은 군정학교의 정식개교가 국제적 관
심사항이 되었음을 확인할 수 있다. 각지 대원들을 한곳에 집결하여 훈련을 개시하였던 것
은, 물론 일제와의 전쟁을 효율적으로 전개하기 위해서였지만 다른 한편으로 국제정세의
변화에 능동적으로 대응하고 연합군의 일원으로 참전하기 위해서였다.

1996년 7월 1일 연안지구문물관리위원회에서 세운 기념비에는 중국어로 다음과 같이 나
가평을 소개하고 있다

> 조선혁명군정학교는 1942년 11월 화북 태항산구에서 설립되었는데 1944년 1월
> 3개월의 행군을 거쳐 학교는 태항산구를 떠나 4월 7일 연안에 도착한 후 천구촌
> 에 머물렀다가 9월 이 자리에 새로 지은 학교 교사로 옮겼다. 학교는 12월 10일에
> 완공되었다. 1945년 2월 5일 성대한 개학식이 있었다. 주덕 · 임백거 · 오옥장 ·
> 서특립이 개교식에 참석하고 축사를 했다. 학교 교장은 백연이고 부교장은 박일
> 우였다. 학교의 취지는 간부양성과 조선 민족의 해방이었다.
> 맑스주의 철학과 정치경제학 · 군사학 · 일본문제 · 조선문제를 비롯한 과목을 설
> 치했다. 박일우는 초청에 의해 중국공산당 제7차 대표대회에 참석하였고 5월
> 21일 전체대회에서 연설하기도 했다. 1945년 8월 하순 학교 기관을 연안을 떠나
> 조선 북부로 옮겨갔다. 지금 유적지에는 돌로 쌓은 토굴집 네 개와 보통 토굴집
> 일부가 남아 있다.(연안지구 문물관리위원회 1996년 7월 1일)

군정학교는 교육기간을 1년으로 하여 정규전을 수행할 수 있는 수준 높은 군사간부 양성 교
육을 하였다. 인원은 학생 240여 명, 교관 및 지원인력 40여 명 등 도합 280여 명으로 추산
된다. 교장으로는 김두봉, 부교장 겸 조직교육과장으로는 박일우, 부교장 겸 학도대장으로
는 박효삼, 조직교육과장과 부과장으로는 주춘길·허정숙·정율성, 총무과장으로는 주덕해
가 업무를 맡았다. 한국의 독립과 민족해방을 위하여 교육하였으며, 한국근대사 및 혁명문
제 등의 정치과목을 가르쳤다

요동원경

　연안에서 가장 감동을 느낀 곳은 나가평촌 시장터(便民 시장)에 있는 조선
혁명군정학교 구지(1944-1945)라고 적혀 있는 기념비석이다. 이곳 만리 이곳
연안에서 조선의용군의 자취를 보니 감개무량하였다. 그곳에서 1km정도
산쪽에 조선혁명군정학교가 있었다. 그곳 사람들이 현장임을 증언한다. 그
리고 어느덧 마을 촌장이 와서 우리 일행을 1940년대 조선의용군의 활동
지와 그들이 살고 있던 요동으로 안내해 주었다. 이들은 태항산에서 활동
하다 1944년 보다 적극적인 항일투쟁을 전개하기 위하여 이곳 연안으로
이동한 것으로 알려지고 있다. 연안으로 이동한 이들은 항일군정학교를 조
성하고 항일교육을 받았던 것이다. 나가평촌 시장터에는 기념비가 서있다.

　조선혁명군정학교의 교사 2동과 강당 1동은 없어졌고, 당시 숙소로 사용
했던 요동(窯洞, 굴집) 산 중턱에 남아 있다. 현재 남아 있는 요동은 총 8개였

다. 지금은 사람들이 살고 있지 않아 폐허화된 모습이었다. 산정상 요동들이 있는 곳에서 바라보니, 맞은 편 산에는 아직 눈들이 덮혀 있었다. 그리고 아래에는 마을과 강이 멀리 보였다. 우리식으로 말하면 달동네였다. 이들 조선의용군이 해방 후 심양으로, 그리고 북한으로 이동하였던 것이다.

요동내부

노신문화예술학원에서 정율성을 보다

노신문화예술학원은 섬서성 연안시 교아구진에 있으며, 정율성이 재직하면서 <팔로군대
합창>을 작곡한 곳이다. 노신예술문학원 건물은 1934년 천주교당으로 준공되어, 중국공
산당의 연안대장정 이후 1937년 1월부터 1939년 2월까지 중국공산당 중앙당 학교의 강당
으로 사용되다가, 1939년 11월부터 1945년 10월까지 노신예술문학원 강당으로 사용되었
다. 또한, 중국공산당 6기 6중전회가 개최된 장소이기도 하다.

현장을 가다

우리 일행은 팔로군 행진가를 작곡한 정율성의 흔적이 있는 노신문화예
술학원으로 향하였다. 스페인 사람들이 만든 천주교 성당 옆에 학원이 있
었고, 그 안은 현재 전시관으로 이용되고 있었다. 정율성의 사진과 그리고
연안 노신학원 학생들을 대상으로 延安頌을 지휘하는 모습(1938년 4월)을 접
할 수 있었다. 중국 연안 팔로군은 이 현장에서도 선전학교를 만들어 항일
을 전개하고 있음을 보고 놀라운 마음 금할 수 없었다. 우리의 경우 단독으

노신예술문학원   노신문학예술원 옛 모습

로 만들었던 조직은 없었던 것 같다.

천주교회당 안에는 주님 대신 맑스 앵겔스, 레닌, 스탈린의 사진과 소련 국기가 걸려 있었다. 중국공산당 제6회중앙위원회 확대, 제6차 전체회의가 열렸던 곳이라고 한다. 노신문화예술학원 옆에 있는 산에는 노신학원 교수들의 고급스러운 요동들이 있었다. 지금은 개인별 전시관으로 되어 있었다.

혁명의 도시 연안. 무정, 김두봉, 최창익, 허정숙, 김산, 정율성 등 수많은 항일열사들을 추억하며 서안으로 발길을 돌렸다. 1940년대 3대 항일무장 세력의 하나였던 연안파, 잊혀진 열사들의 그 열정을 기억한다.

천주당

천주당 내부

아는만큼 보인다 정율성(鄭律成, 1914년 ~ 1976)

아명(兒名)은 정부은. 별명은 유대진(劉大343振). 광주 출신. 숭일
학교와 전주 신흥중학교를 다녔다. 첫째형 정남근과 둘째형 정인
제, 셋째형 정의은 등이 모두 독립운동가로 활약하였다.

1933년 봄 셋째형 정의은(조선공산당 당원), 누나 정봉과 함께 중국
남경(南京)으로 건너가 의열단의 조선혁명간부학교에 입학해 제2
기(1933.9~1934.4.)로 졸업하였다.

그 뒤 민족혁명당 당무를 보는 한편 남경과 상해를 오가며 음악
공부를 하였다. 항일구국운동이 한창이던 1936년 남경에서 오월
문예사(五月文藝社)에 가담하여 활동하는 한편, 상해에서 김성숙·

정율성

박건웅 등이 건립한 조선민족해방동맹(朝鮮民族解放同盟)에도 가담하였다. 중일전쟁 발발 후 남
경을 떠나 1937년 10월 중국공산당의 본부가 있는 연안(延安)에 도착하였다.

연안에서 섬북공학(陝北公學)에 다니고, 1938년 5월부터는 노신예술학원(魯迅藝術學院) 음악
학부에서 수학하였다. 그후 항일군정대학 정치부 선전과에서 활동했으며, 1939년 1월 중국공
산당에 입당하였다. 그 해 12월부터 노신예술학원 음악학부에 배치되어 음악을 가르쳤다.

음악을 작곡하는 한편 1941년 7월부터 화북조선청년연합회 섬감녕분회(華北朝鮮靑年聯合會
陝甘寧分會), 이듬해 12월부터 태항산(太行山)의 화북조선혁명청년학교(華北朝鮮革命靑年學校) 등에
소속되어 항일운동을 전개하였다. 1944년 4월 다시 연안으로 돌아온 뒤 해방을 맞이하였다.

해방 후 북한으로 귀국, 해주에서 황해도 도당위원회 선전부장으로 활동하였다. 이때 음악전
문학교를 창설하고 음악 인재를 양성하였다. 1947년 평양으로 들어와 조선인민군 구락부의 부
장을 지냈고, 인민군협주단을 창단하여 단장이 되었다.

1950년 9월 중국으로 갔다가 같은 해 12월, 중국인민지원군의 한 사람으로 귀국하여 전선
위문활동을 전개하였다. 1951년 4월 중국으로 가 1976년 12월 사망할 때까지 작곡가로 많은 작
품을 남겼다.

연안에 있을 때 작곡한, 「연안송가(延安頌歌)」 와 「팔로군행진곡(八路軍行進曲)」, (이후 「중국인민
해방군(中國人民解放軍)」 군가로 바뀌어 불렸다) 외에, 「3·1행진곡」, 「조선해방행진곡」, 「조선
인민군행진곡」, 「두만강」 등이 있다.(「불멸의 노래와 더불어」『중국의 광활한 대지 우에서』, 연변인민출판사,
1987, 『한국민족문화대백과사전』, 한국학중앙연구원)